한국 전통 철학 사상

소강

머리말

　우리 한(韓)민족의 공동체가 오늘날 세계사의 전면에서 주도적으로 활동할 수 있게 된 것은 결코 우연의 일치가 아니다. 오늘의 우리가 있게 된 뿌리에는 우리의 전통문화와 전통철학이 있었고 그리고 전통도덕이 있었기 때문이다. 미래 우리 민족의 성장과 발전을 위해서 우리는 계속 인류와 더불어 우리 문화를 창달해 나가야 한다. 세계화의 의미를 잘못 이해하여 자칫 우리의 뿌리를 버리는 잘못을 범하는 일이 없어야 한다.
　지난 1970년대에 우리 사회는 민족 정신의 뿌리를 찾아보려는 문화활동의 하나로 전통적인 한국철학사상에 대한 관심과 연구가 활발하게 일어났다. 그러나 최근에 와서 우리는 예절, 효도, 이웃 사랑, 나라 사랑 등의 우리 도덕과 인의(仁義)를 구하는 우리 철학을 버리고, 살인과 갈취 그리고 이권투쟁 등의 온갖 죄악을 더욱 노출시키고 있다. 마침내 우리는 인류사회에 뿌리 없는 민족으로 전락하고 말 것인가? 민족공동체를 발전시키는 원동력은 그 뿌리를 이루는 도덕이고 문화이며 또한 철학이다. 우리는 다시 우리의 뿌리를 튼튼히 하면서 인류와 더불어 번영하기 위해 상호부조하며 어려운 이웃을 돕는 도덕적 삶을 회복해야 한다. 그리고 도덕적 삶의 근거로서 철학을 연구해 나가야 한다. 이러한 관점이 우리로 하여금 본 저서를 집필케 한 동기가 되었다.

 그리고 본 저서는 중국철학사상의 발달과정과 연관해서 한국 철학사상의 체계적인 전개와 발전을 기술하고자 했고 그리고 무엇보다도 서양철학과 비교해서 전통사상을 조명해보는 장(場)을 가졌다. 이러한 점에서 이 책은 세계 속에 우리의 전통 철학사상과 문화 및 도덕을 재조명하여 계속 발전하도록 하는 데에 나름대로 기여하는 바가 있다고 생각한다. 그리고 이 책을 저술하면서 우리는 조선조 성리학에서 많은 논쟁을 일으킨 이발(理發) 등에 대한 주리론(主理論)과 주기론(主氣論)의 견해 차이를 그대로 노정시켜 독자들에게 오히려 다양성의 묘미를 맛보게 하고자 하였다.

 끝으로, 바쁜 일정 속에서도 편집을 직접 도맡아 한 권의 책으로 만들어준 도서출판 소강의 김병성 사장님께 감사드린다.

1997년 3월
지은이 씀

차례

머리말 —— 2
일러두기 —— 6

Ⅰ부 동양철학의 정신

제1장 동양철학이란 무엇인가 —— 9
제2장 유학정신의 현대적 조명 —— 19

Ⅱ부 한국 전통철학사상의 발전

제1장 우리 민족의 개국정신과 신화 —— 37
제2장 한국불교의 원융회통(圓融會通)정신 —— 51
제3장 조선 전기 성리학의 특징 —— 61
   1. 퇴·율(退栗) 이전의 이기론
   2. 퇴계와 율곡에 있어서 주리·주기론
   3. 주리와 주기의 근본적인 차이
제4장 서경덕의 기철학과 주기론 —— 85
   1. 서경덕의 기철학
   2. 서경덕 이후의 주기론
제5장 주자와 이퇴계의 이일(理一)에 대한 주리론적 해석 —— 95
   1. 태극의 이일(理一)
   2. 주재자적 성격의 순수지선의 이일(理一)
   3. 성(誠)으로서 이일(理一)의 본체에 대한 해석
   4. 성(誠)으로서 이(理)의 덕(德)
   5. 이발(理發)의 도덕률
제6장 이퇴계의 성리학과 윤리사상 —— 128
   1. 인간성으로서 인(仁)과 유학의 이상
   2. 이(理)와 기(氣) 그리고 측은지심(惻隱之心)
   3. 이발(理發)의 윤리적 존재로서의 인간
   4. 심성정의(心性情意)와 이기호발(理氣互發) 및 선악(善惡)
   5. 지경(持敬)과 거경궁리(居敬窮理)
   6. 성현(聖賢)을 따르는 이상적 삶

제7장 이율곡의 주기론적 성리학────182
   1. 이기호발(理氣互發)의 불가능 문제
   2. 이(理)와 기(氣)는 둘이면서 하나인 원리
   3. 이기(理氣) 불상리(不相離)의 법칙
   4. 기(氣)의 유형유위의 법칙
   5. 인간적 가치와 심성정론(心性情論) 분석
   6. 율곡의 주장에 대한 검토

제8장 박서계의 반주자학적 사상────221
   1. 사변록의 구성과 그 시대적 배경
   2. 사변록에 있는 대학편의 특징
   3. 사변록에 있는 중용편의 특징

제9장 실학과 정다산의 사상────253
   1. 실학이란 무엇인가?
   2. 다산의 생애
   3. 다산의 사회와 경제사상
   4. 다산의 과학과 기술사상
   5. 다산의 철학과 정치사상

Ⅲ부 한국 전통사상과 서양철학의 비교

제1장 칸트의 윤리사상과 성리학의 비교 이해────269
   1. 현상의 근저에 있는 물자체와 태극의 이(理)
   2. 자유의 가상계와 성(誠)의 이(理)
   3. 인간에 대한 이해와 윤리

제2장 이퇴계의 경(敬)사상과 쉬라그의 해석학────282
   1. 비교 이해의 필요성
   2. 퇴계의 경(敬)사상
   3. 쉬라그의 대화의 해석학
   4. 몇 가지 비교 이해

▶일러두기 · 편집 기호의 약속

1. 『 』는 서명에 「 」는 편명에 사용하였다.
2. ( )는 그 단어에 상응하는 한자나 어느 문구로 대신할 수 있는 글을 사용할 경우에 이 기호를 썼다.
3. [ ]는 간단한 한글 어구를 한자나 한문으로 바꿔도 될 경우에 사용하였다.
4. " "는 논문명이나 어떤 문구를 인용할 경우에 사용하였고, ' '는 어떤 어구나 단어를 강조할 때 사용하였다.
5. 이 책 본문에서는 한글 전용을 원칙으로 하여 표기하고, 미주·표에서는 국한문 혼용을 원칙으로 하여 표기하였다.

Ⅰ부
동양철학의 정신

제1장
동양철학이란 무엇인가

제2장
유학정신의 현대적 조명

제1장

동양철학이란 무엇인가

　동양철학(東洋哲學)이란 무엇인가?
　우리가 확실히 이해한다고 생각하는 개념조차도 그 의미를 곰곰이 되묻는다면 자신 있게 대답하기가 어려울 것이다. 하물며 '동양철학'이라는 말처럼 애당초 그 정체가 애매한 경우에는 많은 오해가 뒤따르기 마련이다. 철학이라는 말도 우리에게 얼마나 힘겨운지는 철학에 조금이라도 입문해본 사람이라면 쉽게 공감할 수 있을 것이다. 동양철학의 경우에는 하나의 문제를 더 갖게 된다. 즉, '동양'이라는 말조차 우리에게 그렇게 판명(判明)하지 못하다는 사실이다. 즉, '동양'이라는 개념 자체가 하나의 공통적, 연속적인 전통존재를 가리키지 못하며, 다분히 서양인들 중심의 시각에서 만들어진 것으로서 '비유럽적'이라는 정도의 의미를 지닐 뿐인 것이다. 우리가 쓰고 있는 동양철학이라는 말은 그렇게 오래된 것이 아니다. 이것은 우선 '철학'이라는 번역어가 있고 나서 생겨난 말이다. Philosophia에 대한 번역어 '철학'이라는 말은 '사희현(士希賢; 학자는 어진 사람이 되고자 한다)'이라는 구절에서 생겨났다. 일본 도꾸가와 말기의 학자 니시 아마네(西周, 1829~1897)가 1862년 경에 Philosopher(철학자)를 번역하면서, 북송(北宋)의 대유학자 주염계(周濂溪, 名은 敦頤 1017~1073)의 『통서·지학장(通書志學章)』에 나오는 글귀 "성희천 현희성 사희현(聖希天 賢希聖 士希賢; 성인은 하늘을 닮고자 하고, 현인은 성인이 되고자 하며, 학자는 어진 사람이 되고자 한다)" 가운데서 '희현(希賢)'이라는 말을 인용했던 것이다. 즉, 그는 Philosopher라는 말을 '현철(賢哲)을 사랑하는 사람[希賢人]' 정도로 이해했던 것이다. 당시 일본 지식인들은 대부분이 유가(儒家)의 교육을 받았으므로 이러한 대비에 의해 Philosopher라는 서양어의 의미를 보다 쉽게 이해할 수 있었을 것이다. 그 뒤 '현(賢)'이라는 말이 너무 유가적(儒家的) 색채가 짙다 하여 '철(哲)'이라는 말로 바뀌었다가 다시 자연스럽게 '희(希)'자가 탈락함으로 지금 우리가 사용하고 있는 '철학', '철학자'라는 말이 생겨나게 된 것이다.

'동양철학'은 이러한 '철학'이라는 말에다 지리적 개념인 '동양'을 덧붙여서 만든 말이다. 그런데 우리가 별문제 없이 사용하고 있는 '동양'이라는 말은 서양인들이 생각하는 동양Orient이라는 말과는 차이가 있다. 즉, 서양인들이 생각하는 '동양'이란 메소포타미아문화권을 중심으로 한 개념이다. 그리고 그 범위를 한껏 넓혀 보아도 인도문화권 정도를 포함할 뿐이다. 그러므로 이들이 사용하고 있는 'Orient'라는 말에서 중국문화권을 가리키는 예를 찾아보기란 매우 힘들다. 현실적으로 우리 사회에서 잠정적으로 동의하는 '동양'이라는 개념은 주로 중국을 중심으로 한 한국, 중국, 일본 등의 한자(漢字)문화권, 즉 유교문화권을 의미하며, '동양학'이란 '한자문화권에서 한문을 빌어 표현한 지적 활동을 연구대상으로 하는 것'으로 제한한다. 그러므로 오늘날 일부 동양학 전공자들은 Oriental Philosophy라는 말 대신에 East Asian Philosophy라는 말을 써야 한다고 주장한다. 이처럼 동양철학에서의 '동양'의 의미는 고정불변의 고유한 범위를 지닐 수 없으며, 오히려 우리의 합의에 의해 규정될 수밖에 없다. 그러므로 우리가 '동양'이라는 개념을 언급할 때는 먼저 그 범위 설정을 분명히 해야 불필요한 오해를 막고 또한 자신이 노리는 연구 목적을 좀더 분명히 성취할 수 있을 것이다.

우리는 이 글에서, '동양'의 범위를 주로 한국, 중국, 일본 3국에다 한정하겠다. 그리고 이러한 3국의 철학에도 다양한 학파와 사상이 있겠지만, 2천 년 가까이 줄곧 정통의 지위를 확보해 온 유가철학을 중심으로 하여, 특히 유가철학의 핵심적 이론서로 알려져 있는 『중용(中庸)』의 철학체계에 초점을 맞추어 우리의 논지를 전개할 것이다.

―――――...―――――

어떤 철학자는 "서양과학이라고 말하는 것이 어색하듯이 서양철학이라고 하는 것도 적절한 표현이 아니다. …… 그러므로 우리가 역사적 의미에서 사용하는 것이 아니면 '한국철학'이라는 표현을 사용할 수 없다. 즉, 한국에 있어서 철학의 전통이라는 의미에서만 한국철학은 존재한다"[1]고 하였다. 이 말은 '동양철학'의 경우에도 그대로 적용될 수 있을 것이다. 즉, '동양철학'이란, '동양의 철학'을 의미하는 것이 아니라 '동양에서의 철학'을 의미할 뿐이라는 것이다. 그러나 설령 우리가 동양철학을 '동양에서의 철학'으로 이해한다고 하더라도 동,서양철학 간에는 상당한 방법상의 차이가 존재할 것이다. 즉, '지혜Sophia'를 '사랑Philos'하는 정신 그 자체에는 동,서의 구분이 있을 수 없으나, 그 방법론적 측면과 강조처에 있어서는 비교되는 특징들이 있을 것이다. 이러한 점에서 우리는 먼저 동양철학에서의 '학문론'을 살펴보고자 한다.

'학문'이라는 말은 원래 『중용(中庸)』에서 나온 말인데, 박학(博學; 두루 배움)의 '학'과 심문(審問; 자세히 살펴서 물음)의 '문'에서 따온 말이다. 그런데 『중용』에서는 박학과 심문 이외에도 신사(愼思; 신중히 생각함), 명변(明辨; 분명하게 분별함), 독행(篤行; 돈독하게 실천함)의 조항이 있다.[2] 이때 박학에서 명변까지의 항목은 참된 앎을 얻기까지의 과정이다. 그런데 유가철학에서 말하는 참된 앎이란 결국 윤리적 색채를 띠게 된다. 그러므로 주자(朱子, 名은 熹, 1130~1200)는 "배우며, 묻고, 생각하여 분명하게 되는 것[學問思辨]은 선(善)을 가려 택해[擇] 알게 되는 바이다"[3]고 하였다. 이처럼 '참된 앎'의 의미를 윤리적 테두리 속에서 해석하게 될 때에 당연히 강조되는 것이 '실천[篤行]'의 문제이다. 주자는 독행의 필요성에 대해서, "〈선을〉 굳게 잡아서 인(仁)을 행해야 한다"[4]는 말로써 설명한다. 도덕적 선을 안다는 것이 행한다는 측면을 떠나서는 아무런 의미를 가질 수 없듯이, 결국 박학, 심문, 신사, 명변 또한 독행을 위해서 존재한다고 해도 과언이 아닐 것이다. 물론 서양철학에 있어서도 고대 그리스 철학의 소크라테스에게 있어서나, 현대 사회철학자들에게서 '이론과 실천의 합일[知行合一]'에 대한 강한 메시지를 듣게 되지만,

서양에 있어서의 철학적 전통은 이론과 실천 사이에 있어서 분(分)의 논리가 강하게 유지되고 있다. 그러므로 대부분의 서양철학자들은 이미 오래 전부터 철학 고유의 영역에서 윤리학을 배제해 왔던 것이다. 그러나 동양철학에 있어서는 실천에 대한 관심을 잠시도 놓지 않았다. 고대 선진(先秦)시대의 유가사상에 있어서나, 아니면 20세기 최현대사상이라 할 수 있는 '현대신유가'의 사상에 있어서도 항상 그 밑바닥에는 도덕적 실천의 문제가 짙게 깔려 있다.

――――― ⋯ ―――――

 박학, 심문, 신사, 명변, 독행의 과정은 다름 아닌 지혜 사랑의 정신이다. 그리고 이러한 학문의 과정을 수행하는 사람, 즉 지혜 사랑의 정신을 실천해 가는 사람이 바로 현인(철인)이다. 그리고 현인의 이상(理想)은 성인(聖人)에서 찾을 수 있다. 유가철학의 정수(精髓)라고 하는 『중용』에서는, 우리 말 발음으로 모두 '성'이라고 읽히는 네 가지 개념으로써 그 철학적 체계가 개괄된다. 그것은 바로 성(性), 성(誠), 성(成), 성(聖)이다. 성(性)이란 인간에게 부여된 자연성(自然性), 즉 천명(天命)을 의미한다. 그러므로 우리는 이것을 온전히 실현[成]해야 한다. 그런데 이 본성[性]의 실현[成]은 거짓됨이 없는 성실함[誠]에 의해서만 가능하다. 그리고 '자신의 본성[性]을 성실함[誠]에 의해 실현하며[內聖]', 또한 이를 통해 '천지의 성장[化育]을 돕게 되는 사람[外王]'이 다름 아닌 성인[聖]이다. 여기서 말하는 성인이란 '노력자[誠之者]'인 현인의 이상이다. 그러므로 『중용』에서는 성인의 경지를 '생각지 않아도 깨닫고 노력하지 않아도 저절로 도에 적중하는 경지, 즉 마음이 하고자 하는 대로 하여도 법도를 넘지 않는 경지'라고 설명한다.

―――― … ――――

중국의 현대 철학자인 풍우란(馮友蘭, 1895~1990)은 그의 저서 『신원도(新原道)』에서, 중국철학의 주요 흐름을 그 나름의 기준, 즉 극고명(極高明, 높고 밝은 도를 극진히 하다)과 도중용(道中庸, 적절하고 일상적인 일들로부터 말미암다)이라는 두 개념을 적용하여 서술하였다.[5] '극고명'과 '도중용'이라는 말 또한 『중용』에서 나온 것인데, 풍우란은 이 두 개념 간의 대비를 초월성:일상성, 출세간(出世間):즉세간(卽世間), 이상:현실, 무극:태극, 성인:현인의 대비로 이해하고 있다. 그리고 그는 중국철학의 최대 정신이 바로 이 두 대립을 극복하는 데에 있다고 생각하였다. 풍우란은 모든 사람들의 최고 이상이 '성인'에 있다고 보며, 이러한 성인의 경지가 바로 중국철학에서 일관성 있게 추구해 온 최고의 경지, 즉 인륜일용(일상성)을 초월하면서도 동시에 인륜일용과 함께 하는 경지라고 생각하였다. 풍우란은 『중용』에 나오는 '극고명이도중용(極高明而道中庸)'이라 할 때의 '이(而)'자의 의미에 주목한다. 그는 '이'자가, 비록 '고명'과 '중용'이 대립되기는 하지만, 이미 통일적 관계 속에서 대립하는 것을 의미한다고 보았다. 그리고 그는 고명과 중용 이 양자가 대립되면서도 어떻게 통일될 수 있는가 하는 점이 바로 중국철학에서 해결하려고 했던 가장 중요한 과제라고 생각하였다. 그리고 이 문제의 해결을 꾀

하는 것이 중국철학의 정신이며, 또한 이 문제의 해결에서 중국 철학의 진정한 공로를 인정받을 수 있다고 생각하였다. 결국 우리는 여기에서 동양적 사고방식의 기본 논리인 '체용론(體用論)'을 언급하지 않을 수 없게 되었다. 즉, '대립[分, 二]되면서도 통일[合, 一]적 관계를 가지고 있다'는 말은 체(體, 본체)와 용(用, 현상)이라는 이중구조의 논리─'용'의 구조 속에서는 서로 다른 존재이나(分의 논리), '체'의 구조 속에서는 동일한 존재이다(合의 논리)는 논리를 빌리지 않고서는 설명할 방도가 없는 것이다. 이러한 시각에서 볼 때, 우리는 성인이란 개념조차 이중적 의미를 지닌 것으로 이해해야 할 것이다. 즉, 현인의 이상으로서의 성인이 그 하나이고, 그리고 성인의 구체화, 현실화된 모습인 현인의 모습으로서의 성인이 다른 하나이다.

───── … ─────

신유학 최대의 명제인 '무극이태극(無極而太極)'이라는 말 또한 동양철학의 일관된 정신을 잘 나타내고 있다.

'무극이태극'이라는 말은 앞서 언급한 북송의 유학자 주염계가 『태극도설』 첫머리에서 하고 있는 말이다. 『태극도설』은 신유학에서 가장 존숭받던 저작 중의 하나이다. 그리고 우리 나라의 대유학자 이퇴계(李退溪, 1501~1570)선생이 선조임금에게 바친 『성학십도(聖學十圖)』중 첫번째 그림이 바로 '태극도'라는 사실에서도 그 중요성을 충분히 짐작할 수 있다. 그런데 문제는 『태극도설』의 첫구절인 '무극이태극'이다. 즉, 유가철학의 우주〈발생〉론을 설명하는 저작 중에서 가장 뛰어난 것으로 평가받는

『태극도설』이 유독 '무극이태극'이라는 구절, 좀더 요약하면 '무극'이라는 말에서는 학자들 간에 평가가 일치하지 않았던 것이다. 주자와 육상산(陸象山, 1139~1193) 간의 저 유명한 '무극이태극' 논변 또한 바로 이 구절을 둘러싸고 생겨난 것이다. 주자와 육상산 간의 논쟁 요점은 '무극이라는 말이 필요 없다(육상산)', '필요하다(주자)'라고 하는 데에 있다. 우리는 최소한 이 점에 있어서는 주자의 입장이 육상산의 생각보다 '체용론'이라는 전통논리를 훨씬 잘 드러냈다고 생각한다. '무극이태극' 논변에 있어서 주자의 입장은 다음과 같은 그 자신의 말로써 요약할 수 있다.

> 태극만 말하고 무극을 말하지 않으면 사람들이 태극을 마치 어떠한 물건과 같이 여기게 되어 태극이 모든 변화의 근본이라는 사실을 깨닫지 못하게 될 것이며, 또한 무극만 말하고 태극을 말하지 않으면 사람들이 허무(虛無, 空寂)에 빠지게 되어 극(極)이 모든 변화의 근본이 된다는 사실을 깨닫지 못하게 될 것이다."[6]

이 말은 곧 '태극(현실, 현상, 유)'에만 너무 집착하게 되면 '무극(이상, 본체, 무)'을 바로 이해하지 못한다는 말이다. 그러므로 주자는, 주염계가 태극 외에 별도로 무극을 이야기할 수밖에 없었으며, 또한 '무극이태극'이라고 말할 수밖에 없었다는 것이다. 우리는 주자의 이러한 말이 곧 '현실의 이상화', '이상의 현실화, 구체화'라는 현실과 이상 간의 긴밀한 유기적 관계를 가리키는 말과 다를 수 없다고 생각한다.

과연 우리가 발딛고 살아가는 이 현실과, 또한 바라고 사모하는 저 이상은 근본적으로 일치할 수 없는 것일까? 현실은 언제나 이상에 미치지 못하도록 되어 있으며, 그러므로 인간은 이상을 바라다 목말라 죽고만 말 것인가? 이러한 물음들은, 인간이 이

땅에 있어 온 이래로 생겨난 수많은 철학과 종교의 존립 근거를 제공했다. 즉, 이러한 물음들에 대한 처절한 문제의식이야말로 이들 철학과 종교를 있게 해 온 이유이며, 그리고 이 물음들에 대한 자기 나름의 해결 방식이 곧 자기 성격 구축의 중요한 관건이 되었을 것이다. 동양철학의, 그리고 유가철학에서의 일관된 정신은, 이상을 환상과 공상의 차원에서가 아니라 현실과의 유기적 관계 속에서 찾으려 했으며, 또한 이로써 현실 사이의 구조적 갈등을 해소시켜보려 했다는 점이다.

―――――⋯―――――

한자(漢字)의 원래 의미를 짐작할 수 있는 가장 좋은 방법 중 하나가 바로 파자(破字, 부수별로 나누어 보는 방법)이다. '성인'의 한자어 '聖'을 파자해보면, '耳+口+王'이 된다. '口'가 옛임금들이 제사 지낼 때 쓰던 제기(祭器) 혹은 일반 서민들을 의미한다는 점을 생각하면, '口'와 '王'의 의미는 쉽게 연결할 수 있다. 즉, 성인이라는 글자는, 우선 하늘에 제사 지내는 제사장 혹은 정치적 최고 지도자인 임금의 신분을 가진 사람이라는 풀이가 가능하다. 그런데 문제는 '耳'이다. 왜 성인이라는 뜻에 귀[耳]가 들어 있는가? 성인과 귀는 도대체 무슨 관련성이 있단 말인가? 우리는 바로 이 점에서 동양철학에서 말하는 성인의 모습에 대한 가장 강렬한 인상을 받게 된다. '聖'자에서 드러나는 성인이란 다름 아닌 '하늘의 명[天命]'에 잘 순응하고 또한 민중의 목소리에 정성껏 귀기울이는 사람 그 자체이다. 즉, 여기에서의 성인의 모습은 명쾌한 논리와 온갖 웅변으로써 자신의 말을 설득력 있게 전하고자 하는 지자(知者)의 '말함'의 모습이라기보다는, 다른 사람의 이야기를 귀기울여 열심히 듣는 '들음'의 모습이다. 우리는, 이 예가 동양철학에 있어서의 진정한 강조처를 알려주는 매우 시사성(示唆性) 있는 보기라고 생각한다.

주

1) 김재권, "한국철학이란 가능한가", (심재룡 編, 『한국에서 철학하는 자세들』, 서울: 집문당, 1986), 96쪽.
2) 『中庸』第二十章 참조.
3) 『中庸』第二十章, '朱子註' 참조.
4) 같은 책, 같은 곳.
5) 馮友蘭, 『新原道』, 곽신환 譯, 『중국철학의 정신』, (서울: 서광사, 1993), 11~22쪽 참조.
6) 『朱子大全』卷三十六, '書: 答陸子美': 이것은 朱子가 陸象山의 형 陸梭山 (이름은 九韶, 생졸 연대는 미상)에게 보내는 편지에서 하고 있는 말이다.

제2장

유학정신의 현대적 조명

　많은 현대인은 인간에 대한 태도와 이해를 과학적 지식의 나열로만 대치시키면서 인간을 물체화(物體化)시키고 탈신비화(脫神秘化)하고 있다. 인간을 과학의 기술로 완전히 분석하고 기술하여 이것으로 인간의 전부를 밝혔다고 주장하면, 인간이란 한낱 단백질의 집합체에 불과하다. 과학만을 맹신하여 과학적 분석만으로 인간을 정리해버리면, 인간의 신비성은 송두리째 찢겨져버리고 마침내 인간은 재물과 권력 그리고 관능적 쾌락을 두고 간교하게 약탈하는 추악한 벌레로 변신하고 만다. 결국 파스칼의 말과 같이 인간은 우주의 쓰레기에 불과하다. 또한 홉스의 말과 같이 인간사회는 만인(萬人) 대 만인의 투쟁이 전개되는 야수(野獸)의 사회가 되어버린다. 과학적 정보는 물론 믿을 수 있다. 그러나 과학기술만으로 인간존재의 신비성을 신뢰케 하고 인간성을 회복케 할 수 있는 것은 아니다. 인간의 근원성이 가지고 있는 신비성의 가치를 과학기술이 밝혀주는 것은 아니다. 인간은 결코 과학적으로 분해된 시공간적 사실들의 총체만은 아니다. 인간은 시공간적 사실의 총체 이상의 가치와 신비성을 가지고 있는 존재다. 인간이 가지는 근원적인 신비성의 무한한 성스러움은 컴퓨터적 기술능력으로서도 분석할 수 없다. 인간의 깊은 심층(深層)에서 체험되는 신비성은 결코 사실의 분석만으로 해결될 수 없다. 과학적 대상으로서의 인간은 유한한 시공간적 현상존재이지만, 인간은 자아의 자각층 밑바닥에 무한히 신비롭고 성스러운 가치를 가지고 있다. 인간은 시공간 속에 있는 자연의 전부와도 바꿀 수 없는 신비성의 자기를 체험한다. 이러한 심층 깊은 거기에서 체험되는 신비성의 세계가 참으로 인간의 근원성이며 또한 참다운 인간적 가치로 발견된다. 인간을 물체적 존재가 아닌 도덕적 존재로 구제하는 일은 곧 인간의 근원성이 가지는 신비의 무한가치를 회복하는 것이다. 여기에 기술이 아닌 유학의 신앙적 세계가 전개된다.

　유학(儒學)은 만물의 근원성을 무극지진(無極之眞)으로 말해질 수 있는 태극(太極)의 세계라고 한다. 또한 그것은 태극의 세계를 이일(理一)의 세계라고 하며 태극의 이일(理一)은 인간에게 천명(天命)으로 부여된 인간성(人間性)의 세계라고 믿는다. 유학은 인간과 우주가 그 근원성에 있어서 진실무망(眞實無妄; 진실되어 거짓 없음)의 덕(德)으로 화합한다고 믿는다. 천(天)·지(地)·인(人) 삼재(三才)가 태극의 근원성에 있어서 성(誠)의 덕(德)으로 하나된다는 말이다. 원(元)·형(亨)·이(利)·정(貞)이라는 천도지상(天道之常)과 인(仁)·의(義)·예(禮)·지(智)라는 인간성(人間性)은 만물의 근원성에 있어서 성(誠)이며 또한 하나의 이일(理一)이라는 것이다. 유학에서는 인간의 참모습을 근원성에서 찾는다.

　유학의 관점에서 보면, 인간에게 선천적으로 갖추어져 있는 천부(天賦)의 본연지성(本然之性)인 바의 인의예지(仁義禮智)는 인륜(人倫)의 법칙이며 이것은 바로 인간존재의 근원성으로서 인간을 인간적이게 하는 근본 계기다. 이와같은 인륜은 바로 원·형·이·정의 천륜(天倫)이다.

　유학에서 성인(聖人)은 인간 본연의 성(性) 그 자체를 그대로 실현하여 천지와 더불어 혼연일체가 되는 삶을 사는 사람을 말한다. "오직 성인만이 그 본성이 자연적으로 실현되어 하늘과 같이 넓은 자이다 惟聖性者 浩浩其天"[1]라고 유학자는 말한다. 유학에서 천(天)은 주자(朱子)에 있어서 이일(理一)이며,[2] 무극이태극(無極而太極)의 세계로서 절대 무한한 신성성의 가치다. 주염계(周濂溪)의 '무극지진(無極之眞; 여기서 眞은 純粹之善의 仁을 의미함)'도 또한 무극이태극(無極而太極)의 이(理)가 진(眞)의 절대가치임을 말한다(『太極圖說』참조). 물론 주자에 와서 그러한 '무극지진'은 '이(理)'다. '이(理)'는 곧 '인(仁)'의 밝은 덕(德)이며 천(天)이므로 천리(天理)이다.

　천리(天理)는 인간의 내면에서 인의예지의 도덕법을 명령하는 신(神)적인 것으로 믿어진다. 따라서 주자는 『소학제사(小學題辭)』에서 "이(理)를 궁구하고 몸을 닦음이 이러한 학문을 크게 넓히는 일이며 밝은 천명을 밝히는 것이다 窮理修身 斯學之大 明命赫然"라고 하였다. 이것은 유학의 학문적 태도와 신앙적 태도를 나타낸다. 자기 자신의 내면에 내재하는 '천리(天理)'를 밝혀 실현해 나가는 것이야말로 학문의 가장 큰 목적이다. 유학은 학문하는 생활에서 그 신앙적 태도를 단련하는 종교다. 『논어』의

「학이편(學而篇)」에서 볼 수 있는 바와 같이 '책을 들고 이야기하며 인(仁)을 깨달아 때에 당해서는 언제나 실천해 나가는 학문하는 삶 學而時習之'에서 인생의 최고 기쁨[至樂]을 찾는 것이 유학이다. 유학에서의 '학문(學問)'은 천리(天理)로부터 부여된 무한신성성의 인(仁)을 궁구하여 밝히는 것을 최고 목적으로 하며 최고 기쁨으로 한다.

　유학은 또한 인간의 본성이 우리에게 신성의 무한사랑으로 체험되는 인(仁)이라는 것을 신뢰하며 인(仁)을 깨달아 실천하는 삶을 학문의 최고 목적으로 한다. 유학은 인(仁)의 인간성이 천명(天命)이라고 믿고 인(仁)의 인간성을 실현하여 천명을 회복하고자 하는 신앙을 가진 종교로서 유교이다. 유학은 인간의 신비적 무한가치로서의 본연지성이 '천(天)'에 근원한다고 믿기 때문에 '천(天)'을 경외하고 신앙하는 종교로서 유교이다. '천(天)'의 명령은 곧 천의 성(誠)이며 천의 덕(德)인 것이다. 천명(天命)을 자기 내면의 심층 근원성에서 들려오는 인(仁)의 도덕률이라고 유학은 믿는 것이다.

　현대 대중문화의 거센 물결 속에서 끝없이 탈도덕화(脫道德化)되어가는 현대인에게 유교적 신앙은 설득력이 없지만 인간존엄성의 가치가 시대와 공간에 따라 변화하는 것은 아니다. 문제는 탈도덕화되어가는 현대 정보기술사회가 과연 우리 미래의 행복을 약속해줄 수 있을 것인지 아니면 현대인을 대량 학살해버릴 것인가 하는 데에 있다. 현대의 정보기술은 고도산업화와 함께 현대인에게 많은 풍요를 제공하고 있지만, 이와 역행해서 탈도덕화 내지 탈인간화를 엄청나게 가속화시키고 있다.

　유학은 학문하는 생활을 통해 인간의 본래적 가치를 회복할 수 있고, 협잡과 허위 그리고 살육 강탈 등의 사회악으로부터 인간을 구제할 수 있다고 믿는다. 유학은 일상생활과 학문활동과 신앙적 생활을 분리시키지 않는다. 유학의 고전들을 읽고 그 세계의 가치를 체험하고 생각하며 그 속에 담겨진 정신을 타인들과 더불어 실천해 나가는 삶을 영위하게 되면, 그것이 바로 유학인(儒學人)이고 진정한 유교인(儒敎人)이다.

『사서오경(四書五經)』,『주자어류(朱子語類)』,『소학(小學)』 등으로 대표될 수 있는 유학서적들을 틈틈히 읽고 해석하며 또한 학우들과 대화하며 자기의 심층에서 미동하는 천명(天命)의 소리, 즉 '성명지정(性命之正)'[3]의 도덕률(道德律)이 가지는 무한가치를 체험하며, 그러한 신성성의 가치를 사회화해 나가는 것이 유학의 신앙적 삶이다. 성명지정(性命之正)의 정음(正音)으로 체험되는 도덕률은 곧 '천애(天愛)'[4]의 사랑으로서 그것은 효제(孝悌)의 사랑이며 충서(忠恕)의 사랑이며 인애(仁愛)[5]이다.

『중용(中庸)』에서는 '충서(忠恕)'를 "자신에게 베풀기를 바라지 않는 것은 다른 사람에게도 베풀지 말라 施諸己而不願 亦勿施於人(『中庸』第十三章)"라고 하였다. 주자는 이것을 주해(註解)하여 "자신의 마음을 다하는 것이 '충(忠)'이고, 자신을 미루어서 다른 사람에게 미치는 것이 '서(恕)'이다 盡己之心爲忠 推己及人爲恕"라고 하며, 그리고 장횡거(張橫渠)의 말을 인용하여 "자신을 사랑하는 마음으로 다른 사람을 사랑하면 인(仁)을 다하게 된다 所謂以愛己之心 愛人則盡仁是也"라고 하였다.

인간의 본래적 가치는 심(心)의 근원성에서 체인(體認)된다. 심중(心中)이라고 말할 수밖에 없는 것으로부터 인간은 정음(正音)의 도덕률을 체험할 수 있다. 그것을 실천하는 것은 '천명(天命)'의 실천이며 효제(孝悌)의 실천이며 인애(仁愛)의 실천이다. 다른 사람을 사랑하는 것이 '충서(忠恕)'이니, 하늘이 부여한 인간 본연의 성(性)을 다하는 것이 충(忠)이며, 이 '충(忠)'의 심정을 미루어 다른 모든 인간에게 미치게 하는 것이 서(恕)이다.

이와같이 인간사회를 도덕이 실천되는 행복한 사회로 할 수 있는 능력은 인간 고유의 능력이다. 이러한 내재적 능력을 가지고 있는 인간만이 경천(敬天)하고 숭조(崇祖)하며, 이(理)를 궁구하고 본성을 다하여서 천명(天命)에 이르고자 하는 학문하는 생활을 할 수 있다고 유학은 본다. 유학이 추구하는 신앙의 세계는 시대의 변화에 따라 변화하는 그런 것이 아니다. 유학은 현대의 과학기술이 해결하지 못하는 인간의 가치를 이와같이 천명(天命)에 순응하는 신앙적 태도에서 찾고자 하였다.

만물의 근원성으로서의 무극(無極)이면서 태극(太極)인 바의 '이(理)'는 '이일(理一)'이다. '이일(理一)'은 인간인식의 한계를 넘어선 무성무취(無聲無臭)의 상천(上天)으로서 인간에게 순수지선(純粹至善)의 도덕법을 명하는 상제(上帝)이며 또한 그것은 인간에게 본연지성(本然之性)으로 부여되어 있다. 그러므로 인간의 본성은 선(善)하다.

유학은 위와 같이 태극의 세계가 순수지선(純粹至善)의 인(仁)으로서 그것은 인간의 본성으로 체험된다고 본다. 따라서 『중용』은 인간의 본성을 극진히 하여 천지(天地)의 화육(化育)에 동참할 것을 말한다(『中庸』第二十二章 참조). 태극의 세계는 또한 성(誠)의 세계다. 성(誠)의 세계는 "힘쓰지 않아도 심중(心中)의 인애(仁愛)의 사랑을 실천하고 골똘히 생각하지 않아도 이(理)를 깨닫게 되는 不勉而中 不思而得(『中庸』第二十章)" 그러한 천도(天道)이며 또한 '태극지리(太極之理)'의 세계다. 인간이 성실하게 자기 내면의 심층 깊은 근원성에서 미동(微動)하는 천애(天愛)의 측은지심(惻隱之心)을 밝혀 심화할 수 있는 것은 진실무망(眞實

無妄)의 덕(德)인 태극의 성(誠)을 자기 존재의 근원성으로 이미 갖추고 있기 때문이라는 것이 유학의 인간 이해다.

유교적 신앙생활을 하는 사람은 사욕의 충동이 일으키는 강제에 반항하면서 자기 심층의 근원성에 귀를 기울일 때, 지미(至微)의 이세계(理世界)가 동(動)하는 '천명(天命)'의 성명지정음(性命之正音)을 듣고 실천할 수 있다고 믿는다. 세종대왕이 '훈민정음(訓民正音)'을 창제하여 반포한 정신도 백성이 '성명(性命)'의 정음(正音)을 글자로 나타내어 서로 전하고 알며 실천할 수 있도록 하기 위한 것이었다. 세종대왕의 『훈민정음·서문』에 "어리석은 백성이 이르고자 할 바가 있어도 마침내 제 뜻을 실어 펴지 못하는 자가 많으니라. 내 이를 '가엽게 여겨[憫然]' 새로 스물 여덟 자를 만드나니"라고 말한다.

인간의 근원성에서 들려오는 천명의 소리 곧 정음(正音)을 말하여 전하고자 하여도 서로 전하지 못하는 백성을 세종대왕은 어리석다고 버려두지 않고 그들이 천(天)이 명령하는 말인 정음(正音)을 펼 수 있도록 쓰기에 편리한 스물 여덟 자를 만든 것이다. 세종대왕은 어리석은 백성도 인간 본연지성(本然之性)의 인애(仁愛)를 체험하여 그것을 사회에 펼 수 있게 하고자 온갖 노력을 다하였으니, 세종대왕이야 말로 유학 정신의 제일 가는 실천가라고 할 수 있다.

어려운 사람을 가엽게 여기고 딱하게 생각하는 정신은 맹자(孟子)의 용어로 측은지심정(惻隱之心情)의 정신이다. 유학은 '측은지심정(惻隱之心情)'이라는 인애(仁愛)를 천리(天理)의 도덕률로 믿고, 이것을 실천하는 도덕공동체를 건설하고자 한다.

어려운 사람을 가엽게 생각하고 도우고자 하는 인애(仁愛)의 사랑은 모든 조건적 원인을 넘어서고 시공적 제약을 넘어서서 영원한 인간 심층에서 들려오는 무한순수사랑의 음성이다. 사욕을 충족시키기 위해 한평생을 조건적으로 살던 인간도 그 모든 조건이 사라지는 죽음에 임해서 하는 말은 선할 수 있다고 유학자들은 본다. 모든 조건들이 사라지는 죽음 앞에서 인간은 자기의 근원성을 체험하며 천명의 정음을 들을 수 있다고 믿기 때문에 증자는 "사람이 장차 죽으려 할 때는 그 말이 착하다 人之將死 其言也善(『論語·泰伯』)"라고 하였다. 인(仁)은 공자의 확신과 같이 '자기로부터 말미암아[由己]' 하는 것이지 결코 타인으로부터 말미암아[由人] 하는 것이 아니다.[6]

인의예지신(仁義禮智信)의 오성(五性)은 인간에게 부여된 천명의 이(理)로서 만물의 본래성이며 동시에 인간의 본래성이다. 다만 인간만이 가장 온전하고 빼어난 영적(靈的) 심기(心氣)를 가지고 있다. 따라서 이러한 영적 심기를 통해 인간만은 오성의 도덕률이 무조건적 명령으로 감동 체험되기 때문에 인간은 다른 동물과는 달리 인의예지신을 실천하는 존엄한 윤리적 존재로 될 수 있다는 것이다. 따라서 유학은 인간만이 그 존재의 본래성을 회복하여 자기 존재를 가치롭게 할 수 있는 윤리적 존재일 수 있다고 본다.

유학은 효제(孝悌)의 사랑이야말로 무조건적 명령으로 미동(微動)하는 내재율적인 도덕률의 가장 기본적인 실천법칙이라고 본다. 유학의 관점에서 보면 효제(孝悌)의 사랑이야말로 도덕의 근본법칙이다. 유학은 가장 확실하게 자각적으로 확증할 수 있는 효제의 사랑에서 도덕률의 존재 근거를 찾았다. 효제(孝悌)의 사랑을 자각적으로 확증하지 못하는 사람, 즉 측은지심(惻隱之心)이 없는 사람은 맹자의 시각에서 볼 때 사람이 아니다.[7] 효제의 사랑이야말로 인간의 신성성을 말해주는 인간적 가치라고 할 수 있는 인애(仁愛)의 뿌리다.

『논어』에서는 "그 사람됨이 효도하고 공손하면서도 윗사람을 범하기 좋아하는 자는 드물다 其爲人也 孝弟而好犯上者 鮮矣(『論語·學而』)"라고 하고 "효도와 공손은 그 어진 것을 행하는 근본이다 孝弟也者 其爲仁之本與(『論語·學而』)"라고 한다. 사람됨의 가치기준을 효제의 사랑에 둔 것이다. 가장 직접적으로 자명하게 확증할 수 있는 천명의 구체적 증거를 유학에서는 효제(孝悌)의 사랑에서 찾았다.

유학은 측은지심정이 실천되고 효제의 사랑이 실천되는 인애(仁愛)의 인간공동체야 말로 인류의 번영과 평화를 지속시킬 수 있다고 믿는다. 기술과 무기와 권력으로 현대사회를 사랑의 공동체로 발전시킬 수 없다. 더욱이 금권과 협잡 그리고 권력 남용의 관료주의적 통치로 우리의 사회를 번영케 할 수 없다. 그것은 부패와 분열만 조장한다. 핵무기로 인해 인간이 다 같이 멸종할 가능성은 있어도 통일될 가능성은 없다. 오직 인간존재의 근원성에서 들려오는 천명의 정음에 귀기울여 여기에 순응하는 인애(仁愛)의 사랑만이 인류평화를 기약할 수 있다고 유학은 본다.

『대학(大學)』에서는 "군자가 학문하는 원리는 먼저 자기의 밝은 덕(德)을 밝히는 데에 있고, 또한 백성을 사랑하여 백성이 자기를 본받아 날로 새롭게 되게 함에 있고, 마침내 천하가 최고의 선에 이르게 하는 데에 있다 大學之道 在明明德 在新民 在止於至善(『大學』經文)"라고 하고, 또한 "예전에 밝은 덕을 천하에 밝히려고 하는 사람은 먼저 그 나라를 다스리고, 그 나라를 다스리려고 하는 사람은 먼저 그 집안을 정돈하고, 그 집안을 정돈하려고 하는 사람은 먼저 그 몸을 닦고, 그 몸을 닦으려고 하는 사람은 먼저 그 마음을 바르게 하고, 그 마음을 바르게 하려고 하는 사람은 먼저 그 뜻을 성실하게 하고, 그 뜻을 성실하게 하려고 하는 사람은 먼저 아는 데[知]에 이르러야 하고, 아는 데[知]에 이르는 것은 사물을 분석하고 연구하여 이(理)를 밝히는 데에 있다 古之欲明明德於天下者 先治其國 欲治其國者 先齊其家 欲齊其家者 先修其身 欲修其身者 先正其心 欲正其心者 先誠其意 欲誠其意者 先致其知 致知在格物(『大學』經文)"라고 말한다.

밝고 맑은 덕(德)으로 천하를 태평하게 하려는 데에 있어서 가장 바탕적인 출발은 격물치지(格物致知)하여 심(心)을 바르게 하는 데 있다는 것이다. 심(心)의 근원성이 밝혀지는 거기에 이상사회를 건설할 수 있는 원리가 있다. 재물과 기술만으로 결코 인류사회를 태평하게 할 수 없다. 유학은 인간으로 하여금 천부(天賦)의 명덕(明德)을 깨우쳐 실현하게 하는 것이 무엇보다도 제일 중요하다고 본다. 유학의 관점에서 보면 자기 내면에 천명으로 체험되는 명덕(明德)을 깨달아 성실히 실천해 갈 때 우리 사회를 살기 좋은 사회로 발전시킬 수 있다. 유학은 인애(仁愛)의 덕을 날로 새롭게 체험, 체득해 나가는 생활 속에 지선의 이상사회를 건설하고자 소망한다.

유학은 절대자적 인격신에 대한 뚜렷한 이론을 가지고 있지는 않지만, 명덕(明德)을 명령하는 천(天)의 성지덕(誠之德)을 확신한다. 또한 명덕(明德)을 인간 본연지성으로 확신한다. 이 경우 천(天)은 역사와 사회를 발전시키는 능력자로서의 신(神)적 대상으로 신앙된다. 유학에서는 '천(天)'이야말로 진실무망(眞實無妄)한 성(誠)을 자기의 존재원리로 삼는 천리(天理)의 신(神)이라고 믿는다. 이러한 '천(天)'이 명령하는 명덕(明德)에 통하는 길은 인간의 지성(至誠)이라고 유학은 믿는다.

『중용』에서는 "지성(至誠)은 마치 '신'과 같다 至誠如神(第二十

四章)"라고 하고, "오로지 천하에서 지성(至誠)이라야 남을 교화시킬 수 있다 唯天下至誠 爲能化(第二十三章)"라고 하고, "오로지 천하에 지성(至誠)이라야 자기의 본성을 다할 것이다 唯天下至誠 爲能盡其性(第二十二章)"라고 하고, "오로지 천하에 지성(至誠)이라야 능히 천하의 큰 도리를 경륜할 수 있다 唯天下至誠 爲能經綸天下大經(第三十二章)"라고 하며, 그리고 "성(誠)하면 밝아진다 誠則明(第二十一章)"라고 한다. 이러한『중용』의 성(誠)은 인간사회를 효제의 사랑으로 결속시키고 발전시키는 창조의 원동력이다. 무극이태극(無極而太極)은 진(眞)이요 성(誠)이며 그리고 인(仁)의 덕(德)으로서 인간 내면의 심층에 내재하는 내재율(內在律)이다.

내재율을 『서경(書經)』에서는 도심(道心)으로 말하여, "인심은 위태하고 도심은 은미하니 오로지 정미롭고 한결같아서 진실로 그 가운데를 잡으라 人心惟危 道心惟微 惟精惟一 允執厥中(『書經·大禹謨』)"라고 하며, 퇴계는 그러한 내재율을 이발(理發)의 도덕률로 확신하고 평생 동안 온 정성을 다하여 '이발(理發)'의 심동(心動)을 논변하였다. 그는 도덕률(性命의 내재율)에 있어서 문제가 되는 것은 '지식'이 아니라 '체험'이며 '믿음'이라고 보았다. "인간이 어떻게 행동해야 할 것인가?"라는 문제에 있어서는 지식도 중요하지만 체험과 믿음이 더욱 중요하다는 이야기다. 현대의 특징은 대중문화다. 대중문화를 조성하는 매스컴에 몸도 마음도 생각도 혼도 빼앗긴 현대인에게 컴퓨터적 사고와 관료주의와 이기주의와 위선이 생활윤리로 정착되고 있다. 신(神)도 허무도 가치도 성실도 현대인의 생리에 맞지 않다.

허무를 느낄 수도 없을 만큼 현대는 색정적(色情的)이며 신(神)을 생활수단으로 전락시킬 만큼 현대는 기술적이고 물질적이다. 윤리가 위선을 정당화시키는 수단으로 동원될 만큼 현대는 기만적이다. 대량 전달수단으로 다수의 감각본능을 한꺼번에 자극하는 매스컴의 소리에 현대는 가치의 기준을 찾아 거창하고 웅장하고 화끈하고 일류인 것에만 매달려 숨을 헐떡이고 있다. 과연 현대는 어디로 갈 것인가? 컴퓨터-유토피아는 핵무기의 보호 하에 이루어질 것인가? 물론 현대의 과학기술을 거부할 수는 없다. 문제는 관료주의적 지시와 대량 암기의 위선적 교육으로는 과학기술을 더욱 힘차게 발전시킬 수 있는 능력이 없다는 것이다.

  인간공동체를 발전시킬 수 있는 근원적 힘은 인간에 내재하는 선천적인 도덕률의 실천이다. 도덕률의 실천은 감각 자극의 본능 개방이나 야성의 충족이나 다수의 원리로 해결되는 것이 아니다. 그것은 유교적 신앙심의 회복이며 인간에게 선천적으로 부여된 명덕(明德)의 회복이다. 원초적 명덕을 회복하여 '지선(至善)'의 유토피아를 실현하고자 하는 유학적 정신을 우리는 현대의 경종이라고 하지 않을 수 없다. 주자는 "그 본체의 밝음은 멈추지 않는다. 학문하는 자는 마땅히 그 발하는 것을 좇아 밝혀서 그 원초의 근원성을 회복해야 한다 其本體之明 則有未嘗息者 故學者 當因其所發而遂明之 以復其初也"[8]라고 한다. 명덕(明德)의 도덕률은 일찍이 인류의 가슴에서 꺼진 바가 없다. 다만 인간의 사욕과 본능적 탐욕이 그것을 덮고 있는 것이다. 주자는 원초의 명덕(明德)을 회복하고자 노력하는 것이야말로 가장 바람직한 유학자의 모습으로 보았다. 주자 자신 또한 평생을 그와 같은 유학자의 생활을 연마하였다.

  현대인은 텔레비전을 보면 자신을 텔레비전에 맡기고 잡지를 보면서 자기의 영혼을 잡지화시킨다. 감각본능을 신뢰하는 현대인은 또한 감각의 변화에 시달리며 방황한다. 결국 자기상실증에 빠져버린 현대인은 인간존재의 본래적 고향을 잃어버린 것이다. 존재의 고향을 찾자! 퇴계나 주자는 인간존재의 고향을 찾고자 한 대유(大儒)들이다. 탐관오리들이 나라를 부패시키고 있던 당시, 퇴계는 인심(人心)이 그 고향을 알지 못한다고 탄식하였다.[9] 천명의 명덕인 인(仁)이 곧 마음의 체(體)요 고향이다.

인간의 고향은 천명의 무극지진(無極之眞)이며 그 고향에서 들려오는 소리가 성명(性命)의 바른 소리, 바로 효제(孝悌)의 사랑임을 유학은 신앙한다. 천명의 덕과 혼연일체를 이루는 최고의 이상적 인간을 성인(聖人)이라 한다. 유학은 그러한 성인의 가르침이 담겨진 고전의 글뜻을 새겨 체득하고 실천하며, 심성(心性)과 물성(物性)을 다하여 천명에 이르고자 하는 삶을 인간적 가치가 실현되는 최고의 삶으로 본다. "이(理)를 궁구하고 본성을 다하여서 천명에 이른다 窮理盡性而至於命"는 삶과 "신묘를 다하고 조화를 알아서 덕이 성한 사람이 된다 窮神知化德之盛(『聖學十圖・太極圖說』)"라는 것을 위학(爲學)의 목적으로 하고 인생의 사명으로 삼는 것이 유학의 생활정신이다.

그러므로 유학에서는 내재율로서 자각되는 천명(天命)에 귀기울임을 가장 경건한 생활태도로 본다. 권근(權近)은 조선의 개국에 임하는 새 시대의 윤리를 수립하고자 『입학도설(入學圖說)』을 썼다. 그는 조선인의 정신과 생활을 도심(道心)으로 통일하여 지선(至善)의 이상사회, 즉 성현들의 유학정신을 실천하고자 하는 나라로 나가게 할 방향을 잡고자 하였다. 퇴계는 인심(人心)이 천명에 순응하게 하는[人心聽於命] 지성(至誠)의 삶은 경(敬)으로써 얻어질 수 있다고 믿는다.

구체적인 경(敬)의 실천조목으로 퇴계는 "주일무적(主一無適)",

"정제엄숙(整齊嚴肅)", "상성성(常惺惺)" 등을 말하고, 이러한 '경(敬)'의 실천을 통하여 이세계(理世界)의 신성성에 접근하고자 하는 것이 성학(聖學)으로서의 유학의 목표임을 말한다. 이것은 심(心)을 수렴(收斂)하여 미동(微動)하는 이발(理發)의 도덕률로써 기발(氣發)의 사욕을 다스려 나가는 생활태도이다. 그리고 존양(存養)하여 천리(天理)의 본연지성을 간직하고 성찰하여 그 본연지성의 명(命)인 이발(理發)의 정음(正音)을 실천하고자 조심하고 조심하는 인간의 진실된 지성(至誠)의 삶을 말한다.

　퇴계는 '경(敬)'의 생활에서만 '이발(理發)'의 인의(仁義)를 경청하여 체험, 체득할 수 있다는 것이다. 그는 '거경궁리(居敬窮理)'하고 '궁리진성지어명(窮理盡性至於命)'하여 마침내 천리(天理)를 회복하는 '복호천리(復乎天理)'의 삶을 사는 것을 인간의 사명으로 믿었다. '경(敬)'의 삶에 따르는 구체적인 실천덕목들은 『논어』에서 말하는 "책을 가지고 친구들과 인의(仁義)를 찾아 이야기하며 때에 당해서 실천하며 살아가는 것 學而時習"이며 삼성(三省)[10], 사물(四勿)[11], 삼귀(三貴)[12]의 실천조목 등이며, 『서경』의 '무일(無逸)'의 실천이며 충서(忠恕)와 효제(孝悌) 등이다.

　그러나 현대는 인간을 물질단위로 완전히 분석하여 통계, 처리하고자 하며, 산업사회의 매스컴 세례를 받은 현대는 인간의 가치를 권력이나 재물 또는 감각반응 능력으로 환산해버린다. 권력이나 재물 내지 감각적인 힘에 현대의 관심은 집중된다. 대중문화의 기술적인 힘이 모든 전통적 사상을 몰(沒)가치화시키며 인간의 신성성을 갈기갈기 찢어버렸다. 교육은 인간을 권력지향적 동물 내지 암기 전문기계로 전락시키는 부작용을 동반하고 있다. 요령주의와 적당주의 등이 힘을 발휘하며 인간의 창조적 성실을 마비시켜버린다.

현대의 상황에서 유학은 인간의 본래적 신성성을 자각케 하며 인간에게 내재하는 '인애(仁愛)'의 도덕률을 회복하고자 했던 본래 정신을 되살리지 않으면 안 된다. 유학은 사욕을 허무로 돌리려 하지 않는다. 유학은 인간의 사욕을 공(空)에로 멸하려 하지도 않는다. 유학의 정신은 인간의 사욕을 인애(仁愛)의 사랑으로 순화시켜 천리(天理)를 우리의 삶 속에 회복하고자 하는 것이다. 인간만이 그렇게 할 수 있다고 유학은 또한 믿었다. 왜냐하면 인간이야말로 오성(五性) 감동의 윤리적 존재로서 천지만물의 화육을 도울 수 있으며, 본능적 사욕에 반항하면서 정음(正音)의 인의(仁義)를 체득, 실천하여 사욕을 순화시키고자 분투하는 고귀한 존재일 수 있다고 유학은 믿기 때문이다.

우리는 이러한 유학의 정신을 결코 구시대적 유물로 돌릴 수 없다. 역사에 나타난 유학의 죄는 유학의 죄가 아니라 유학인이라는 탈을 쓴 탐관오리들의 협잡이 저지른 죄다. 오늘날 급변하는 우리 시대의 변화에 따라 과학기술이 변하고 사욕이 변한다고 할지라도 선천적으로 자각되는 효제(孝悌)의 무한사랑은 변할 수 없다. 천명(天命)의 정음(正音)을 자기 속에서 회복해 나가고자 존양성찰(存養省察)하는 성실한 삶을 전(全)인류가 실천해 나갈 때 우리는 우리의 사회를 풍요로운 고도기술사회로 발전시킬 수 있을 뿐만 아니라 또한 동시에 '지선지락(至善至樂)'의 도덕사회로 발전시킬 수 있을 것이다.

주

1) 朱子, 『小學題辭』 참조:‘惟聖性者'는 聖人이란 天命의 本然之性과 혼연 일체라는 뜻임.
2) 朱子의 『小學題辭』에 나오는 "惟聖性者 浩浩其天"을 饒氏가 註說하여 "天卽理也"라고 했음.
3) 朱子, 『中庸章句・序』에 나오는 말.
4) 李退溪, 『戊辰六條疏』에 나오는 말.
5) 같은 책, 같은 곳.
6) 『論語・顔淵』 참조.
7) 『孟子・公孫丑上』 참조.
8) 『大學』의 '明明德'에 대한 朱子註釋.
9) 李退溪, 『文集』卷四十一, '心無體用辯' 참조.
10) '三省'은 『論語・學而』에 나오는 曾子의 말로서, 날마다 살펴야 할 세 가지 것을 말한다. 즉, 다른 사람을 위하여 꾀함이 충성치 못하였는가, 벗과 사귀는 데 믿음이 없었는가, 배운 것을 익히지 못하였는가이다.
11) '四勿'은 "非禮勿視 非禮勿聽 非禮勿言 非禮勿動(『論語・顔淵』)"네 가지를 말한다. 즉, 禮가 아니면 보지도 듣지도 말하지도 행동하지도 말라는 공자의 가르침이다.
12) '三貴'란 君子가 지켜야 할 귀중한 道 세 가지를 말하는 것으로서 曾子의 말이다. 그 내용은 1)행동거지에 있어서는 사납거나 거만함을 멀리해야 하고, 2)얼굴빛을 바르게 함에 있어서는 믿음직하게 해야 하고, 3)말을 함에 있어서는 비루하거나 어긋남을 멀리해야 하는 것을 말한다. (『論語・泰伯』 참조)

II부

한국 전통철학사상의 발전

제1장
우리 민족의 개국정신과 신화

제2장
한국불교의 원융회통(圓融會通)정신

제3장
조선 전기의 성리학 특징

제4장
서경덕의 기철학과 주기론

제5장
주자와 이퇴계의 이일(理一)에 대한 주리론적 해석

제6장
이퇴계의 성리학과 윤리사상

제7장
이율곡의 주기론적 성리학

제8장
박서계의 반주자학적 사상

제9장
실학과 정다산의 사상

제1장

우리 민족의 개국정신과 신화

어느 민족이고 간에 그 민족의 개국시대가 열릴 때의 전설적 이야기나 신화(神話)를 가지고 있다. 우리 민족도 예외는 아니다. 우리 민족의 경우 무속신앙에 관해서는 뚜렷한 기록은 없지만 삼국시대의 국가적 행사 가운데 부여의 영고(迎鼓), 고구려의 동맹(東盟), 동예의 무천(舞天), 마한의 소도(蘇塗) 등의 유풍(遺風), 유습(遺習) 속에 무속적인 요소가 다분히 들어 있다. 그러나 그런 행사나 유풍은 대개 신화(神話)와 결부되어 있다. 그러므로 우리는 그런 행사나 유풍(遺風) 속에 깔려 있는 우리 고유의 윤리적 요소를 낱낱이 가려내기보다는 신화적 사상에 담겨져 있는 개국설화 내지 신화를 주제로 잡아 분석하고 해석하는 데서 우리 민족의 원초적 정신을 찾아보고자 한다.

역사가 있는 민족은 신화(神話)를 가지며 그러한 신화 속에 감추어져 있는 정신으로부터 그 민족의 역사를 발전시킬 수 있는 힘을 얻는다. 그러므로 신화는 실증되어지는 것이 아니라 해석되어져야 하며, 그 신화 속에서 민족국가가 성장할 수 있는 생명력을 얻어야 한다. 민족이 하나로 호흡할 수 있는 정신은 그 민족의 신화 속에 감추어져 있는 것이다. 우리 민족의 역사도 신화로부터 출발되어 있으며 그리고 그 신화 속에 담겨진 민족의 혼이 역사 속에 면면히 흘러 왔던 것이다. 따라서 우리는 개국시대의 신화들을 다시 해석해봄으로써 신화 속에 숨겨져 있는 우리 민족의 고대 개국정신을 밝히고 망각된 민족혼을 오늘날 되살려 보고자 한다.

단군 가한(韓)이 처음으로 나라를 세운 곳은 '아사달'이다. 중국역사서의 일종으로 간주되는 『위서(魏書)』에 나라 이름을 '조선(朝鮮)'이라 했다고 일연(一然)은 『삼국유사』의 첫부분에 기록하고 아사달조선의 임금 단군(檀君)의 개국이념을 기술하였다. 여기에서 단군은 신화적 인물로 기록되지만 우리는 단군의 개국이념을 우리 민족혼의 원형으로 볼 수 있다.

『삼국유사』의 첫부분을 보면 "『위서』에 말하기를 당시로부터 2천 년 전에 단군왕검(檀君王儉)이 있었다. 그는 아사달에 도읍을 정하고 새로 나라를 세워 국호를 조선이라 불렀다 魏書云 乃往二千載有壇君王儉 立都阿斯達 開國朝鮮"라고 하였고, 단군신화(檀君神話)를 기록하는 글의 끝머리에 가서 "평양에 도읍하여 비로소 조선이라고 불렀다. 또 도읍을 백악산 아사달로 옮겼다 都乎壤城 始稱朝鮮 又移都於白岳山阿斯達(『三國遺事』卷一, '古朝鮮'條)"라고 하였다. 이러한 일연(一然)의 기록에서 우리는 우리 민족사의 근원을 찾아볼 수 있다.

여기에 단군(檀君)은 '단군왕검(壇君王儉)'으로 기록되어 있다.

단군의 군(君)이라는 자와 '왕검(王儉)'의 '왕(王)'은 최고 통치자인 임금의 한자 의역(意譯)이다.

옛문헌의 기록에서 보면, 위만의 찬탈로 인해 고조선의 준왕(準王)이 한강 이남 지역으로 피신처를 찾아 내려와서 자칭 한왕(韓王)이라고 하였다는 것이다. 이후로 한강 이남 지역은 마한, 진한, 변한 등의 삼한(三韓) 지역으로 발전했다는 기록이다. 고조선의 '준왕(準王)'이 남쪽으로 내려와 '한왕(韓王)'이라고 자칭하였던 것도 그가 곧 단군의 뒤를 이은 왕임을 말해준다. 단(壇)과 한(韓)의 어원은 태양의 아들로서 최고 통치자라는 뜻의 몽고어 '칸' 또는 '카한'에서 유래된 것으로 본다. 단(壇)은 곧 단(檀)이다.

여기에 말하는 '단'은 여러 문헌에서 한자 표기의 '壇'과 '檀'이라는 두 글자로 표기되었지만 우리 나라 학계가 '檀'자를 정론으로 하기에 여기에 따라 '檀'자로 표기한다. 단군(檀君)의 '단'은 몽고어 '카한'의 한자 의역(意譯)이 우리 말로 발달한 것이고 '한'은 몽고어 '카한'의 한자 음역(音譯)이 우리 말로 발달한 것이다. 몽고어 칸 또는 카한은 이러한 우리 민족의 언어로 형성되는 과정에서 간(干), 가한(可汗), 한(韓), 단(檀) 등으로 표현되었다. 단(檀)은 '木'과 '亶'의 합성자인 바, 그 의미는 나무 아래 제기로 음식을 올려놓고 제사하는 자로 볼 수 있다. 이것은 하늘 신에 기도하는 하늘 해의 아들 '한(韓)' 또는 '가한(可汗)'이니 한(韓)은 지상의 최고 통치자이다.

다시 말하면 '한(韓)' 또는 '가한(可汗)'은 몽고어에서 '하늘의 얼'을 상징하며 또한 해신[日神]의 아들로서 지상에 내려온 통치자 임금[君]을 상징한다.[1] 그러므로 '한(韓)'을 중국의 한(漢)문화의 영향으로 하늘 숭배자의 모습에서 의미를 살려 '단(檀)'으로 표기했다고 할 수 있다. 즉, '단(檀)'은 한(韓)의 한문 의역(漢文意譯)으로도 볼 수 있다. 그러므로 단군조선은 '한(可汗)'이 임금인 나라이다. 우리 민족은 마침내 단군신화를 원형으로 하는 신화들이 만주의 송화강, 압록강, 대동강, 낙동강을 따라 일어나면서 개국시대로 들어갔다.

한자 '검(儉)'도 곰이라는 뜻의 우리 말 '검(儉)'의 이두식 표기이다. 여기 검(儉)이란 우리 고어(古語)에서 곰[熊]을 말하며 또한 '신(神)'을 말한다. '검(儉)'이 신의 의미를 가질 때는 주로 지상의 조상신 내지 지모신(地母神)을 말한다. 대표적인 지모신은 수신(水神)이니 물을 지배하는 용신(龍神)이 바로 그것이다. 용(龍)은 곰이나 큰 뱀으로 곧잘 형상화되었다. 지금도 우리 나라 방언에 큰 뱀을 '용씨이[龍神]'로 말해지고 있다. 곰 토템totem족에 있어서 곰은 용신(龍神)을 상징하는 동물로 볼 수 있다.

따라서 단군왕검의 '검(儉)'은 지상의 최고 수호신을 의미한다. 그러면서 그것은 만물의 조화와 만물의 생명수를 주관하는 용신이다. 이러한 관점에서 단군왕검은 '하늘신'인 해[日]와 '지모신'인 검(곰 또는 용신)의 아들로서, 하늘과 땅을 조화시켜 인간을 가장 잘 살도록 다스릴 수 있는 군왕(君王)이요, 선인(仙人)이며 그 자신 신(神)이기도 하다. 그 계승자도 마찬가지로 한(韓)과 검(儉)으로서의 왕(王)이요 군(君)이다. 단군왕검의 아사달조선은 신시(神市)이며 햇빛 따뜻한 태양의 나라이며 우리 민족의 꿈을 담고 있는 지상의 하늘나라이다.

이러한 단군왕검의 탄생은 우리 민족의 가치의식과 신앙의식 및 민족의식의 원초적 모습을 말해준다. 단검(檀儉)군왕의 탄생을 위해 해와 쑥과 마늘과 검[熊 또는 龍神]이 중요한 역할을 한다. 곰[熊]과 호랑이[虎]에게 쑥과 마늘을 먹이고 굴 속에서 100일 간해(태양)를 보지 말라는 터부taboo가 명령된다. 어려운 액(厄)을 참았던 검[熊女]은 여인이 되어 소원을 푼다. 즉, 사람이 되고 싶었던 '곰[熊; 웅]'이 먼저 몸의 악령들을 쫓고 깨끗한 몸이 되도록 빛을 보지 않은 상태에서 '쑥과 마늘(善靈의 상징물)'을 먹은 후 사람(熊女)이 되어 하늘신 환인(桓因)의 아들 환웅(桓雄)과 결혼할 수 있게 되었다.

여기에서 고난을 통해서 윤리의식이 실현되는 내용을 읽을 수 있다. 시련 끝에 '한알(해)신 또는 하늘신(桓因)'의 아들인 한울님(환웅)과 '지모신(地母神)'인 검신(곰신; 熊神)이 "인간의 모습을 빌어서[假化人間]" 결혼하니, 그 사이에서 태어난 '단검(檀儉)'은 하늘 태양신의 아들인 동시에 땅신의 아들로서 선인(仙人)이며 또한 지상의 통치자인 군왕(君王)이다.[2)]

터부를 거치고 신단수(神檀樹) 아래에서 빌며 기원하는 웅녀(熊女)의 시련을 거쳐 태어난 '환(桓; 하늘신)'의 손자 단검(檀儉)은 하늘의 밝은 얼이 내리는 아사달에 나라를 세우니 아사달조선이다. 신단수 아래에서 기원하는 웅녀의 신앙의식은 곧 단검 군왕의 것으로 이어진다. 천제(天帝) 환인(桓因)이라 할 때의 '인(因)'은 일연이 불교의 언어로 표현한 말일 뿐이며, 다만 '환(桓)'일 뿐이다. 환은 한(韓)이니 곧 단으로 이어진다. 따라서 우리는 '환(桓)'과 '한(韓)' 및 '단(檀)'의 의미를 같은 맥락에서 이해하지 않을 수 없다. 즉, 단검의 아사달조선은 곧 태양신의 아들 카한이 다스리는 한조선(韓朝鮮)이며 단군조선이다.

『삼국유사』는 "옛날에 환인의 서자 환웅이란 이가 있어 자주 천하를 차지할 뜻을 두었다. 그리하여 사람이 사는 세상을 탐내어 구하게 되었다. 그 아버지가 아들의 뜻을 알아차려 삼위태백산을 내려다보니 인간들을 널리 이롭게 해줄 만했다. 이에 환인은 천부인 3개를 환웅에게 주어 인간의 세계를 다스리도록 했다 昔有桓因庶子桓雄 數意天下 貪求人世 父知子意 下視三危太伯 可以弘益人間 乃援天符印三箇 遣往理之(『三國遺事』卷一, 古朝鮮條)"라고 한다.

하늘신의 뜻이 인간의 구제에 있으며 지상의 태백산 아래 인간을 널리 유익되게 하는 데에 있었으며, 그 아들 한울님(桓雄男神)의 뜻이 또한 그러하였으며 그 손자 한검(檀儉)군왕인 단군왕검의 뜻도 또한 그러하였다. '탐구인세(貪求人世; 인간의 세상을 탐하여 구하다)'와 '홍익인간(弘益人間; 널리 인간을 유익하게 하다)'의 소망은 또한 지모신(地母神)인 용신(龍神; 熊女)의 바람이었다. 그리고 하늘과 땅의 화합 속에서 인간은 그 뜻을 실현할 수 있는 존재로 된다. 인간만이 그러한 세계, 즉 '재세이화(在世理化; 세상을 다스리고 교화하다)'의 아사달 한(韓)조선을 건설할 수 있고 그 역사를 발전시킬 수 있는 것이다.

한편 『삼국유사』에서는 "이 분을 환웅천왕(桓雄天王)이라고 부른다. 그는 풍백(風伯)·우사(雨師)·운사(雲師)를 거느리고 곡식·수명·질병·형벌·선악 등을 주관하고 인간의 360여 가지 일을 주관하여 세상을 다스리고 교화하였다 是謂桓雄天王也 將風伯雨師雲師 而主穀主命主病主刑主善惡 凡主人間三百六十餘事 在世理化(『三國遺事』卷一, '古朝鮮'條)"라고 하였으니, 여기 '재세이화(在世理化)'의 '이(理)'는 천왕(天王)의 뜻이요, 햇빛의 원리이다. 광명의 원리가 구현되어 인간이 구제되는 아사달 단군조선은 우리 민족의 원초적 신앙이며 또한 가치의식의 이정표였다.

따라서 단검(檀儉)이며 한군왕(韓君王)인 단군왕검은 한알(해)의 빛이 내리는 밝은 동방의 산 백산(白山)을 찾아 '하늘을 섬기고 제사하며[事天祭天]', 강과 물의 용신(龍神)에 제사하였으며, 한(韓)의 겨레를 널리 유익하게 하고자[弘益] 다스리고 교화하여

[理化] 병을 구제하고[求病] 목숨을 구제하고[求命] 선행을 도모하며[求善], 풍요를 일으키고자[主穀]하였던 것이다. 그리고 그 계승자 또한 단군(韓王)으로 통칭되었다고 볼 수 있다. 이러한 믿음을 가진 예맥(濊貊)의 겨레 또한 한(韓)의 백성으로 통칭되었다. 그리고 한(韓)의 겨레가 사는 우리 나라를 중국인들은 해 뜨는 진단(辰旦)의 나라, 한진국(韓辰國), 삼한(三韓) 등으로 통칭하였다.

'단군신화'를 통해서 볼 때 옛날 우리 선조들은 우주만물을 모두 영물(靈物)로 보았으며, 또한 쑥과 마늘은 악귀를 쫓는 가장 선한 영물로 보았다. 질병은 악귀가 일으키는 것이라고 보았으며, 사람에게 액(厄)이 붙는 것도 악귀 때문이라고 보았다. 이러한 액을 풀어주고 생명을 주며 행복을 주며 결실을 주는 것은 햇빛[天神]과 물[龍神]의 조화라 여겼다. 햇빛 따라 물 따라 인간의 삶이 구제될 수 있는 아사달을 찾아 동으로 남으로 이동하여 반도에 정착한 것이 바로 우리 민족이다.

우주만물을 섭리하는 최고의 신은 '하늘신'인 태양신(太陽神)이며, 지상의 최고 신은 물[水]신 용신(龍神)이며, 그들을 따라 다니며 악령으로부터 인간을 보호하는 신은 조상신이다. 조상신을 물상화(物象化)한 것이 토템totem이다. 또한 밝은 땅, 편안한 마을을 지켜주는 지신(地神)이 물상화된 것도 토템이다. 이러한 토템은 마을의 수호신 또는 민족의 조상신이 되었던 것이다. 이러한 토템사상은 고대 우리 민족의 신앙의식으로 되어 터부적 생활윤리를 이루었다. 따라서 우리 민족의 원초적 윤리의식 내지 신앙의식은 하늘 태양신앙과 토템신앙이 결합되어 그 뿌리를 이루고 있다.

단군왕검의 검(儉)은 지모신으로서 최고의 토템신이니 곰

[熊]이며 그것은 곧 '용신(龍神)'이다. 곰은 태백산(백두산) 천지의 용신을 물체화한 토템신이다. 단군신화의 웅녀는 송하강(松下江) '물신[水神]' 하백(河伯)의 딸 유화(柳花)부인과 그 맥을 같이 한다. '단군신화'에서 "환웅은 무리 3천 명을 거느리고 태백산(太白山) 산정의 신단수(神檀樹) 아래에 내려왔는데 이 곳을 신시(神市)라 한다 雄率徒三千 降於太伯山頂 神檀樹下 謂之神市(『三國遺事』卷一, '古朝鮮'條)"라고 하였다. 그런데 여기서 말하는 '태백산'은 일연의 주설(註說)[3]과는 달리 백두산(白頭山)으로 보는 것이 타당하다. 알타이 어족(語族)의 여러 지파들은 대체로 하늘 태양신에 대한 신앙을 같이 하면서도 토템을 달리하며 여러 부족, 씨족으로 갈라져 이동하였다. 부족은 부족대로 씨족은 씨족대로 각각의 토템을 가지면서 그들은 서벌(徐伐) 또는 밝달로 말해지기도 하는 아사달을 찾아 이동하고 정착했다.

아사달 단군조선의 신화를 가지고 우리 한(韓)민족은 송하강·압록강·두만강·대동강·한강·낙동강 등으로 이동하면서 해 뜨는 신(神; 韓)의 나라 서(徐; 태양신)벌(伐) 곧 밝은 땅 아사달(밝달재)이나 태양이 떠오르는 물 흐르는 계곡 수리골[陽谷]을 찾아 정착하여 주변의 원주민(原住民)들을 교화시키면서 나라를 세웠던 것이다. 북으로 부여·고구려, 동으로 옥저·동예, 남으로 삼한의 여러 부락국가들이 바로 그러하다. 백제·마한·변한이 그러한 국가들이며, 가야·신라가 모두 그러하다.

고구려의 시조 주몽도 역사적 인물로 존재하면서도 우리에게는 신화 속의 인물로 나타난다. 주몽은 태양신의 아들이라고 하는 해모수(解慕漱)의 아들이다. 해모수의 '해(解)'도 우리 말 '해(태양)'를 한자음을 이용한 이두문 식으로 '解(해)'로 표기한 것이다. '모수(慕漱)'도 토템적 의미를 가지는 신(神)의 뜻이다. 아마도 '해모수(解慕漱)'는 몽고어로 태양신의 아들을 의미하는 '한(韓 또는 可汗)'과 같은 의미를 나타내는 말이라고 할 수 있다. 주몽의 모신(母神) 유화(柳花)는 송하강 물신[水神] 하백(河伯)의 딸, 즉 용신의 딸 용녀[龍女]가 인간으로 화(化)한 것으로 이해된다. 그러므로 주몽도 단군과 똑같은 방식으로 나타나 수리골에서 개국한다. 수리골[紇升骨城]은 해 뜨는 골 아사달이다. 주몽은 단지 유화부인이 낳은 알에서 태어났다. 알에서 태어날 때 태양의 빛이 유화부인과 알을 보호했다는 것은 주몽이 해신(해모수)의 아들임을 말해주고 있다.

일연(一然)은 『삼국유사』에서 해모수와 단군을 같은 동일신으로 볼 수 있다는 문헌을 인용하여 주설(註說)한다. 그래서 주몽의 성을 한자로 고(高)씨로 말하지만 본성(本姓)은 해(解)씨, 즉 해(태양)씨임을 주설하고 있다.[4] 그러니 해모수와 환웅을 동일시하고 단군검과 주몽을 같은 태양의 아들[日子; 해신의 아들]로 보는 것은 올바른 이해라고 본다. 고구려인의 풍속인 동맹(東盟)의 제천(祭天) 굿놀이는 시조신(始祖神)에 대한 의식으로서 고구려인의 혼을 통일시키고 그들의 마음을 화해시켜 일체감을 일으킨 국풍(國風)이라 할 수 있다.

북부여의 해부루(解扶婁) 또한 해(태양)의 아들, 즉 해모수의 아들이니 한검(檀儉)군왕의 아들 '부루'와 같다. 해(하늘신)의 아들은 지상의 밝음(불)이며, 그리고 밝은 땅이 부여이니 한(韓)이 다스리는 아사달의 한(韓) 밝은 나라가 곧 부여이다. 백제의 개국이 부여·고구려와 맥락을 같이 하며, 부여와 고구려의 개국은 단군왕검의 한(韓) 아사달 신국(神國)의 개국신화와 그 맥락을 같이 하고 있다. 즉, 민족국가의 개국은 태양신의 나라라고 말할 수 있는 신국(神國)의 건설에 그 뿌리를 가지고 있다.

신라의 박혁거세(朴赫居世) 신화와 가라(加羅)의 수로(首路)신화도 같은 정신의 신화로 그 맥락을 같이 한다. 혁거세·수로·김알지가 모두 하늘의 위대한 알이라고 할 수 있는 해신[太陽神]과의 관계를 가지고 탄생한다. 혁거세의 성(姓)이 되는 박(朴)도 밝은 빛, 하늘의 알, 태양과 연결되어 있다. 박(태양) 혁(밝은 빛, 赫) 거(큰, 居) 세(해, 世)는 바로 해신의 아들이며 군왕이고, 용신(儉神)의 아들인 단군왕검과 같은 지평의 태양신의 아들이다. 다만 박혁거세의 경우 나정(羅井)의 백마(白馬; 龍神)에서 탄생하였는 바, 신라의 그 토템신이 곰[熊]에서 백마로 바뀌었을 뿐이다. 그러므로 혁거세는 곧 '대가한(大可汗)'이며 '큰[居西] 한[干, 카한]'이다. 혁거세가 태어나서 처음 한 말이 "알지거서간(閼智居西干)"이라 하였다는 것은 그가 해신의 아들[智; 아기] '큰 카한[大可汗]'임을 스스로 밝힌 것이다.

김수로(金首露)의 김(金; 쇠)은 금와(金蛙)의 금(金; 쇠)과 같이 새(해)를 의미하는 것이다. '가(加; 干; 韓)'들이 다스리는 마을 연맹체의 최고 군왕 가라국의 김수로도 말하자면 '해수라'신의 아들로서 군왕인 바 최고 한(韓)이니 그도 대가한(大可韓)이다. 지상의 영원한 빛, 금(黃金)빛은 지상에 내려온 태양신의 아들을 의미한다. 즉, 김수로·금와·김알지(金閼智)의 '김' 또는 '금'은 새(해)의 한역(漢譯)이며 해의 물체적(物體的; 物象的) 대상인 '금'의 한문 표기다. 따라서 해수로·해와·해알지로 우리는 생각할 수 있다. 하늘의 영원한 빛, 해(새)와 지상의 영원한 빛, 금(金)이 해부루의 부루(불빛)와 연결된다.

일연은 『삼국유사』에서 혁거세에 대한 다른 지칭을 "혹은 불거내왕(弗矩內王)이라고도 하니, 밝은 빛(태양)으로 세상을 다스리는 왕이다 或作弗矩內王 言光明理世也(『三國遺事』卷一, '赫居世王'

條)"라고 주석해 두고 있다. 표현을 바꾸면 혁거세는 해신(태양신)의 사랑으로 나라를 다스리는 광명이세(光明理世)의 왕이며 인간을 널리 유익하게 하고자 하는 '밝음(해)의 땅[內]'의 왕이 되시니 아사달 신국의 한(韓, 可汗)왕이다. 따라서 혁거세의 나라는 신(神; 해)의 나라[羅] 아사달 신라이며, 태양의 아들 '해[朴]카한[居西干]'이 다스리는 나라이다. 물론 신라인들은 해의 형상을 '박'의 모양에서 가져 와서 이것을 한자음을 빌려 이두문 방식으로 성(姓)을 '박(朴)'으로 말하여 박거서간(朴巨西干)이라고 하였다.

　김수로·김알지의 경우도 마찬가지다. 김수로의 '김'과 김알지의 '김'도 해(태양)인 바, 수로도 수라(태양)이며 '알'도 해를 말하며, 지(智)는 아기를 말하는 것이니 모두 하늘신인 해신[太陽神]의 아들임을 말한다. 단지 김수로는 용신의 물상화(物象化; 物體化)인 거북을 토템신으로 하여 거북의 알에서 태어난다. 알지는 흰 닭[鷄]을 용신의 물체화로 하여 흰 닭의 알에서 태어난다. 여기서는 흰 닭이 토템신으로 된다. 단지, 신화의 주인공들은 각기 토템을 달리할 뿐이다.

　우리 역사에 나오는 단(檀)·환(桓)·한(韓)·가한(可汗)·해(解)·고(高)·거서간(居西干)·마립간(麻立干)·부루(扶婁)·태대서발한(太大舒發翰)·태대각간(太大角干)·금 또는 김(金)·간(干)·가(加) 등은 모두 통치자의 의미를 가지고 있으면서 동시에 '태양신의 아들'이라는 의미를 가진다고 볼 때 우리 민족은 '한(韓)'의 후손으로서 일체감을 가질 수 있는 단일 민족이라 하지 않을 수 없다.

　한(韓)의 정신, 광명이세(光明理世)의 정신, 홍익인간의 정신 등으로 우리 민족의 개국이념을 말할 수 있다면, 여기에 우리는 태양신의 사랑과 용신(龍神)으로 신화 속에 나타나는 물(水)의 화육정신(和育精神)이 통합되어 있는 것을 느낄 수 있다. 우리 민족은 이러한 개국정신을 함께 가지고 있었기 때문에 외침에 대항하여 모두 한 마음으로 일체감을 이룰 수 있었다. 나라가 위기에 처할 때마다 신바람으로 일체감을 이루어 이것을 극복할 수 있었다. 문무왕(文武王)이 삼국통일의 대업을 이루자 김유신장군에게 태대서발한(太大舒發翰; 최고 높은 큰 밝은 한)의 직함을 수여한 것[5]은 그가 민족혼을 드디어 통일한 최고 한(韓)의 계승자라는 의미를 가진다.

한(漢)나라 무제(武帝)의 동방정책에 있어서 제일 큰 목적은 동쪽의 밝은 땅에 사는 우리 민족의 통일국가화를 막는 것이었다. 그래서 그는 한(漢)의 사군(四郡)을 민족이 양단될 수 있는 위치에 설치했던 것이다. 바이칼호 서남 몽고부로부터 아사달 밝달 신(神)의 나라 동녘 밝은 땅 서벌(徐伐)을 찾아 이동해 온 우리 민족은 반도의 여기 저기에 한(韓)들의 개국신화를 가지고 개국의 시대를 열었던 것이다. 이러한 개국은 민족통일의 혼을 불러일으켜 마을을 읍락(邑落) 연맹체인 성읍(城邑)국가로 발전시켜 나갔다. 그러나 한무제의 정복 등 잔학스런 이(異)민족의 약탈과 침략으로 엄청나게 시달렸지만, 많은 시련과 고난 끝에 한사군을 몰아내고 결국 고구려・백제・신라의 삼국으로 정립되었다.

삼국이 정립되고 대립되면서 한검(檀儉)의 개국이념이나 그 윤리관 및 다른 외래사상이 중국으로부터 홍수처럼 들어왔다. "배우고 때로 익히는 것 學而時習之(『論語・學而』의 첫구절)"을 인생의 최고 기쁨으로 보며 효제(孝悌)의 사랑, 즉 인애(仁愛)를 천애(天愛)로 보며 인간 본심으로 보는 유교가 충효의 윤리관으로 수용되었다. 또한 현세의 인생을 괴로움[苦]으로 보고, 그 괴로움의 원인을 오욕(五欲)의 집착 때문으로 보며 모든 괴로움으로부터의 해탈은 오욕(五欲)의 집착을 멸(滅)하여 열반(涅槃)의 불심(佛心)에 이르는 것으로 주장하는 불교가 반야(般若)의 지혜를 체득하여 하화중생(下化衆生)하고자 하는 보살사상으로 수용되었다. 그리고 '무위이위(無爲而爲)'의 지혜를 현묘(玄妙)한 '허무(虛無)'에서 터득하려는 도가사상이 '지족(知足)'[6]과 '지지(知止)'를 아는 윤리관으로 수용되었다.

우리 민족의 개국이념은 이러한 외래사상을 수용하면서 많은 마찰을 빚었지만, 그것을 곧잘 수용하여 민족혼으로 용해시키고 발전시켜 왔다. 유·불·도 삼교가 단군의 개국정신 속에 용해되어 신라의 삼국통일 정신을 낳았다. 그것은 곧 신라 화랑(花郞)의 정신이며, 태대서발한(太大舒發翰)인 김유신장군의 삼국통일 정신이며, 원광(圓光)법사의 세속오계(世俗五戒)의 정신이며, 원효(元曉)대사의 무애행(無碍行)의 정신이고 백결(百結)선생의 '방아곡'의 정신이다.

주

1) 李丙燾, 『韓國古代社會와 그 文化』, (서울 : 서문당 1973), 87쪽 참조.
2) 『삼국사기』에서 "東川王 21년 2월에 왕은 丸都城이 난리를 겪어 더 이상 도읍할 수 없게 되었으므로 평양성을 쌓고 백성과 종묘사직을 거기로 옮겼다. 평양은 본시 仙人인 王儉이 살던 곳이다 二十一年 春二月 王(東川王)以丸都城經亂 不可復都 築乎壤城 移民及廟社乎壤者 本仙人王儉之宅

也(『三國史記』卷十七, '東川王'條)"라고 하였다. 우리는 여기에서 王儉을 仙人이라 기록한 사실을 살펴볼 수 있다.
3) 일연은 태백산을 妙香山으로 註說하였다.
4) 『三國遺事』卷一, '高朱蒙'條 참조.
5) 『三國史記』卷四十三, 列傳, 第三, 金庾信下, "於是授太大舒發翰之職".
6) 고구려 장수 乙支文德이 隨나라 장수 宇仲文에게 보낸 詩文의 어구 "知足願云止"에 보이는 '知足'은 바로 도가적 사유의 수용으로 볼 수 있다.

제2장

한국불교의 원융회통(圓融會通)정신

 육당 최남선(六堂 崔南善)은 『조선불교(朝鮮佛敎)』에서 "한국의 불교는 인도 및 서역의 서론적 불교, 중국의 각론적(본론적) 불교에 대하여 최후의 결론적 불교를 건립하였다"고 서술하고 있다. 그렇다면 '결론적 불교'란 과연 무엇을 말하는가?
 원래, 불타(佛陀)의 가르침은 인도에서 하나로 출발하였으나 불멸(佛滅) 후 분열하기 시작하였고, 중국에 전래되어서는 많은 종파로 분리되면서 다양한 이론과 사상적 전개를 보였다. 그러나 한국에 들어온 불교는 한국의 풍토에서 재정리, 통합되어 '하나'인 불교로 귀일(歸一)하였으니 최남선은 이를 '결론'에 비유한 것이다. '하나'인 불교의 전통은 모든 이론과 종파를 묘합(妙合)하는 '원융회통'의 사상적 전통을 말한다. '원융'이란 원만하여 막힘이 없는 것을 말하며, '회통'이란 대립과 갈등이 높은 차원에서 해소된 '하나[通]'에로의 '만남[會]'을 의미한다. 따라서 원융회통이란 어설픈 절충이 아니라 원래 '하나'인 세계의 조화이며 종합이다. 이제 우리는 한국불교사에서, 원융회통의 정신으로 충만해 있던 비중 있는 몇 인물을 간단히 소개해보고자 한다.

1. 승랑(僧朗, 430?~520?)

승랑은 본래 고구려 요동(遼東) 사람이다. 문자왕(文咨王)시대에 중국 제(齊)나라로 들어가서 건무연간(建武年間, 494~497)에는 강남(江南)으로 내려간 후에 섭산(攝山)에 있었다 하여 세칭 섭산 낭(朗)대사라고 한다. 그 당시 중국의 북방에서는 '유(有)'를 중심으로 하는 비담(毘曇)사상이 성행하였고, 남방에서는 '공(空)'을 중심으로 하는 성실론(成實論)이 널리 보급되었다. 승랑이 남하함에 이르러 유무(有無) 이견(二見)의 뿌리를 빼고 유무의 양집(兩執)을 버리게 하여 중도(中道)로써 속제(俗諦)와 진제(眞諦)의 '체(體)'로 삼아, 그 곳 성실론의 대표자들과 논란함에 승랑을 감히 당할 자가 없었다고 한다. 이것이 바로 중국 삼론종(三論宗)의 근본사상이자 기원이다. 은사(隱士) 주옹(周顒)이 이를 전승하여 널리 유포하게 되었다. 특히 양(梁)나라 무제(武帝, 502~549)는 10명의 승려를 선발하여 승랑에게 수학하게 하였고, 원래 성실론을 신봉하던 무제 자신도 구습(舊習)을 버리고 승랑의 설을 따르게 되었다고 한다. 고구려의 승랑은 양나라 무제의 신앙과 사상을 변환시켰고, 나아가 후일에 길장(吉藏, 549~623)이 창시한 중국 삼론종의 선구가 되었다.

2. 원효(元曉:和靜國師, 616~686)

원효는 한국불교사에 있어서 가장 위대한 고승(高僧)의 한 사람으로서 신라불교가 안고 있던 여러 가지 문제를 원만하게 해결하여 한국불교의 기틀을 닦은 사람이었다. 그는 무려 92부 230여 권에 달하는 많은 저술을 남겨 대승불교(大乘佛敎)의 오묘한 뜻과 신묘한 진리를 천명하였거니와, 그 중에서도 『금강삼매경론(金剛三昧經論)』 3권과 『대승기신론소(大乘起信論疏)』 2권은 일찍이 중국에까지 널리 유포되어 존숭되었다. 중국 화엄종(華嚴宗)의 대성자로 평가받는 법장(法藏, 643~712)이 그의 『기신론소(起信論疏)』를 저술함에 있어서 원효의 '소(疏)'를 참고하였고, 그의 제자인 징관(澄觀)에게도 이를 전수하여 징관 역시 자기 이론을 입증할 때에 원효의 '소'를 인용하곤 하였다. 이것만으로도 중국 불교사상에 끼친 원효의 영향은 상상하고도 남음이 있다.

원효가 해결하고자 했던 문제 가운데 하나는 불타 사후에 생성된 중관학파(中觀學派)와 유식학파(唯識學派) 간의 교리적 대립의 극복이었다. 이 문제는 비단 신라불교에만 국한된 것이 아니라, 인도에서도 이견(異見)이 분분하고 다양한 논의를 계속해 왔던 문제이다. 불타 생존시에는 그의 설법을 중생들이 직접 들어서 진의(眞意)를 깨칠 수 있었기 때문에 별다른 이론(異論)이 없었으나 오랜 세월이 경과하고 불교가 널리 보급되면서부터 새로운 문제로 부각되기 시작했다.

원효는 당시에 무수한 논란의 소지였던 지배적인 두 학파의 이론을 해결함에 있어서 양쪽의 이론들을 화해, 조화시키는 방법으로 새로운 논리를 창출하였다. 이러한 원효의 사상은 여러 이론을 '원융회통'시켰다는 점에서 '화쟁(和諍)의 논리'라고 하는데, 이는 원효사상의 핵심을 이루고 있다. 그러면 '화쟁'이란 무엇인가? 이것을 알기 위해서는 불교의 기본 교리인 '연기론(緣起論)'의 내용을 먼저 살펴보고, 중관학파와 유식학파의 사상적 내용과 차이를 일별해보지 않으면 안 될 것이다.

불교에 있어서 가장 기본적인 이론은 "모든 존재는 연기(緣起)한다"는 것이다. '연기'란 "이것이 있으면 저것이 있고, 이것이 없으면 저것이 없다"는 것, 즉 "홀로 존재하는 것은 아무것도 없고, 모든 것이 서로의 관계 속에서 생멸한다"는 것이다. 그러므로 절대적 세계로 간주되는 '열반(涅槃)'까지도 생사의 세계가 있으므로 있게 되는 것이다. 이와같이 모든 것이 다른 존재에 의존해 있다면 그러한 존재에는 독자적인 존재성이 없다고 보아야 할 것이다. 이것을 대승불교에서는 '공(空)'이라고 표현한다.

그런데 문제는, 중관학파와 유식학파 두 학파가 '공'에 대해 전혀 상이한 입장을 취한다는 데서 생겨난다. 즉, 중관학파는 "모든 법(法)이 공이요 생함도 없고 멸함도 없이 본래 고요한 것이므로, 따라서 망집(妄執)의 부정이 끊임없이 계속될 수밖에 없다"고 하고, 유식학파는 "주관적 인식의 대상이 비록 공하지만 인식 그 자체는 없다고 할 수 없으므로 모든 법은 유(有)와 무(無)에 통한다"고 주장한다. 중관학파는 모든 법 자체가 '무'라고 여기며, 유식학파는 공관(空觀)의 실천을 통해 망집을 부정한다면, 그러한 부정을 통하여 모든 법의 진실한 성품이 나타난다고 주장하는 것이다. 그러므로 이러한 두 가지 경향은 실로 유와 무의 대립이라고 할 수 있을 것이다.

원효는 이러한 대립을 상호통합하여 극복하고자 하였다. 즉, 그는 상이한 논리들을 모두 긍정하고 포용하여서 하나의 체계로 구조화시키고자 하였다. 그리하여 그는 다음과 같은 결론을 이

끈다. 즉, "일체법(一切法)은 유도 아니고 무도 아니다"는 것이다. 원효에 의하면 이변(二邊; 중관학파와 유식학파)을 멀리 떠날뿐만 아니라 중도(中道)에도 집착하지 않아야 하는데, 이것이 바로 화쟁의 논리라는 것이다. 이 논리에 따르면 모든 이율배반적인 견해가 각각 도리를 가지며, 도리가 있으므로 통하지 않는 바가 없게 된다. 그러므로 '비합리의 합리', '비논리의 논리'라고도 할 수 있겠다. 이와같은 화쟁의 논리는 원효의 대표적 저서인 『금강삼매경론』과 『대승기신론소』를 비롯한 그의 모든 방대한 저서에서도 전체적인 구조를 이루고 있거니와, 특히『십문화쟁론(十門和諍論)』속에서 이 문제를 집중적으로 다루고 있다. 원효의 화쟁은 단순한 이론이 아니라, '하나'인 마음에서의 대긍정의 삶을 목표로 한다. 실로 화쟁의 근본을 하나인 마음에서 찾은 것은 원효의 탁견이라 할 수 있다.

3. 의천(義天:大覺國師, 1055~1101)

고려의 의천은 지눌(知訥)과 더불어 고려불교를 대표하는 인물이다. 그의 사상은 화엄(華嚴)으로 다듬어졌으나 그 밖의 여러 종파의 이론을 골고루 탐색하였다. 그는 문종왕(文宗王)의 넷째 아들로 태어나 우세승통(祐世僧統)이라는 법직(法職)을 13세의 어린 몸으로 배수(拜受)한 천재다. 일찍이 왕사(王師) 난원(爛圓)에게서 화엄교관(華嚴敎觀)을 수학하였고, 그 후 더욱 각고 면려하여 여러 종파의 이론을 탐색하지 않음이 없었다. 체류기간이 불과 14개월밖에 안 되는 송(宋)나라에서의 구법(求法)의 짧은 기간 중에도 현수(賢首)의 성종(性宗), 자은(慈恩)의 상종(相宗),

달마(達摩)의 선종(禪宗), 남산(南山)의 율종(律宗), 천태(天台)의 관종(觀宗)들의 심오한 뜻을 모조리 질의 탐구하기 위하여, 정원(淨源)을 비롯한 50여 인의 고승대덕(高僧大德)을 탐방하여 그 신묘한 뜻에 통달하였다고 한다.

의천은 교관겸수(敎觀兼修)와 교선합일(敎禪合一)을 이상으로 삼았다. 그래서 그는 이렇게 생각하였다. 선(禪)의 관(觀)을 무시하고 교(敎)의 경(經)공부만하면 불충분하며, 또 그와 반대로 '선'의 '관'만을 하고 '교'의 '경'공부를 도외시하여도 불충분하다. '경'공부를 제아무리 잘하였다 하더라도 '선'의 관문을 모르는 자라면 비록 '경'을 강의한다 하더라도 믿을 수가 없다. 그렇다고 어리석은 '선'만을 가지고 시비를 다투고 있음도 딱한 일이다. '선'을 교외(敎外)의 별전(別傳)이라고 함부로 말하지 말도록 삼가야 한다는 것이다. 그러므로 '교'의 '경'공부도 하고 '선'의 '관'공부도 하여 '교관겸수'해야 된다는 것이 의천사상의 골자이다.

의천에 의하면, '교'를 배우는 자는 흔히 안을 버리고 밖에서 구하고, '선'공부를 하는 사람은 바깥의 '연(緣)'을 잊고 안으로 밝음을 좋아하나, 모두 치우쳐 사로잡힌 것이요, 모두가 두 변(邊)에 머무는 것이다. 그것은 마치 없는 토끼뿔의 길고 짧음을 다투는 것과 같고, 이 세상에 존재하지 않는 꽃빛깔의 농담(濃淡)을 다투는 것과 같다. 법이란 것은 언상(言像)이 없는 것이나, 말을 떠난 것도 아니다. 그러기에 언상을 떠나면 미혹에 빠지게 되고 언상에 사로잡히면 '참[眞]'이 아득해진다고 한다. 이러한 교관겸수의 입장에서 의천은 천태(天台)의 교리를 그 당시 창건된 국청사(國淸寺)에서 강의하였으며, 이를 계기로 미미하던 우리 나라의 천태학(天台學)이 뚜렷하게 독립된 한 종파로

개종되는 계기가 되었다.

4. 지눌(知訥:普照國師:牧牛子, 1158~1210)

돈오점수(頓悟漸修)와 정혜쌍수(定慧雙修)를 주장하여 선가(禪家)와 교학(敎學)의 합일(合一)을 꾀한 이가 바로 보조국사 지눌이다. 그는 "불교를 정치적 오염으로부터 격리하고 교단의 순수성을 잘 지키자"는 실천운동, 즉 '정혜결사(定慧結社)운동'을 일으켰다. 그리고 이 운동의 실천방법으로 '정혜쌍수'를 주장하였는데, 이것은 당시에 지배적이었던 '돈오점수' 이론을 보완하기 위하여 고안된 것이다. 그러므로 정혜결사의 내용을 이해하기 위해서는 우선 돈오점수의 의미부터 살펴야 할 것이다.

'돈오'란 "인식주관이 본래 고요하고, 인식대상이 본래 공(空)하다는 것"을 깨닫는 것, 즉 "자기 본생(本生)에 원래 번뇌가 없고 제불(諸佛)과 더불어 조금도 다르지 않음"을 깨닫는 것이며, '점수'란 "깨달은 뒤에 점차 습기(習氣)를 제거해 나가는 것", 즉 "수양활동을 계속하는 종교적 활동"을 말하는 것이다. 돈오한 후에도 점수해야 하는 이유는 비록 돈오하였다 하여도 다겁(多劫)을 익혀 온 망습(妄習)이 갑자기 제거되지 않기 때문에 수양활동을 계속해 나가야 한다는 것이다.

지눌은 돈오의 수양방법으로 '정혜결사'를 제안한다. '정(定)'은 "연(緣)을 멈추는 공(功)으로 인해 마음이 정(定)하여 적연불변(寂然不變)하는 것"이요, '혜(慧)'는 "관조(觀照)의 공(功)으로 인해 지(知)가 분별이 없음"이다. 다시 말하면 '정'이란 "선(禪), 즉 마음을 일경(一境)에 정지시켜 흩어지거나 움직이지 않는 것'

이요, '혜'는 "교(敎), 즉 사리를 분별하고 의념(疑念)을 결단하는 작용"을 의미한다. 그러므로 '정혜결사'는 이와같은 '정'과 '혜' 가운데 어느 것도 소홀히 하지 않고 모두 포괄하는 것이라고 하겠다. 이러한 점을 지눌은 다음과 같이 말한다. "정은 자심(自心)의 체(體)요, 혜는 자심(自心)의 용(用)이다. 정이자 곧 혜이므로 체는 용을 떠나지 않고, 혜이자 곧 정이므로 용은 체를 떠나지 않는다. ……이 '정'과 '혜'의 두 문이 수행의 요체니 불조(佛祖)의 대지(大旨)요 경론(經論)이 전(詮)을 같이하는 것이다." "세존(世尊)이 입으로 설한 것이 곧 '교'가 되고, 조사(祖師)가 마음으로 전한 것이 곧 '선'이 되니 불조의 마음과 입이 서로 위배될 리 없다. 어찌 근원을 다하지 않고 각기 소습(所習)에 한가로이 거하며 망령되이 쟁론을 일으켜 시간만 허비할 것인가."

그러므로 지눌은 '선'으로써 체를 삼고 '교'로써 용을 삼아 선과 교의 합일점을 모색함으로써 '정혜결사'를 성립시켰다. 이와 같이 지눌이 '선을 중심으로 통일을 모색'한 방식은 '교로써 선과 교의 합일을 구한' 의천과는 좋은 대조를 이룬다고 할 수 있겠다.

보조국사 지눌은 원효와 함께 한국불교의 사상적 전통을 확립하는 데 크게 기여한 위대한 사상가이다. 원효가 불교의 원융회통에 대한 기초를 다졌다면, 지눌은 그의 정신을 계승하여 원융회통을 확립한 대가라 할 수 있다. 그러므로 우리가 한국불교의 사상을 올바로 이해하기 위해서는 지눌의 사상에 주목하지 않을 수 없는 것이다.

―――― … ――――

한국불교에는 이러한 원융회통의 노력이 처음부터 줄기차게 계속되었다. 이 회통의 정신이 여러 종파로 분열 갈등하는 상황에서 살아 움직일 때, 그것은 여러 종파의 소리를 하나의 화음(和音)으로 모으려는 이론적 노력으로 나타났으며, '선'과 '교' 간의 불화와 대립이 깊을 때는 '선'과 '교'를 어우르는 창조적 움직임으로 나타났다. 그러한 결과로 한국불교는 종파적 색채가 지양된 통불교(通佛敎)적 전통을 확립하였다. 이러한 전통을 슈타F. Starr는 한국불교를 소개하는 최초의 영문저술인 『한국불교 Korean Buddhism』에서 이렇게 말하고 있다.

> 일본불교를 잘 아는 사람은 누구나 일본불교의 많은 종파들 간의 근본적인 차이를 이해하고 있을 것이다. 이러한 일본불교의 성격을 아는 사람은, 한국불교에는 어떠한 종파가 있는지를 으레 묻게 된다. 그럴 때마다 서슴없이 듣게 되는 대답은 '선과 교의 두 종파'라는 것이다. 그러나 일본불교의 종파와 같은 것을 한국불교에서는 볼 수가 없다. 일본불교에서는 진언종(眞言宗)이면 그 나름의 교리와 신앙, 수행의 체계가 있으며 '선'이나 다른 종파도 마찬가지이다. 한 종파에 속하는 사람이면 그 종파의 독특한 교리와 의식 등의 수행을 가진다. 어떤 사람도 진언종이면서 동시에 선종에 속할 수가 없다. 그러나 한국의 사찰에서는, 오늘은 '선'을 수행하는 사람이 참선하고 '교'를 공부하는 사람이 경을 읽지만, 다음 날은 그것이 뒤바뀌어 '선'하는 사람이 경을 읽고 '교'하는 사람이 참선한다. 따라서 '선이다', '교다'하는 말은 실제로 독립된 종파가 아니라 수행의 두 가지 방법에 불과하다. 우리는 동일한 사찰에서 선·교가 항상 함께 함을 볼 수 있었다.(Frederick Starr, *Korean Buddhism:History, Condition, Arts*(Boston:Marshall James Company, 1918), pp.53~54 참조)

이것은 한국불교의 원융회통적 성격을 잘 나타내는 구절이다. 그리고 이러한 한국불교의 원융회통적 정신은 한, 두 사람에 의한 것이라기 보다는 한국불교 전반의 특징이라 할 것이다.

제3장

조선 전기 성리학의 특징

　우리 나라의 유학은 성리학(性理學)의 연구에 이르러서야 비로소 그 발전이 절정에 이르게 되었다. 특히 조선시대의 성리학은 앞시대의 사람들이 일찍이 밝히지 못했던 것을 일층 명료하게 밝히기도 했고, 또한 중국 유학자들의 연구성과를 넘어서서 새로이 개척한 곳도 있다. 그러므로 현대에 이르러 우리 나라의 유학을 말하면 반드시 성리학을 연상하게 되며, 우리 민족의 전통사상 중 적지 않게 동양 또는 세계사상사에 공헌했다고 주장할 수 있는 확실한 근거로 '한국적 성리학'을 내세운다.
　조선시대 성리학의 특징을 순수학문적인 입장에서 말한다면 '사단칠정론'(四端七情論)에 관한 연구와 논쟁을 대표로 들 수 있을 것이다. 이퇴계(李退溪, 1501~1570)를 중심으로 기고봉(奇高峯, 1527~1572) 및 기타 문인(門人)들 사이에서 전후 8~9년에 걸친 논쟁이 벌어졌을 뿐만 아니라, 그 뒤를 이어서 근세에 이르기까지 수세기에 걸쳐서 유학자이면 누구나 일가견을 가지고 이에 언급하지 않은 사람을 보기 힘들 정도이다. 이것은 '사단칠정'과 이기(理氣)의 관계를 문제로 하는 것인데 주리(主理)와 주기(主氣)의 입장 차이에서 생긴 논쟁이다.

이제 우리는 조선시대 성리학에 있어서 가장 심하게 논란의 대상이 되었던 '주리'와 '주기'의 문제를 살펴봄으로써 우리의 정신문화 형성에 큰 영향을 끼친 한국성리학을 현대적인 시각으로 재조명해보고자 한다.

1. 퇴·율(退栗) 이전의 이기론

1.1 정·주(程朱)사상에서의 이기론

조선시대 성리학에 있어서 가장 큰 논란의 대상이 되었던 주리와 주기의 문제를 바로 이해하기 위해서는 반드시 선행되어야 할 것이 있다. 즉, 성리학의 중심을 이루는 정자(程子)와 주자(朱子)사상에 있어서 '이'와 '기'는 과연 어떻게 이해되었는가를 살펴보는 것이다.

1) 이(理)에 관한 정·주(程朱)사상의 기원

'명(名; 名稱)'과 '실(實; 事實)'의 본질 및 그 관계를 논한 학파인 명가(名家)의 대표인물 공손룡(公孫龍, BC.325~205)은 보편자와 개별적인 사물 간의 구분을 명확히 하였다. 아마도 공손룡은 플라톤(Platon, BC.427~347)적 두 세계, 즉 '이상계'와 '현상계'를 구분하는 것과 비슷한 사상을 가지고 있었던 것 같다.[1]

그러나 이 사상은 그 뒤에 계속해서 발전되지 못했고, 명가의 철학은 중국철학사의 주류에서 벗어나 다른 방향으로 나아갔다. 그리하여 중국철학자들이 다시 한번 '이'에 관심을 돌리는 데는 천 년이나 걸려 정이(程頤, 1037~1107)와 주자(朱子, 1130~1200)에 이르러서야 비로소 가능하게 되었다. 그러나 정이나 주자는 명가의 계승자는 아니었으며, 공손룡에게나 '명리(名理)'에도 관심을 주지 않았던 것처럼 보인다. 오히려 정이와 주자에게 직접적인 자극을 준 것은 장재(張載, 1020~1077)와 소옹(邵雍, 1011~1077)의 사상이었던 것 같다.

장재는 구체적인 개물이 나타났다가 사라지는 것을 기(氣)의 이합집산(離合集散)으로 설명하였다. 그러나 이 이론은 서로 다른 종류의 사물들이 왜 생겼는가 하는 이유를 설득력 있게 설명하지는 못한다. 즉, 꽃과 나뭇잎은 둘 다 '기'가 응집하여 생긴 것이라고 인정한다 하더라도 왜 꽃은 꽃이고 나뭇잎은 나뭇잎인가 하는 문제가 생기며, 장재의 사상으로서는 그 이유에 대해 충분한 설명을 하지 못하는 것이다. 바로 이러한 점에서 정이와 주자의 '이(理)' 사상이 생겨 나오게 된 것이다.

정자와 주자에 의하면 우리가 보는 우주는 '기'뿐만 아니라 또한 '이'의 산물이기도 하다. 꽃의 '이'와 나뭇잎의 '이'가 서로 다르듯이 다른 종류의 상이한 '이'에 따라서 상이한 방법으로 '기'의 응집이 일어나기 때문에 상이한 종류의 사물들이 존재한다는 것이다. 즉, 꽃은 꽃의 '이'에 따라서 '기'가 응집되었기 때문에 꽃이 되었고 나뭇잎은 나뭇잎의 '이'에 따라서 기가 응집되었기 때문에 나뭇잎이 되었다고 한다.

주자는 '이'에 대한 이론을 종래의 이론보다 훨씬 더 명석하게 밝혔다.

『주자어류(朱子語類)』의 한 문구 속에 다음과 같은 문답이 있다.

    문:"말라 시들어진 물건에도 역시 성(性)이 있다고 하였는데 이것은 무슨 뜻인가?"
    답:"만물은 모두 처음 생겨날 때부터 '이'를 가지고 있다. 그러므로 천하에 그 본성이 없는 사물은 하나도 없다." 계단 위를 걸으면서 주자는 말을 이었다. "이 계단의 벽돌에는 벽돌의 '이'가 있다." 그리고 앉으면서 "대나무 의자에는 대나무 의자의 '이'가 있다."[2]

그리고 또 다른 곳에서 다음과 같이 말한다.

    문:"이(理)는 사람이나 사물이나 똑같이 하늘에서 얻은 것이다. 그런데 정감을 가지지 않는 사물도 역시 '이'를 가지고 있는가?"
    답:"물론 본래 '이'를 가지고 있다. 예컨대 배는 물 위에서만 갈 수 있고 차는 육지에서만 갈 수 있다."
    문:"시들고 말라버린 사물 속에도 '이'가 있는가?"
    답:"사물이 존재하자마자 곧 '이'는 그 속에 〈내재해〉 있다. 하늘은 붓 한 자루 낳은 적이 없다. 인간이 토끼털을 가지고 붓을 만들었다. 붓이 존재하자마자 곧 그 속에 '이'가 〈내재해〉 있다."[3]

즉, 정주학파(程朱學派)에 의하면 모든 범주의 대상이 심(心)을 가지지 않더라도 그들 모두 자기 자신의 독특한 본성, 즉 '이'를 가지고 있다는 것이다. 그렇기 때문에 그들은 현상적 사물이 없다고 하더라도 '이'만은 존재한다는 '이선기후(理先氣後)'의 입장을 피력했던 것이다.

2) 기(氣)

만일 이(理) 밖에 아무 것도 없다고 한다면, 소위 '형이상자(形而上者)' 외에는 아무 것도 존재할 수가 없을 것이다. 그래서 정주는 우리의 구체적인 물리적 세계는 그 위에 '이'의 틀이 부과된 '기'의 존재로 말미암아 만들어진 것으로 생각을 하였다.

주자는 '이기'의 관계에 대해서 다음과 같이 얘기한다.

> 우주(천지)에는 '이'도 있고 '기'도 있다. '이'란 형이상의 도이며, 만물을 생성하는 근본이다. '기'란 형이하의 사물[器]이며 만물을 생성하는 재료[具]다. 그러므로 인간과 사물은 생성될 때에 반드시 '이'를 품수한 연후에라야 본성[性]을 가지며, '기'를 품수한 연후에야 형태[形]를 갖는다.[4]

> '기'는 작용하기 위하여 '이'에 의존하는 것 같다. 그리하여 '기'가 응취할 때에 '이' 역시 거기에 있다. 대개 '기'는 응결하여 사물을 만들 수 있는 데 반하여 '이'는 정의(情意)도 없고 계탁(計度)도 없으며, 조작(造作)도 없다 …… '이'는 하나의 정결공활(淨潔空闊)한 세계이며, 형적도 없으므로 어떤 것을 만들 수도 없다. 반면 '기'는 온양응취(醞釀凝聚)할 수 있으므로 사물을 생성시킬 수 있다. 그러나 '기'가 존재할 때는 언제나 '이'는 그 가운데 존재한다.[5]

여기에서 주자는 장재가 미처 언급하지 못한 바를 상세히 풀어 나갔던 것이다. 즉, 그는 개개의 사물은 어떤 것이나 모두 '기'가 응취하였지만 그것은 단지 하나의 개물인 것만은 아니고 동시에 어떤 범주 속에 있는 한 사물이기도 하며 사물 그 자체는 단순히 '기'의 응취에 지나지 않지만, 반드시 '이'에 따라서 응취한다고 보았다. 그것이 바로 '기'의 응취가 있을 때마다 '이'가 언제나 필연적으로 그 가운데 있다고 말하는 이유인 것이다. 이러한 것은 '이'와 '기'의 상대적인 선행(先行)에 관한 문제로서 주자와 그의 제자들 사이에서 많이 논의되었다. 이 문제에 대해서 주자는 다음과 같이 자신의 입장을 밝혔다.

> 이 일이 아직 있기 전에 먼저 '이'가 있었다. 예컨대 아직 군신(君臣)이 없었을 때에도 군신의 '이'가 먼저 있었으며, 아직 부자(父子)의 관계가 없었을 때에도 부자의 '이'는 먼저 있었다.[6]

이것은 논리적인 측면에서, 사물[物; 後]에 선행하여 '이'가 존재한다는 '이선기후(理先氣後)'적인 견해이다.

그러나 이러한 정주사상의 이기관(理氣觀)에 있어서 새로운 문제가 제기된다. 즉, '이'와 '기' 중에서 어느 것이 플라톤과 아리스토텔레스가 말하는 원동자(原動者)인가 하는 것이다. 정주의 이론에 따르면 '이'는 원동자가 될 수 없다. 왜냐하면 '이'에는 정의(情意)도 없고 계탁(計度)도 없으며 창조적 능력(造作)도 없기 때문이다. 그러나 '이' 자체는 움직이지 않지만 정결공활한 '이' 속에는 동(動)의 '이'와 정(靜)의 '이'가 있다. '동의 이'는 그 자체가 움직이지 않고 '정의 이'도 그 자체가 정지해 있지는 않으나, '기'가 그들을 받아 들이자마자 곧 그 '기'는 정지하거나 움직이기 시작한다. '움직이는 기'를 양(陽)이라 하고 '정지해 있는 기'를 음(陰)이라 부른다. 그리하여 중국철학의 우주론에서 말하는 우주의 근본적인 두 요소가 생겨지는 것이다. 그래서 주자는 다음과 같이 말한다.

> '양'은 '동'하고 '음'은 '정'하지만 태극이 동하고 정하는 것은 아니다. 단지 '이'에는 동정(動靜)이 있을 뿐 보이지는 않는다. 우리는 음양(陰陽)으로 인하여 '이'를 알게 되는데, '이'는 마치 인간이

말을 타는 것과 같이 음양 위에 타고 있다.[7]

그리하여 아리스토텔레스철학에 있어서의 부동(不動)의 동자(動者)와 같이 '태극(理)'은 움직이지는 않지만 동시에 모든 것을 움직이게 하는 자가 되는 것이다.[8]

1.2 회재(晦齋)와 화담(花潭)의 주리 및 주기적 경향

조선시대 성리학에서 가장 중요한 문제로 등장하는 것은 '주리(主理)'와 '주기(主氣)'의 문제이다. 이러한 주리·주기의 유래는 퇴계부터이다. 그러나 퇴계 이전에 이미 주리·주기의 특색이 싹텄으니 그것은 이회재(李晦齋, 이름은 '彦迪', 1491~1553)의 태극론(太極論), 즉 '이(理)'론(主理的)과 서화담(徐花潭, 이름은 '敬德', 1489~1546)의 일기론(一氣論), 즉 '기(氣)'론(主氣的)의 대두이다.

1) 이회재의 태극론

이회재의 성리(性理)사상은 퇴계도 말하였듯이 망기당(忘機堂) 조한보(曺漢輔)의 서신에 답한 '무극이태극설(無極而太極說)' 비판에 잘 나타나 있다. 회재가 27세 때에 지은 「서망재망기당무극태극설후(書忘齋忘機堂無極太極說後)」를 비롯하여 28세 때에 역시 망기당(忘機堂)에 답한 제1서(第一書)에서 제4서(第四書)까지의 글이 바로 그것이다.[9]

회재는 망재(忘齋) 손숙돈(孫叔暾)의 태극설이 바로 육상산(1139~1192)의 생각이라고 보아, 그것을 주자가 벌써 자세히 비판하였으므로 거듭 논변할 필요가 없다고 생각하였다. 그리고 망기당 조한보의 설은 주염계(周濂溪, 1017~1073)의 사상에 기본한 것이나 그 논하는 바가 너무 지나치게 고원(高遠)하고 지근지실(至近至實)한 곳에서 구하지 않으며 이단(불교)의 공적(空寂)에 빠졌다고 주장했다. 즉, 그는 성인의 가르침은 '하학이상달(下學而上達)'인데도 불구하고 조한보와 같이 '주경존심(主敬存心)하여 천리(天理)에 상달(上達)한다'고 하면 바로 '하학(下學)'을 무시하게 된다고 생각하였다. 왜냐하면 천리가 곧 일용(日用), 인륜(人倫)의 인사(人事)이므로 인사를 하학한 연후에야 천리에 상달할 것으로 보았기 때문이다. 그러니 천리를 직통한다는 조한보의 수양공부는 불교의 돈오(頓悟)와 같은 것이라 하여 회재는 이를 비판하였다. 이러한 회재의 태극론을 살펴볼 것 같으면 그가 주자의 입장에 서서 '태극을 이(理)로 본 것'이 틀림없다. 그러나 이기이원론(理氣二元論)을 전개할 때 '이체기용(理體氣用)'의 입장에 있었는데, 이때 '이체'를 설명함에 있어 기론적(氣論的) 표현용어를 사용하므로 자칫하면 '이'를 '기'로 오인하는 경향도 있다. 즉, 회재가 태극을 '소이(所以)'라 한 것은 정자와 주자의 이른바 '소이'나 '소이연(所以然)'의 뜻으로 매우 합당하며, "지극히 무(無)한 가운데에 지극히 유(有)한 것이 있으니, 그러므로 무극이 곧 태극이라고 한다 至無之中 至有存焉 故曰 無極而太極"(「答忘機堂第一書」)라고 한 것은 원리나 현상으로서의 이(理)를 형용한 것으로 매우 적절하다. 그러나 관념성의 '이'를 가리켜 '무'나 '유'의 말로써 표현하는 것은 역시 질료적 '기'에 대한 표현을 탈피하지 못한 느낌이 든다.

한편 회재는 태극, 즉 이(理)를 체(體)로 보므로, "이(理)가 있은 이후에 기(氣)가 있다. 그러므로 태극이 양의(兩儀)를 낳는다고 한다 有理而後有氣 故曰太極生兩儀(「答忘機堂第一書」)"라는 이선기후(理先氣後)의 주리적(主理的)인 입장을 취했었다.

2) 서화담의 기론(氣論)

화담은 철학적 사색을 자연현상의 관찰로부터 시작한다. 일반적으로 유학이 철학적 사색을 인간관계의 인륜문제로부터 시작하는 데 반하여, 화담은 격물(格物)을 문자 그대로 외부의 사물에 관한 이치를 탐구하는 것으로 해석하였다. 이것이 그의 남다른 철학적 특징을 형성하는 데에 이르도록 한 것이다.[10]

화담은 이 우주를 가득 채운 것은 바람과 물결처럼 율동하는 힘인 '기'라고 보았으며, 이러한 '기'는 태허(太虛)에 근원을 둔다고 보았다. 그러나 그 태허는 '기'를 떠나 있는 존재가 아니며 감각적인 물질과는 다르면서 경험할 수 없는 존재라고 보았다. 다시 말하면 그는 생성과 소멸하는 모든 것은 무한히 변화하는 '기'의 율동이라고 보았으며, 또한 바람과 파도의 소나기처럼 밀리고 맥박치는 생(生)과, 구름과 물방울처럼 사라지는 멸(滅)의 본체는 부침하고 율동하는 태허기·우주기의 고양(高揚)이라고 보았던 것이다. 따라서 화담이 생각했던 '기'는,

- 우주를 포함하고도 남는 무한량한 것이며,
- 공간적으로 가득 차 있고 빈 틈이 없으며,
- 시간적으로 시작도 없고 끝도 없는 영원한 존재이며,
- 스스로의 힘에 의하여 만물을 생성할 수 있으며, 태허가 곧 '기'의 본체이므로 그것 외에 어떤 원인이나 그 무엇에도 의존하지 않는 것이다.[11]

그런데 화담의 성리학에서는 '본체론'과 '우주론'은 풍부해도 '인성론'에 대한 언급은 미미하다. 그가 인성론에 있어서 생사(生死)문제를 논함에 '기'의 취산(聚散)으로 말미암은 생사를 말한 것은 유가(儒家)의 정통이라 하겠지만, '기' 자체는 취산은 있

어도 유무(有無)는 없다는 것을 논거로 함으로써 사후(死後) 귀신의 불산(不散), 즉 영혼불멸을 가정한 것은 '우주일기(宇宙一氣)'의 장존(長存)과 '개체기(個體氣)'의 유무·취산을 혼동한 것이라 여겨진다. 다시 말하면, 화담은 개인아(個人我; 귀신)를 실체시한 것이다. 이러한 점에서 율곡은, 원기(元氣)는 끊임없이 생겨나고 끊임없이 왕래하며 변하는 것임에도 불구하고 일기장존(一氣長存), 즉 영혼불멸을 생각한 화담은 유변(有變)의 '기'를 무변(無變)의 '이'로 오해했다고 비판하였다.

그러나 화담사상은 자연을 중심으로 하여 이기(理氣)를 설명하므로 그 이치를 가지고 인간까지 규명하고자 한 율곡의 사상과 '주기적(主氣的)'이라는 입장에서는 일맥상통한 점이 있다.

2. 퇴계와 율곡에 있어서 주리·주기론

2.1 이퇴계의 이학(理學)사상

사단(四端)은 『맹자·공손추상(孟子公孫丑上)』에 처음 나온다. 즉, 사람의 성(性)은 인·의·예·지의 사덕(四德)을 갖춤으로 말미암아 거기서 측은·수오·사양·시비지심이란 '사단'이 나타난다는 것이다. 그리고 칠정(七情)은 『예기·예운(禮記禮運)』 또는 『예기·악기(禮記樂記)』에서 처음 말하는 것으로서 정이천(程伊川) 또한 그의 논문 「안자소호하학론(顏子所好何學論)」(『二程全書』卷六十二)에서 강조한다. 즉, 사람 마음의 발동(發動)은 마음이 형기(形氣)에 접촉하여 형기가 외감(外感)하매 심중(心中)이 움직여 생겨나는데, 바로 이때 희로애락애오욕(喜怒哀樂〈혹은 懼〉愛惡欲)이란 '칠정'이 생겨난다는 것이다.

퇴계는 정추만(鄭秋巒, 이름은 '之雲', 1509~1561)의 '천명도(天命圖)'에 나오는 "사단은 '이'에서 발하고 칠정은 '기'에서 발한다 四端 發於理 七情 發於氣"는 구절을 "사단은 '이'의 발이고 칠정은 '기'의 발이다 四端 理之發 七情 氣之發"라고 개작(改作)하였다. 이러한 퇴계의 견해는 '사단'은 이발(理發), '칠정'은 기발(氣發)이라는 것으로서 '사단'과 '칠정', '이'와 '기'를 완전히 분대(分對)한 것이며, 주자의 소위 '이여기결시이물(理與氣決是二物)'사상을 보다 철저히 한 것이다. 인간존재의 심성을 '사단'과 '칠정'으로 이분(二分)하여 그 유래를 이발(理發)과 기발(氣發)로 분속시킨 것은 "사단은 이의 발이며 칠정은 기의 발이다 四端是理之發 七情是氣之發"(『朱子語類』卷五十三)라고 한 주자가 시초로서, 중국에서는 원(元)나라의 정형(程洞), 정복심(程復心)이, 그리고 우리 나라에서는 권근(權近, 1352~1512), 이파(李坡, 1434~1486), 유숭조(柳崇祖, 1452~1512) 및 정지운(鄭之雲) 등이 있다. 퇴계는 이발·기발이라는 그의 독창적인 입장을 후에 『주자어류(朱子語類)』에서 발견함으로써 더욱 확신을 얻게 되었다.

생각해보면 사람에게는 '이성'과 '감성'의 양면이 있으며, 이성은 도의심(道義心)으로서 순선(純善)이지만, 감성은 사욕(私欲)을 수반함으로 선·악(善惡) 모두를 가지고 있다. 그런데 도의심은 심(心)의 '내오(內奧; 주자가 말하는 性命)'에서 소당연(所當然)의 정당성을 띠고 발하는 것이므로 '소당연'으로서 이(理)의 발(發)이라 할 수 있고, 인심(人心)은 감각적인 것이 그 대부분이므로 형기(形氣; 감성)의 발(發)이라 할 수 있다.

퇴계가 정추만의 '천명도'를 보고서 원래의 구절을 "사단은 '이'의 발이고 칠정은 '기'의 발이다 四端 理之發 七情 氣之發"라고 개작한 것은, 다만 그 어구상의 수사(修辭)에 불과할 뿐 그 내용상으로 보면 동일하다. 그러나 한국성리학에서 주리·주기로 분파, 대립하게 된 동기는 바로 여기에 있다.

퇴계는 생각하기를 '기(氣)'는 '조작(造作)'하는 동물(動物; 發動, 사물을 움직이게 함)이므로 '산 것[活]'인데, 만약 '이(理)'가 '무조작(無造作)'으로서 동물(動物)이 아니라면 그것은 산 것이 못되므로 '꺼진 재[死灰]'와도 같이 생명이 없는 물건일 것이니, 마침내 아무런 능력도 갖지 못한 존재로 떨어져버릴 것이라고 한다. 만일 이와같이 순수지선(純粹至善)한 성체(性體)로서의 이(理)가 아무 능력도 없다면 맹자가 말하는 사단(四端)은 죽은 물건으로 되어버릴 것이므로 여기서 퇴계는 이(理)를 동적물(動的物)로 생각하여 다음과 같이 말한다.

> 먼저는 다만 본체의 무위(無爲)만 보고 묘용(妙用)이 능히 나타나 행해지는 것을 알지 못했으니 거의 이(理)를 죽은 물건으로 인정한 것과 같다. 그것은 도(道)를 제거하는 것에서 멀지 않도다.[12]

그리하여 도의심, 즉 도심이나 사단은 이(理)가 발동하여 나타난 것이라 생각하여 "사단은 '이'의 발이고 칠정은 '기'의 발이다 四端 理之發 七情 氣之發"라는 명제를 다시 수정하여 다음과 같이 말했다.

> 사단은 '이'가 발하매 '기'가 그것을 따르며, 칠정은 '기'가 발하매 '이'가 그것을 탄다.[13]

"사단은 '이'의 발이고 칠정은 '기'의 발이다 四端 理之發 七情 氣之發"라는 대명제가 내포하는 중요한 의의 두 가지가 있다. 하나는 '이선기악(理善氣惡)'의 사상적 경향성이다. 주자가 '이'를 '소이연(所以然; Sein, 必然)'과 '소당연(所當然; Sollen, 當爲)'이라 했으므로 순선(純善)이란 관념이 생긴 것은 물론이다. 그리고 '이'와 '기'를 대립적으로 생각하여 거기에 선악(善惡)의 가치 개념을 결부시킬 때 '이'를 '선(善)'이라 하면 '기'는 의당 '악(惡)'이라 할 것이다. 만약 '기'를 '악'으로 고정시키지 않을지라도 '악'으로 흐를 가능성이 농후한 것으로 생각하게 되었다. 퇴계는 칠정(七情; 人心)이 겸기(兼氣), 즉 '이겸기(理兼氣)'이므로 선악을 가지고 있다는 판단을 내렸다. 이러한 입장은 기고봉(奇高峯)도 마찬가지이다.

이발(理發)과 기발(氣發)을 합한 것이 퇴계의 이기호발설(理氣互發說)이다. 그런데 퇴계가 말하는 '호발(互發)'이란 고봉이 말하는 '공발(共發)'과는 그 뜻이 다르다. '호발'이란 시·공적 선후좌우(先後左右)를 인정한다. 그러나 '공발'의 입장에서는 시·공적 선후좌우를 부정하고, 동시동소(同時同所)를 주장한다.

퇴계의 사단·칠정론은 거듭된 수정을 통하여 이른바 주자의 '결시이물(決是二物)'과 '불가분개(不可分開)'의 사상을 적절히 배합한다. 그래서 호발(互發)과 상수(相須; 相待)의 양면을 결합할 수 있게 되었다. 즉, 퇴계에 있어서 칠정과 사단은 어디까지나 별개로서, 심중(心中)에서 '칠정대사단(七情對四端)'의 논리로 상수(相須)와 호발(互發)을 종합하게 되었다. 다음 퇴계의 말은 이러한 관계를 가장 잘 드러낸 것으로서, 후세 주리(主理)와 주기(主氣)사상의 연원이 되었다.

　　대개 사람의 한 몸은 '이'와 '기'가 합하여 생긴 것이다. 그러므로 '이'와 '기'가 '서로 발하며[互有發用]' 그 발(發)은 또한 상수(相須)

한다. '호발'한즉 각각 주(主)된 바가 있음을 알 수 있고, '상수'한 즉 '서로 그 가운데에 있는 것[互在其中]'임을 알 수 있다. '서로 그 가운데에 있으므로' 혼륜(渾淪)으로 말하는 것도 진실이고, 각각 그 주된 바가 있으므로 분별하여 말하더라도 사실이다.[14]

만약 칠정대사단(七情對四端)의 입장에서 '분별'의 논리로 말하면 '칠정은 기에 해당하고 사단은 이에 해당한다'. 그 발함에는 각각 계통이 있으니 그 이름 또한 모두 '가리키는 바[所指]'가 있다. 그러므로 그 주된 바에 따라 분속(分屬)했을 뿐이다. 나(退溪) 또한 '칠정'이 '이'에 간섭함이 없이 외물(外物)이 우연히 서로 들러 붙어 감동(感動)한 것이라고는 생각하지 아니한다. 사단 또한 외물에 감동함은 진실로 칠정에 있어서와 다름이 없다. 다만 '사단은 이가 발하고 기가 그것을 따르며 四則理發而氣隨之', '칠정은 기가 발하고 이가 그것을 탄다 七則氣發而理乘之'.[15]

여기서 '기수(氣隨)', '이승(理乘)'이 내포하는 뜻을 상세히 검토해보면, 퇴계는 이(理)를 심(心)의 내오(內奧; 주자가 말하는 性命)에, 그리고 기(氣)를 심(心)의 '외곽'에 정초했다는 사실을 알 수 있다. 퇴계는 이렇게 말한다.

대저 '이가 발하고 기가 그것을 따른다 理發而氣隨之'는 것은 주리(主理)로써 말할 수 있다. 그리고 '기가 발하고 이가 그것을 탄다 氣發而理乘之'라고 하는 것은 주기(主氣)로써 말할 수 있을 따름이며, '기(氣)가 이(理)의 밖'이라고 말하는 것은 아니니 칠정(七情)이 바로 이것이다.[16]

다시 말하면, 이기상수(理氣相須)하매 이(理)가 심중(心中)에서 발할 때 그것이 바깥의 기를 통하여 나오는 것이므로 '기수(氣隨)'라 하고, 기(氣)가 바깥에서 발할 때 심중을 움직여 '이기상수'하매 이(理)는 기(氣) 안에 들어 있으므로 '이승(理乘)'이라 한 것이다. 그러므로 그 '이기상수'한 가운데서 그 '주된 바[所主]'와 '가리키는 바[所指]'로써 말하면, '사단'은 '이발위주(理發爲主)'이므로 주리(主理)요, '칠정'은 '기발위주(氣發爲主)'이므로 주기(主氣)라는 뜻이다. 즉, 인간존재에 대한 퇴계의 '칠대사(七對四)'의 논리는 그 형이상학적 근거로서 이기(理氣)에 귀착되어, 이기상수호발(理氣相須互發)을 생각하며 그 중에서 다시 '그 가리키는 바[所指]'와 '그 주된 바[所主]'에 따라 주리(主理) 혹은 주기(主氣)라고 말하게 된 것이다.

2.2 이율곡의 이기론(理氣論)

율곡은 '이(理)'와 '기(氣)'는 본래 서로 뗄 수 없는 것이어서 하나인 것 같으나, 서로 다른점은 무형(無形)·무위(無爲)하여 유형(有形)·유위(有爲)한 것의 주(主)가 되는 것이 이(理)요, 유형·유위하여 무형·무위한 것의 기(器)가 되는 것이 기(氣)라고 생각하였다.

그는 이기(理氣)의 관계를 다음과 같이 정리하고 있다.

> 대저 '이'는 '기'의 주재(主宰)요 '기'는 '이'가 타는 것이다. '이'가 아니면 '기'는 근저로 할 것이 없고 '기'가 아니면 '이'가 의지할 곳이 없다. 이미 두 물건이 아니요 또 한 물건도 아니다. 한 물건이 아니므로 하나이면서 둘이요 두 물건이 아니므로 둘이면서 하나다. …… '이'는 비록 하나이지만 이미 '기'를 타면 [乘] 그 분(分)이 만수(萬殊)한 것이니 …… 참차(參差)하여 한결같지 않은 것은 '기'의 행하는 바이다.[17]

이러한 이기(理氣)의 특성을 율곡은 '이통기국(理通氣局)'이라라는 말로 표현하였다. 그에 의하면 '이'는 있지 않은 곳이 없어서 하나인 '본연의 성[本然之性]'을 이루고 있으며, '기'를 타고 유행하여 여러 가지로 나뉘어 참차부제(參差不齊)하지만, 본연의 신묘함은 그 태연자약(泰然自若)함을 해침이 없으니 이것을 '이통(理通)'이라고 한다. 그리고 '기'가 이미 형적(形迹)과 관계하는 이상 본말(本末)이 있고 선후(先後)가 있으며, 또한 '기'가 유행함에 있어서 그 본연의 성을 잃지 않은 것이 있고 그 본연의 성을 잃은 것이 생긴다고 한다.

그리고 '기'가 발하는데 '이'가 탄다는 것은, 가령 양(陽)이 동(動)하면 '이'가 동(動)을 타는 것이요 '이'가 '동'하는 것이 아니며, 음(陰)이 정(靜)하면 '이'가 정(靜)을 타는 것이요, '이'가 '정'하는 것이 아니라고 보았다. 즉, '이' 자체가 스스로 동하며 정하는 것이 아니라, 동하며 정하는 것은 '기'요 '이'는 그 '기'를 타고 있을 뿐, 그러기에 무위(無爲)라고 한 것이다. 그렇다고 '기'가 발하는데 '이'가 탄다는 것은 '기'가 '이'보다 앞선다는 것이 아니다. '기'는 유위(有爲)하고 '이'는 무위(無爲)하므로 말로 표현하자니 그렇지 않을 수 없었다는 것이다. 그래서 율곡은 만일 주자가 정말로 '이'와 '기'가 서로 발용하여 '상대각출(相對各出)'하는 것이라고 하였다면, 주자라도 잘못이며 주자답지 못하다고 말했다. 율곡은, 어디까지나 발하는 것은 '기'요 발하는 까닭은 '이'라고 하여 성인이 다시 태어나더라도 이 말만은 바꿀 수 없다고 강조하였다.

그렇다면 '기'로 하여금 발하게 하는 것은 무엇인가? 여기에 대해서 율곡은 한 번 동하고 한 번 정하는 것은 '기'요, '이'는 그 '기'를 탈 뿐 무위(無爲)한 것이며 그러기에 '기'로 하여금 발하게 하는 것이 그 무엇인지 알 수 없다고 생각하였다. 그러므로

'저절로 그러할 뿐[自然而然]'이라고 하는 수밖에 없다. '자연이 연(自然而然)'이라는 말 대신 '기자이(機自爾)'라는 말을 사용하기도 한다. 한편 퇴계는 '도심'을 '사단'에, 그리고 '인심'을 '칠정'에 배당시킴으로써 사단·칠정이나 인심·도심의 근원처(所從來)를 주리(主理)와 주기(主氣)에 분속시키지만 율곡은 이에 반대하여 칠정을 심(心)작용의 총회(總會)로 보아 인심과 도심을 합해서 '칠정'이라 하며, 사단은 칠정 중의 선정(善情)만을 가리킨 것이라고 보았다.

그러면 그 형이상학적 근거는 무엇일까? 여기에서 바로 율곡의 이기론이 전개된다. 율곡은 이렇게 말한다.

> '사단'과 '칠정'은 바로 본연지성(本然之性), 기질지성(氣質之性)과 같다. 본연지성은 기질을 겸하지 아니하고 말한 것이며 기질지성은 도리어 본연지성을 겸한다. 그러므로 사단은 칠정을 겸하지 못하나 칠정은 사단을 겸한다.[18]

기고봉은 '인간'의 입장에서 이기양발(理氣兩發)을 생각하고 또한 이기합(理氣合)의 기질지성을 고수함으로써 이기공발일도설(理氣共發一途說)의 우주관을 수립하였다. 그렇다면 고봉과 같이 '칠정포사단(七情包四端)'을 주장했던 율곡은 어떠한 우주관을 가졌던가? 이것 또한 중요한 문제이다. 율곡의 성리학은 '자연'을 먼저 해명함으로써 그 원리로 인간존재를 풀어 낸다. 율곡은 주자가 말한 '불가분개(不可分開)'와 '결시이물(決是二物)'을 종합함으로써 이기(理氣) '불상리(不相離)'와 '불상잡(不相雜)'을 동등하게 주장하며, 주리(主理)·주기(主氣)의 사상을 일축해버리고 이기지묘(理氣之妙)를 내세운다(『栗谷集』卷十, '答成浩原第三答書' 참조).

그렇다면 율곡에 있어 이기(理氣)는 무엇이며 그 관계는 어떠

할까?

  율곡은 주자의 '이기'개념을 그대로 받아들여 다음과 같이 말한다.

> 대저 발하는 것은 '기'요, 발하는 까닭[所以]은 '이'다. '기'가 아니면 발하지 못하고, '이'가 아니면 발하는 곳이 없다.(自註:'發之以下'二十三字는 성인이 다시 태어나더라도 이 말을 바꾸지 못할 것이다)[19]

  이 말은 이기양발(理氣兩發)을 주장하는 퇴계에 대한 반격임과 동시에 율곡 자신의 이기관(理氣觀)인 것이다. 이것은 주자의 '이기'개념 정의와도 일치한다.

  정이천(程伊川)은 음양을 '기'라하고 음양의 소이(所以)를 도(道), 즉 이(理)라 한 바 있으며, 주자는 '기'를 능조작(能造作), '이'를 무조작(無造作)으로서 소이연(所以然)이라 한 바 있다. 율곡은 정자와 주자의 이기개념을 바로 계승, 체인하였다. 그는 발하는 자, 즉 능조작은 '기'요, 그 기의 발하는 소이(所以), 즉 '무조작'이면서 '소이연'인 것을 '이'라고 보았다. 그리고 '이'와 '기'의 관계는 이기지묘(理氣之妙)로서 "기가 아니라면 발할 수가 없고, 이가 아니라면 발할 곳이 없다 非氣則不能發 非理則無所發"라고 하여, '이기'를 일체 양면(一體兩面)의 존재로 이해하였다.

  이와같이 율곡은 자연을 먼저 이기로 해명하고 나아가서 그 원리로써 인간존재를 해명하므로 주리·주기 어느 쪽에도 편중하지 아니하며, 이기는 '둘이면서도 하나이고 하나이면서도 둘이다 二而一 一而二'라고 하여 형이상·하(形而上下) 일체 양면임을 주장했다. 그러나 이러한 율곡의 주장은 퇴계파의 눈에는 자연히 '주기적'으로 보였으며 더욱이 퇴계가 '이'를 활물(活物)로 극존대(極尊待)한 결과 여기서 이발(理發)을 강조했던 데 반해 율곡은 '이발'을 부정하고 기발(氣發)만을 내세웠음으로 자연히 율곡파는 퇴계학파로부터 주기파라는 낙인을 받게 되었다.

3. 주리와 주기의 근본적인 차이

한국성리학의 조류를 크게 나누어보면 주리사상과 주기사상으로 이분(二分)할 수 있다.

정자와 주자가 이기설을 수립하여 체계화함에 있어서 특히 주자는 '이'와 '기'의 관계를 불리부잡(不離不雜)이라고 하여 그 개념과 실재를 명료히 정의하였다. 그러나 이기이원(理氣二元)으로 우주를 볼 때는 크게 문제되지 않았던 것이 인간존재를 해명함에 있어서, 특히 선악의 문제와 관련해서는 '이위주 기위주(理爲主 氣爲主)'의 입장 차이가 생기는 것은 여타의 모든 철학들과 함께 성리학에 있어서도 인간존재의 해명이 매우 어렵다는 것을 보여준다. 다시 말하면 천인합일(天人合一)을 주장하는 성리학에 있어서 조차 자연의 원리와 인간의 원리를 연결시켜보는 데 있어서 이러한 문제가 야기되는 것이다. 정이천이 『주역·계사전(周易繫辭傳)』의 "천지의 '도'는 인(仁)이란 형태로 나타나지만 작용에 있어선 드러나지 않는 속에서 전개되어 만물의 생동을 고무한다. 그렇지만 성인이 중생을 대하는 경우처럼 걱정을 하지 않는다 顯諸仁 藏諸用 鼓萬物而不與聖人同憂"라고 하는 것을 주석하되, "천지는 무심(無心)하지만 만물을 생성하게 되고 성인은 유심(有心)하지만 무위(無爲; 循理)하게 된다 天地無心而成化 聖人有心而無爲"라고 하였다. 이것은, 천지 자연은 자연의 인과(因果), 즉 필연에 따라 순행함으로 무심(無心; 必然)하나 만물을 생성하게 되고, 성인(사람)은 자유의지에 의하여 목적을 향해 사려(思慮) 행위함으로 유심(자유)하나 무위(無爲; 循理)하다는 것이다.

이것을 요약하면, 자연에는 필연만이 존재하고 인간에게는 자유도 있다는 결론이 된다. 그러나 자연만을 관찰하는 데 있어서도 차이에 따라서 입장이 또 달라질 수 있다. 예를 들면 『주역·계사전』에 다음과 같은 말이 있다. "한 번 양하고 한 번 음하는 것을 일러 '도'라고 한다 …… 인자(仁者)가 그것을 볼 때 인(仁)이라 하고 지자(知者)가 그것을 볼 때 지(知)라고 한다. 一陰一陽之謂道 …… 仁者見之 謂之仁 知者見之 謂之知." 즉, '일음일양'하는 우주의 생성과정을 관찰하는 데 있어 '인자'의 입장과 '지자'의 견해가 서로 다르다는 것이다. 지식론적으로 일음일양하는 것을 볼 때는 일음일양하는 사실의 소이연(所以然)의 진리(眞理; 理)를 탐구하게 되며 이것은 지(知; 眞)를 문제 삼는 '지자'의 해설이 된다. 그리고 윤리론적(가치론적)으로 일음일양하는 것을 볼 때는 일음일양하는 사실의 소당연(所當然)의 가치(價値; 理)를 추구하게 되며 이것은 인(仁; 善)을 문제 삼는 '인자'의 견해가 될 것이다. 이러한 차이는 이기이원(理氣二元)에 있어서도 마찬가지이다.

한국성리학이 크게 주리와 주기의 양대 조류로 갈라짐으로 각기 견해의 차이에 따라 그 중점을 달리하여 왔으며 서로 간에 심한 대립이 있어 왔다. 그렇지만 이 두 사상 간의 근본적 차이를 단적으로 말한다면 '이기이원'을 보는 입장의 차이에서 생겨난 것이라고 말할 수 있다.

이제 주리와 주기의 입장을 좀더 자세히 살펴보기로 하겠다. 이 두 사상은 인간을 먼저 보고 다음 자연을 해명하는 것과 자연을 먼저 보고 다음 인간을 해명하는 두 관점의 차이이다.

퇴계를 중심으로 한 주리파는 인간을 중심으로 하여 먼저 이기를 해명함으로써 그 해명을 가지고 자연에까지 유추하게 되었고, 또한 율곡을 중심으로 한 주기파는 자연을 중심으로 하여 먼저 이기를 설명하고 이 이치를 가지고 다시 인간까지 구명하였던 것이다. 그리하여 그 출발 입각점의 차이로 말미암아 그 도달한 결과처의 차이를 빚어내었다. 이것을 구체적으로 말하면, 퇴계는 인간을 출발점으로 하여 인간존재의 이성과 감성의 양면을 '이'와 '기'에 분배함으로써 우주자연에 있어서도 이동기동(理動氣動)의 호동(互動)이라는 세계관을 수립하였다. 반면 율곡은, 자연의 생생(生生)을 기화이승(氣化理乘)으로 관찰하여 그것을 인간존재에까지 추연함으로 기발이승(氣發理乘)이란 이기일도(理氣一途)의 세계관과 인생관을 끌어냈다.

그러나 한국성리학 전체의 입장에서 볼 때, 이 문제는 역시 인간을 중심으로 마음공부에 의하여 천인합일(天人合一)의 경지를 생각하려는 경향이 강하였고 따라서 천(天)을 마음 밖에서 찾기보다는 내면적인 계신(戒愼)에서, 그리고 경(敬)에서 찾으려 했다는 점이 가장 큰 특징으로 지적될 수 있다.

―――― ··· ――――

우리의 문화전통 중에 우리 사상과 의식, 그리고 생활의 실천적 지주였던 유교는 조선조(朝鮮朝) 전(全)시기에 걸쳐 우리의 역사와 문화를 주도해 온 사상적 유산임에 틀림이 없다. 유교이념은 인간의 심성에 근거를 두고 '수신제가치국평천하(修身齊家

治國平天下)'를 현실적으로 구현함으로 '인간의 본성[性]'과 '우주의 보편원리[理]'를 현실화하는 데 있었다. 조선조의 창건 이래 억불숭유(抑佛崇儒)정책으로 인하여 고려말에 전래한 송대(宋代)의 신유학(新儒學), 즉 성리(性理)사상은 정치·경제·문화·철학·종교 등 제문화의 이념으로 토착화하기에 이르렀다. 특히 정치와 교학(敎學)의 중심이 되어 일상생활의 범주가 되었을 뿐 아니라 실천윤리를 넘어서 형이상학적인 주제로 등장하여 새로운 철학적 문제로 전개되었다. 여기에서 형이상학의 과제로서 '이기'문제에 관련하여 보편과 전체를 존중하고 개체와 개성을 비하시(卑下視)하는 이론은 이존기비(理尊氣卑)의 사상을 형성하게 되었다. 그 결과 정치적으로는 관료지향적인 봉건체제가 강화되어 군주의 힘이 비대하게 되었고, 사회적으로는 사회계급의 고정화를 초래케 하여 인간평등의 실제를 상실하고 상반(常班)의 계급분열과 계급투쟁으로 비화하여 당쟁의 불씨가 되어 정국을 혼란으로 치닫게 하였다. 또한 이기논쟁(理氣論爭)이나 사칠논쟁(四七論爭)이 학문적으로는 공리공론의 폐해를 남기기도 했을 뿐만 아니라 배타적, 타부정적(他否定的) 학문 경향이 '사문난적(斯文亂賊)'이라는 깃발 아래 타학문의 수용을 극단적으로 거부함으로 학문 전체의 발전을 막아버리기도 하였다. 그러나 이러한 허물은 유교, 특히 성리학 그 자체에 있는 것이 아니라 이것의 정신을 잘못 이해하고 수용한 지배계급, 즉 치자(治者)나 선비들에게 책임이 있다.

  그렇지만 비판의 대상이 되어 온 '이기론' 또한 공리공론만이 아니다. 즉, 우주의 원리를 규명함으로써 우주의 '이'의 내면적인 구조와 기능을 이론화하는 데에 성공을 하기도 하였던 것이다. 독일이 흥성했던 시절에 독일의 관념철학 역시 융성하였음을 생각한다면 오히려 수 세기 동안을 두고 사단 칠정론 및 이기 논쟁이 그대로 끈기 있게 전개되었다는 것은 다른 데서 찾아 볼 수 없는 한국성리학만의 특징이라고 할 수 있을 것이며, 오히려 보다 순수하게 이론적으로 철저히 전개시켜서 강인한 실천윤리에까지 발전시키지 못한 점을 한스럽게 여겨야 할 것이다.

이제 인간성 상실로부터의 회복과 그리고 우주의 원리에 대한 '무지'로부터의 해방을 통하여 우주와 인간이 하나가 되어 '천인합일'을 이루고 객관적인 진리와 주체적인 인간성을 현실적으로 구현하려 했던 조상들의 전통적인 방법론을 현대에 어떻게 적용시키느냐 하는 것이 문제로 남아 있다. 장차 우리 나라에 어떠한 새로운 사상이 생겨난다 하여도 이러한 조상들의 전통적인 사고 방식과의 대결없이는 참다운 발전을 가져올 수 없으리라고 본다.

주

1) 馮友蘭, 『중국철학사』, 鄭仁在 譯, (서울 : 형설출판사, 1982), 119~134쪽 참조.
2) 『朱子語類』卷四.
3) 같은 책, 같은 곳.
4) 『朱子語類』卷五十八.
5) 『朱子語類』卷一.
6) 『朱子語類』卷八十五.
7) 『朱子語類』卷九十四.
8) 馮友蘭, 鄭仁在 譯, 『중국철학사』, 378쪽 참조.
9) 朴鍾鴻, 『韓國思想史論攷』, (서울 : 서문당, 1977), 65쪽 참조.
10) 玄相允, 『朝鮮儒學史』, (서울 : 현음사, 1982), '徐敬德 부분' 참조.

11) 劉明鍾, 『韓國思想史』, (大邱:以文出版社, 1981), '徐敬德의 氣學부분' 참조.
12) 『退溪集』卷十八, '答奇明彥別紙': "向也 但有見於本體之無爲而不知妙用之能顯行 殆若認理爲死物 其去道 不亦遠甚矣乎"(『退溪集』卷十八, '答奇明彥別紙').
13) 『退溪集』卷十八, '答奇明彥別紙': "四則 理發而氣隨之 七則 氣發而理乘之"(『退溪集』卷十六, '答奇明彥論四端七情 第二書').
14) 『退溪集』卷十八, '答奇明彥別紙': "蓋人之一身 理與氣合而生 故二者 互有發用而其發又相須也 互發則各有所主可知 相須則互在其中可知 互在其中 故渾淪言之者固有之 各有所主 故分別言之 而無不可"(『退溪集』卷十六, '答奇明彥論四端七情 第二書').
15) 『退溪集』卷十八, '答奇明彥別紙': "若七情對四端而各以其分言之 七情之於氣 猶四端之於理也 其發各有血脈 其名皆有所指 故可隨其所主而分屬之耳 雖渾亦非謂七情不干於理 外物偶相湊著而感動也 且四端感物而動 固不異於七情 但四則理發而氣隨之 七則氣發而理乘之耳"(『退溪集』卷十六, '答奇明彥論四端七情 第二書').
16) 『退溪集』卷十八, '答奇明彥別紙': "大抵有理發而氣隨之者 則可主理而言耳 非謂理外於氣 四端是也 有氣發而理乘之者 則可主氣而言耳 非謂氣外於理七情是也"(『退溪集』卷十六).
17) 『退溪集』卷十八, '答奇明彥別紙': "夫理者氣之主宰也 氣者理之所乘也 非理則氣無所根柢 非氣則理無所依著 旣非二物 又非一物 非一物 故一而二 非二物 故二而一也 …… 理雖一而旣乘於氣 則其分萬殊 …… 然則參差不齊者 氣之所爲也"(『栗谷集』卷十, '答成浩原').
18) 『退溪集』卷十八, '答奇明彥別紙': "四端七情正如本然之性 氣質之性 本然之性則不兼氣質而爲言也 氣質之性則却兼本然之性 故四端不能兼七情 七情則兼四端"(『栗谷集』卷十, '答成浩原第一書').
19) 『退溪集』卷十八, '答奇明彥別紙': "大抵發之者氣也 所以發者理也 非氣則不能發 非理則無所發(發之以下二十三字 聖人復起 不易斯言)"(『栗谷集』卷十, '答成浩原').

제4장

서경덕의 기철학과 주기론

    유사한 몇 가지 측면에만 주목한다면, 우리 나라의 고대사상에서도 충분히 중국에서의 기론(氣論)과 흡사한 사상을 찾아낼 수가 있을 것이다. 그러나 일련의 '공통적, 연속적인 전통존재'라는 역사적 측면을 고려한다면, 우리의 고대사상에서 '기론'이라고 할만한 요소를 추출해내기란 매우 힘들다. 왜냐하면 거의가 자각적이지 못한 미분적, 복합적 형태를 띠고 있는 고대사상에서 '기론'만을 추출한다는 것이 어려운 일이며, 또한 힘들여 이러한 작업을 이룬다고 할지라도 '공통적, 연속적인 전통존재'로서의 '기'라고 주장할 근거가 없는 것이다. 그리고 한국 고대사상을 연구하기 위한 기초자료의 절대적 부족이 한국사상에서의 '기론'연구를 힘들게 만든다. 이러한 현실적 여건상, 우리가 한국철학사에서 기개념을 의미 있게 이야기할 수 있는 것은 바로 조선조 성리학자(性理學者)들에 이르러서이다. 왜냐하면 철학적인 '기'개념을 체계적으로 정립하게 되는 것이 성리학적 세계관 아래에서이기 때문이다.

1. 서경덕의 기철학

한국철학사상에 있어서 최초로 기(氣)개념을 체계적으로 논증하며 또한 주기설(主氣說)을 제창했던 이는 서경덕(徐敬德, 1489~1546)이다. 그는 철학적 사색을 자연현상의 관찰로부터 시작하였다. 일반적으로 유학(儒學)이 인간관계의 인륜(人倫)문제를 출발점으로 잡고 있는 데 반해, 서경덕은 격물치지(格物致知)라고 할 때의 '격물'을 문자 그대로 외부의 사물에 관한 이치를 탐구하는 것으로 해석하였고, 그리고 이것이 그의 남다른 철학적 특징을 형성하는 데에 큰 영향을 미쳤다.[1] 서경덕은 이 우주를 가득 채운 것은 바람과 물결처럼 율동하는 힘인 기(氣)라고 보았으며, 그리고 이러한 '기'는 태허(太虛)에 근원을 둔다고 생각하였다. 그러나 태허는 기를 떠나 있는 존재가 아니며, 감각적인 물질과는 다르면서 경험할 수 없는 존재라고 보았다. 다시 말하면, 서경덕은 생성하고 소멸하는 모든 것은 무한히 변화하는 기의 율동이라고 보았으며, 또한 구름과 물방울처럼 잠시 있다가 사라지는 '멸(滅)'의 본체는 부침(浮沈)하고 율동하는 태허기(太虛氣), 우주기(宇宙氣)의 작용이라고 보았다. 결국 서경덕이 생각하는 '기'란 우주를 포함하고도 남는 무한정한 것이며, 공간적으로는 가득 차 있어서 빈 틈이 없으며, 시간적으로는 시작도 없고 끝도 없는 영원한 존재이며, 그리고 스스로의 힘에 의하여 만물을 생성할 수 있으며 태허가 곧 기의 본체이므로 그것 외에는 어떠한 원인이나 그 무엇에도 의존하지 않는 것이다.[2]

이러한 서경덕의 기론(氣論)은 그 골격에 있어서 북송대(北宋代) 유학자인 장재(張載, 1020~1077)의 이론과 거의 흡사하다. 그러므로 어떤 이들은 서경덕의 기철학을 '장재철학의 아류'라고 혹평하기도 한다. 그러나 양자 간에는 주목할 만한 차이점이다. 장재 기철학의 이론적 구조에 있어서는 '우주론'과 '심성론'이 이중구조(二重構造)의 형태를 띠고 다 함께 강조되어 있다. 대부분의 송·명(宋明) 성리학자들처럼 장재 또한 이 우주를 하나의 도덕적 창조로 보려 한다. 장재는 우주에 나타나는 창조와 각 개인에게 드러나는 창조를 근본적으로 동일한 것으로 본다.[3] 즉, 장재 우주론은 그 자체로서 하나의 객관적인 우주의 구조를 건립하는 데 목적이 있었던 것이 아니라, 결국에는 인간이 도덕적 존재라는 사실을 밝히려는 데 그 주된 목적이 있었다. 바로 이 점에서 장재 우주론의 근본 의도와 한계가 동시에 포착된다.[4] 그러나 서경덕의 경우에는 사정이 다르다. 서경덕의 기철학에 있어서는 본체론과 우주론의 영역은 있어도 심성론에 대한 언급은 거의 나타나지 않는다. 이것은 바로 자연현상에 대한 관찰과 경험을 기초로 하여 이기(理氣)개념을 정립하고, 이를 다시 인간에까지 확대하려 한 서경덕의 의도가 종래의 전통적 윤리의식과는 일치하지 않았음을 간접적으로 보여준다. 즉, 우리가 기철학을 두 종류—인욕(人欲)을 부정하는 초월관적(超越觀的) 기철학과 인욕을 긍정하는 내재론적(內在論的) 기철학[5]—로 나눌 때, 당연히 기철학에서의 '우주론'과 '심성론'이 일관성을 유지할 수 있는 것은 바로 내재론적 기철학의 경우일 것이다.

우리는 '주기론'의 일반적 성격으로서, "(1)이(理)가 기(氣)를 초월하여 존재한다거나 기에 앞서서 존재한다는 이재기선(理在氣先)의 논리를 거부한다. (2)이를 기의 통제자 혹은 주재자로 보지 않고, 기에 내재하는 조리(條理) 혹은 기가 움직이는 법칙성으로 본다. (3)이와 기를 별개로 보지 않고 기질지성(氣質之性)이 곧 본연지성(本然之性; 天地之性; 義理之性)이라는 성일원론(性一元論)의 입장을 취한다"[6]는 세 가지 점을 거론할 수 있다. 그리고 이러한 성격 때문에 "주기론은 감정과 욕구를 긍정하는 적극적인 인성론을 개진하며, 역사적인 발전과정을 거치면서 군자(君子)·소인론(小人論)과 반상론(班常論), 그리고 사농공상(士農工商)의 신분 질서를 타파하는 사민(四民)평등론을 제출하게 되며, 물리(物理)와 도리(道理)를 구분하고 자연을 대상화, 법칙화하여 경험적인 방법으로 이해하려 한다"[7]라고 말할 수 있다. 그리고 한걸음 더 나아가, "도덕적인 규범을 강조하기보다 실용적인 경세론(經世論)을 제창하며, 명분론적 민본주의를 극복하고 구체적인 양민책(養民策)을 강구하는 등 근대 지향적인 실학(實學)을 창출하게 된다"[8]라고 할 수 있다. (1), (2)에 대해서는 거의 모든 주기론자들이 동의하며 장재 기철학의 경우에 있어서도 동일한 경향성을 갖는다. 그러나 (3)의 경우는 송·명 성리학의 한계를 훨씬 뛰어넘는 것으로서, 우리 나라 대부분의 기철학자들에게서도 찾아보기 힘든 성격이다.

위 입장은, 주기론의 일반적 성격 중 하나가 바로 '기질지성이 본연지성이다'라는 '성일원론'의 입장에서 서 있다고 주장하는 것이다. 즉, "주기론은 감정과 욕구가 있는 기질지성이 태어날 때부터의 본연지성이라는, 말하자면 인간을 있는 그대로 보려는 인욕긍정의 현실적인 인간관을 전개한다"[9]는 것이다. 그러나 이러한 인욕긍정의 내재론적 기철학은 명대(明代)를 휩쓸었던 '양명학 좌파'의 주관적 관념론에 대한 하나의 반동(反動)으로서 일어난 왕부지(王夫之, 1619~1692), 안원(顏元, 1635~1704), 대진(戴震, 1723~1777) 등 일련의 새로운 학풍에 이르러서야 비로소 확인된다. 조선조 유학이 주자학 중심의 성리학 일변도였다는 점을 감안하면, 서경덕 자신은 말할 것도 없고, 또한 이후 등장하는 조선조 대부분의 주기론자들은 인욕부정의 초월관적 기철학자로 분류될 수 있다.[10] 물론 18세기 이후 일련의 실학적 사조를 가졌던 학자들에게서 인욕긍정의 심성론을 보게 되지만, 그것은 어디까지나 국가공인학문으로서 위세를 떨쳤던 성리학적 사유에 대한 비판세력으로서 그 의미를 가지게 된다. 이러한 현실을 감안해 볼 때, 장재 등 중국 기철학자들의 관념적 사유와는 달리, 자연세계에 대한 현실적 경험을 바탕으로 하여 자신의 기철학적 이론구조를 확립했던 서경덕으로서는 인욕부정의 초월관적 기철학에 대해 손쉽게 동의할 수 없었을 것이다. 그리고 이러한 측면에서 장재 기철학 같은 '기의 이중구조론'에 대해서도 긍정할 수 없었을 것이며, 그로 인해 서경덕은 기철학적 '심성론'에 대해서는 침묵하고 말았을 것이다. 다만 여기서 아쉬운 점은, 서경덕 자신이 보인 대응방식이 보다 적극적이지 못하고 소극적이라는 점이다. 물론 이 점에 대해서는 현실적 상황을 이유로 삼아 충분히 변명할 수도 있겠으나, 이러한 그의 학문을 체계적으로 계승하여 보다 적극적인 방면으로 발전시킬 수 있는 제자가 없었다는 점은 결정적 아쉬움으로 남는다.

2. 서경덕 이후의 주기론

서경덕 이후 주목할 만한 기에 대한 이론가로는 이이(李珥,

1536~1584)를 들 수 있다. 이이의 기론은 일단 서경덕의 기론을 비판하는 데서 출발한다. 이이는 '이가 기 밖에 있지 않다'고 하는 서경덕의 입장에 대해서는 지지한다. 그러나 '담일청허(湛一淸虛)의 기(氣)가 있지 않은 사물이 없다'고 하는 서경덕의 주장에 대해서는 '있지 않은 사물도 있다'고 반박한다. 그 이유에 대해서 이이는 '이통기국(理通器局)'설로써 설명한다. 즉, 기(氣)는 일물(一物)에 국한되기 때문이라는 것이다. 이이는 서경덕의 사상에서 '이기가 서로 떨어질 수 없다 理氣不相離之妙'는 주장에 대해서는 동의하였지만, 태허(太虛)의 '담일청허(湛一淸虛)한 기'란 개념에 대해서는 거부의 뜻을 분명히 하였다. 이러한 점에서 우리는 이이의 철학체계를 주기론이 아니라, 이기이원론(理氣二元論)으로 보아야 마땅할 것이다.

이이의 학풍은 김장생(金長生, 1548~1631), 송시열(宋時烈, 1607~1689), 권상하(權尙夏, 1641~1721) 등을 거쳐 한원진(韓元震, 1682~1750)에게로 이어진다. 한원진은 이이의 '심(心)이 기(氣)이다[心是氣]'는 이론을 계승하여 주기론을 주장한다. 그는, "심만을 오로지 말하면 물론 이와 기의 합이지만, 성과 대립시켜서 말하면 심은 다만 '기'일 뿐이고 성은 다만 '이'일 뿐이다"[11]라고 하였다.

> 생각컨대 심만을 오로지 말하면 이와 기의 합이다. 왜냐하면 심 안에 성(性)이 포함되어 그 가운데 있기 때문이다. 그러나 만약 성과 대립시켜 말한다면, 성즉리(性卽理), 심즉기(心卽氣)이니 다시 이기를 합해서 심을 말해서는 안 될 것이다. 왜냐하면 이미 이를 성에 귀속시키고 또 심을 이기의 합이라고 말한다는 것은 '두 가지 이'에 간섭되게 하는 것과 같기 때문이다.[12]

이이에 의해 기초 지어진 '심이 기이다[心是氣]'라는 명제는 송시열과 권상하를 거쳐 한원진에 이르러서 마침내 '심즉기'란 명제로 귀결되어 주리설의 '심즉리'란 명제와 대립하게 된다. 그리고 이러한 한원진의 이론을 이어받아 유기설(唯氣說)로 극단화시키는 이가 바로 임성주(任聖周, 1711~1788)이다.

임성주는 "심과 성은 하나이니, 심을 제거해버리면 성이 있을 수 없고, 성을 제거해버리면 심이 있을 수 없다"고 하는 '심성은 하나이다'라는 대전제에서 자신의 철학을 출발시킨다. 그리고 심이나 성의 근원은 기라고 보았다.

> 누가 그렇게 시킴이 없어도 그러하고, …… 그 본체를 천(天)이라 하고 원기(元氣)라 하고 호연(浩然)이라 하고 태허라 하며, …… 그 측량할 수 없음을 일컬어 신(神)이라 하고 누가 그렇게 시킴이 없이 그러함을 명(命)이라 제(帝)라 태극(太極)이라 하니, 요컨대 모두 저 허원성대(虛圓盛大)한 것에 관하여 분별하여 이름지은 것이지만 실은 하나이다('누가 그렇게 시킴이 없이 그러함'이라는 말은 곧 '자연'을 가리켜 말한 것이다).[13]

우리는 위 인용문에서, 임성주가 장재, 서경덕, 『주역』, 노자, 장자, 맹자 등 일련의 전통기론을 종합하였으며, 그리고 기의 본체를 의지, 운동, 유행, 생산활동, 막지연이연(莫之然而然; 自然)하는 기의 자율운동으로 여겼음을 알 수 있다. 임성주는 장재와 마찬가지로 이일분수(理一分殊)라는 개념을 기일분수(氣一分殊)의 개념으로 바꾸어 이해하였다. '이'의 관점에서 보면, 태허·동정·오상(五常)·만물이 일리(一理)·이리(二理)·오리(五理)·만리(萬理)로 되겠지만, '기'의 관점에서 보면, 원기(元氣)·양의(兩儀)·오행(五行)·만물이 일기(一氣)·이기(二氣)·오기(五

氣)・만기(萬氣)로 될 것이다.[14] 주리(主理)의 입장은 '보편 대 특수'라는 관계에서 이와 기의 관계를 해석하기 때문에 이상기하(理上氣下), 이존기비(理尊氣卑)라는 생각을 갖게 된다. 그러나 주기(主氣)의 입장은 이기(理氣)관계를 '운동자 대 운동형식', '체 대 속성' 관계로 보기 때문에, '이'는 운동 속에 내재하는 기 자신의 형식으로 이해되어진다. 이러한 주기론의 기본 입장은 장재를 비롯한 거의 모든 주기론자들의 우주론에서 공통적으로 확인된다. 그러나 역시 문제는 심성론에서 발견된다.

심성론에 대해서는 거의 침묵함으로써 종래 초월관적 기철학에 대해서 소극적인 비판의 태도를 취했던 서경덕과는 달리, 이이 이후 임성주에 이르기까지의 일련의 학자들은 '기'라는 개념을 줄기차게 심과 성의 개념으로써 설명하려든다. 그러나 문제는, 이들의 이러한 심성론이 결코 종래의 인욕부정적 윤리의식을 벗어날 수 없었다는 점이다. 물론 당시의 봉건적 시대상황과 윤리의식이 '존천리, 멸인욕 尊天理, 滅人欲'이라는 정주학적(程朱學的) 윤리틀을 벗어나기엔 무리였다는 사실을 충분히 인정하지만, 임성주에 비해 무려 1세기나 앞선 시대에 중국에서는 이미 인욕긍정적 내재론적 기철학이 성행하고 있었음을 염두에 둔다면 아쉬운 마음이 드는 것은 당연한 일일 것이다. 종래의 초월관적 기철학에 대한 서경덕의 문제의식만큼이라도 후대 학자들이 가졌더라면 하는 마음은 바로 이러한 점에서 생겨나게 된다.

――――― ... ―――――

우리 나라 성리학에서의 '기론(氣論)'은 큰 틀에 있어서 중국

성리학자들의 학설을 수용하였다. 그러나 중국에서의 '기론'이 명말청초(明末淸初)에 이르러 인욕을 긍정하는 현실적, 실천적인 내재론적 '기론'으로 발전함으로써 중세적 봉건윤리의식을 넘어설 수 있는 근대의식을 보여준 데 반해, 우리 나라 대부분의 성리학자들은 초월관적 '기론'의 세계관을 벗어나지 못하였다. 이것은 바로 조선조 성리학에 있어서 그토록 많은 학문적 논쟁이 있었음에도 불구하고 그 논쟁들이 결국은 일정한 한계를 가질 수밖에 없었으며, 현실적 삶과는 연결되지 않는 공허한 논쟁에 불과하였다는 비판을 받게 되는 이유 중 하나가 된다. 물론 18세기 이후 등장하는 실학자들에게서 내재론적 기철학의 가능성을 엿보게 되지만, 16,7세기 주기론자들이 서경덕의 문제의식을 이어받아 제대로만 발전시켰다면 우리 사상계에 있어서 실학자들과 같은 근대의식을 지닌 지식인들의 출현이 적어도 한 세기는 빨랐을 것이다.

주

1) 玄相允, 『朝鮮儒學史』, (서울:현음사, 1982), '徐敬德'부분 참조.
2) 劉明鍾, 『韓國思想史』, (大邱:以文出版社, 1981), 306쪽 참조.
3) 牟宗三, 『心體與性體(一冊)』, (臺北:正中書局, 1968), 427~428쪽 참조.
4) 張閏洙, "張載 氣哲學의 理論的 構造", (慶北大學校 博士論文, 1993), 100쪽 참조.
5) 劉明鍾, "氣哲學的二種類型", (韓國中國學會, 『韓國學報』五期, 1985) 참조.

6) 宋彙七, "明代儒學의 主氣論的 展開(Ⅰ)", (慶北大退溪研究所, 『韓國의 哲學』18號, 1990), 63쪽 참조.
7) 宋彙七, 63~64쪽 참조.
8) 宋彙七, "韓國儒學에 있어서 近代意識의 問題", (慶北大人文科學研究所, 『人文科學』5輯, 1989), 146~149쪽 참조.
9) 宋彙七, "明代儒學의 主氣論的 展開(Ⅰ)", 148쪽 참조.
10) 劉明鍾, "氣哲學的二種類型", 25쪽 참조.
11) 『南塘集』卷三十六: "專言心 則固理氣之合 而與性對言 則心只是氣 性只是理"(『南塘集』卷三十六).
12) 『南塘集』卷三十六: "特心專言之 則合理氣 蓋包性在其中故也 若與性對言之 則性卽理 心卽氣 而不可復以合理氣言心也 蓋旣以理屬性 而又以心爲合理氣 則似涉二理故也"(『南塘集』'拾遺'卷四, '退溪集箚疑').
13) 『南塘集』卷三十六: "莫之然而然 …… 其體 則曰天曰元氣曰浩然曰太虛 …… 其不測 則曰神 其莫之然而然 則曰命曰帝曰太極 要之 皆就這虛圓盛大物事上分別立名 其實一也"(莫之然而然,卽所謂自然也)(『鹿門集』卷十九, '雜著:鹿廬雜識').
14) 河岐洛, 『朝鮮哲學史』, (大邱: 형설출판사, 1992), 637쪽 참조.

제 5 장

주자와 이퇴계의 이일(理一)에 대한 주리론적 해석

1. 태극의 이일(理一)

주자(朱子, 1130~1200)는 자연과 인간 그리고 윤리문제를 해석함에 있어서 이(理)와 기(氣)라는 두 기본 개념을 사용한 이기(理氣)철학자이다. 또한 그는 천리(天理)의 이(理)를 인간 본연의 심성(心性)으로 보는 성리학(性理學)을 크게 일으킨 대현(大賢)이므로 성리학을 일반적으로 주자학(朱子學)이라고도 한다. 이퇴계(李退溪, 1501~1570)는 이러한 주자의 성리학을 조선조에 크게 부흥시켜서 온 나라에 학문하는 풍토를 일으켰.

실제로 주자사상 전체를 통해서 보면 '이선기후(理先氣後)', '이(理)의 발(發)', '천리(天理)의 본연(本然)', '성(誠)의 이(理)', '덕(德)의 이(理)' 등을 강조하는 말들을 많이 볼 수 있다. 이것을 논거로 해서 우리는 주자를 주리적(主理的) 이기(理氣)철학자로 볼 수 있다. 한편 그가 '이기무선후(理氣無先後)'나 '이무위이기유위(理無爲而氣有爲)' 또는 '기(氣)의 정의조작(情意造作)' 등을 강조하는 말에서 우리는 그를 주기적 이기철학자(主氣的 理氣哲學者)로 볼 수도 있다. 또한 우리는 주자사상을 이기이원론(理氣二元論)이란 한계를 넘어설 수 없다고 볼 수도 있다. 그러면 우리는 주자의 이기철학사상(理氣哲學思想)을 해독함에 있어서 어느 관점을 따르는 것이 가장 주자의 진의에 따르는 것일까?

여기에 대하여 조선조(朝鮮朝)의 유학자들은 하나의 명확한 정답을 찾지 못하였다. 사단(四端)과 칠정(七情)에 관한 논쟁이 일어나고, 퇴계학설에 대한 율곡의 비판이 일어나면서 조선조의 성리학은 파당적(派黨的) 논쟁을 계속했다. 그러나 그러한 논쟁은 주자로 주자를 비판하는 방식이 되어 근본적인 해결책을 찾지 못하였다. 주자학(朱子學)이 국시(國是)로 되어 있던 조선조에 와서 주자학도들 사이에 이러한 미해결의 논쟁이 일어날 수 있었던 것은 바로 주자사상 자체가 짊어진 문제 때문이라고 볼 수 있고 주자의 성리학(性理學)에 대한 해석의 차이라고도 할 수 있다.

논쟁의 가장 중요한 뿌리는 주자사상에 있어서 '이(理)'개념의 의미가 가지는 애매성 때문이다. 즉, 주자의 '이(理)'개념에 대한 주자학도들의 해석상 차이가 문제를 일으킨 것이 연원이라고 볼 수 있다. 주자의 '이(理)'개념에 대한 올바른 해석만 이루어진다면 이것은 곧 주자학도들 간의 논쟁을 해결할 수 있는 척도가 된다고 볼 수 있을 뿐만 아니라 우리의 유학전통사상을 오늘날에 발전시키는 데에 있어서도 중요한 의미를 지닌다.

이러한 관점에서 우리는 여기서 주자가 말한 '이(理)'개념의 의미를 규명하고자 한다. 그러나 '이(理)'개념의 의미가 가지고 있는 다의성 때문에 연구영역을 '천리(天理)'의 '이일(理一)'에 대한 주자와 퇴계의 이론으로 한정했다. 주자가 '이일분수(理一分殊)'라고 할 때 이일(理一)은 분수(分殊)의 '이(理)'와 달리 천리(天理)의 본연(本然)을 말한다. 이일(理一)의 세계에 대한 주자 이론을 우리가 여기서 퇴계의 해석을 통하여 검토하고 다시 해석해보는 작업은 전체적으로 주자의 '이(理)'를 이해하는 데에 기초가 되는 작업이라고 본다.

실제로 퇴계가 변론한 '이(理)'개념의 의미를 철저히 해석하고 보면 그것이 주자의 진의에 가장 접근된 '이(理)'개념이며, 주자의 '이(理)'개념을 밝히고 보면 그것이 곧 퇴계사상에 계승되어 있다. 여기서는 문제의 해결을 쉽게하기 위해 퇴계의 주자사상 해설의 입장에서 본 주제를 다루었다. 왜냐하면 퇴계야말로 주자의 진의에 가장 충실하게 해석한 주자학도로서 조선조에 주자사상을 크게 발전시켰다고 볼 수 있기 때문이다.

2. 주재자적 성격의 순수지선의 이일(理一)

주자와 퇴계의 '이(理)'는 주재자적(主宰者的) 성격까지도 가지고 있는 근원적 실체이며, 순수지선(純粹之善)이며, 본연지성(本然之性)이며, 마땅히 행해야 할 바의 법칙[所當然之則]이며 그리고 만물의 원인[所以然之故]이다. 주자와 퇴계는 '이(理)'를 합쳐서 '이일(理一)'로 설명하기도 하고 나누어서 분수(分殊)의 '이(理)'로 설명하기도 한다. 그리고 이일(理一)을 천리(天理)로 설명하기도 하고 분수의 이(理)를 조리(條理)의 이(理)로 설명하기도 한다. '이(理)'의 의미를 문맥에 따라 여러 가지의 의미로 그들은 사용해서 말한다. 대체로 주자와 퇴계는 우주 만물의 근원성을 말하는 경우 '이일(理一)'의 '이(理)'를 말한다고 볼 수 있고, 현상 세계에 있어서 사물의 조리(條理)를 말하는 경우에는 분수(分殊)의 '이(理)'를 말한다고 볼 수 있다.

여기에서 우리는 이들이 말하는 '이일(理一)'의 의미를 규명하므로 그들의 '이(理)'개념을 전체적으로 해석하고자 시도한다. 그러면 '이일(理一)'은 무엇인가? '이일(理一)'의 속성을 어떻게 정의할 것인가? 주자와 퇴계가 말하는 '이일(理一)'은 곧 천리(天理)의 본연, 즉 '이(理)'의 본연을 말한다. 주자와 퇴계에 있어서 '이일(理一)'의 '이(理)'는 만물의 생성을 원초적으로 가능케 한 실체로서의 '이(理)'며 그것은 또한 감각적 인식의 한계를 넘어서서 실재하는 '이(理)'다.

다시 말하면 '이일(理一)'의 '이(理)'는 형이하적(形而下的) 개물의 생성을 원초에 있어서 가능케 한 형이상적(形而上的) 실체다. 이러한 '이일(理一)'은 기적(氣的) 요소가 전혀 없는 '이(理)' 그 자체의 세계라고 말할 수 있는 본연(本然)의 '이(理)'이기 때문에 그 자체 순수지선(純粹至善)의 세계다. 즉, 본체로서 '이일(理一)'은 절대적으로 선(善)임과 동시에 인의(仁義)의 덕(德) 그 자체의 세계로서 '이(理)'다. 또한 덕(德)인 바의 '이일(理一)' 그 자체는 성(誠)이므로, '힘써 노력하지 않더라도 인의(仁義)의 덕(德)을 실천하는 不勉而中' 그러한 방식으로 움직이는 '이(理)'다.

그러나 성(誠)이며 덕(德)인 '이일(理一)'은 형이상적으로 실재하지만 개물의 성(性)으로서 개물에 내재하는 원리다. 인간의 본래적인 본연지성은 바로 순수선으로서 '이일(理一)'이다. 그러므로 인간은 개물(個物)의 '이(理)'를 궁구하여 나아가는 과정에서 인간본연의 성(性)을 체인(體認)할 수 있으며 인간 본연의 성(性)을 체인, 체득해 나가는 과정에서 본원적 실체인 '이일(理

一)'그 자체를 회복할 수 있다. 주자와 퇴계의 '이(理)'는 온갖 '이(理)'를 합쳐서 보면 순수선(純粹善)인 본원의 '이일(理一)' 하나로 귀일되고, 개물의 '이(理)'로 나누어서 보면 개물의 법칙으로서 분수(分殊)의 '이(理)'다.

사물의 입장에서 살펴보면 '이(理)'는 개물의 조리(條理)로서 생성변화의 법칙이며 자연법칙이다. 그러나 그러한 자연법칙으로서 '이(理)'는 개물의 생존법칙의 한계를 넘어서서 만물의 근원적 본체로서 덕인 순수지선의 '이일(理一)'이기 때문에 인간이 '마땅히 가야할 길[當行之路]'로서의 윤리적 행위의 목적이 된다. 주자와 퇴계가 말하는 '이(理)'는 자연법칙인 동시에 당위법칙이다. 개물의 변화에서 보면 그것이 비록 변화의 원인[所以然]이 되는 조리(條理)의 '이(理)'라 할지라도 개물의 생성원리에서 보면 생생의 내면적 원리인 개물의 성(性)이다. 자세히 말하면 주자와 퇴계의 '이(理)'는 다음과 같이 설명될 수 있다.

본원적 실체로서 '이일(理一)'은 그 속성이 성(誠)이므로 '애써 생각하지 않아도 인의(仁義)의 덕(德)을 얻게하며 不思而得' 그리고 '힘써 노력하지 않더라도 인의의 덕을 실천하는 不勉而中' 바로 그러한 방식으로 발동하여 동(動)하고 정(靜)하는 '이(理)'다. 본원체로서 '이(理)'는 그 원초에 있어서 음양기(陰陽氣)를 생산하는 실체로서 모든 기적(氣的) 현상을 주재하는 '이일(理一)'이다. '이일(理一)'의 '이(理)'는 본체이며 성(誠)의 '이(理)'이며 주재자로서의 '이(理)'다. 다시 말하면 이일(理一)은 상제(上帝)로서 인간에게 도덕률을 명령하는 천리(天理)로서 이일(理一)이다.

순수지선(純粹至善)의 '이일(理一)'이란 또한 본원체로서 '이(理)'가 가지고 있는 속성인 '덕(德)'을 말하는 것이다. '이일(理一)'은 성(誠)과 덕(德)이란 두 속성을 가지고 있다고 볼 수 있다. 그러나 본체의 '이(理)'는 '성(誠)'하기 때문에 '덕(德)'이며 '덕(德)'이기 때문에 '성(誠)'인 바의 그러한 '이(理)'다. 오히려 '성(誠)' 그 자체를 '이(理)'의 덕(德)이라고 할 수 있다. 다만 '성(誠)'을 자연창조의 원리에서 말한 것이라면 '덕(德)'은 인간행위의 원리에서 말한 것이다. 말하자면 덕은 '이일(理一)'의 동일한 속성으로서 양면적 표현이다. '이(理)'는 덕이므로 본연지선이며, '성(誠)'이므로 생생의 원리다.

성(性)으로서 '이(理)'는 개개사물의 내면적 원리로서의 '이(理)'다. 개개사물이나 인간은 '이(理)'를 하늘로부터 부여된 성(性)으로 한다. 그래서 성(性)은 인(人)과 물(物)에 내재한 보편적인 근원성의 원리다. 따라서 성(性) 그 자체의 본연을 완전히 회복하고 보면 그 모습은 곧 '이일(理一)'이다. '이일(理一)'은 그러므로 개물을 초월하여 그 자체의 세계로 존재하면서 동시에 성(性)으로서 개물에 내재하여 그 개물의 보편적 내재율이 된다. 성(性) 본연 그 자체가 곧 '이일(理一)'이므로 본연지성의 속성은 '덕(德)'이다.

이것을 조목으로 나누어 인의예지신(仁義禮智信)이라고 한다. 총괄해서 인(仁)이라고 하니 '인(仁)'의 덕이 곧 성(性) 그 본연의 모습이다. 그러나 사물의 본연지성은 인간의 심(心)에서만 그 모습을 완전하게 나타낼 뿐이다. 왜냐하면 만물 가운데서도 인간의 '심(心)'이야말로 가장 빼어난 기를 받았기 때문이다. 다시 말하면 개물마다 그 내면에 성(性)의 '이(理)'를 가지고 있지만 '성(性)' 그 본연의 모습을 완전히 갖추지 못한다. 다만 인간의 '심(心)'만이 최고로 뛰어난 기를 얻었기 때문에 완전히 갖추고 있다는 것이다.

'만물의 자연법칙[所以然之故]'으로서 '이(理)'는 만물의 외적 변화상에서 본 개물(個物)의 조리(條理)로서 이(理)이며 동시에 자연법칙으로서 '이(理)'며 개물의 외적 변화법칙으로서의 이(理)다. 개물의 외적 변화법칙으로서의 '이(理)'인 조리의 '이(理)'도 성(性)과 동일한 '이(理)'다. 다만 개물의 외적 변화에서 보면 '이(理)'는 조리요, 개물의 본연에서 그 내재율로서 보면 '이(理)'는 성(性)이다. '조리(條理)'에서 보면 '이(理)'는 무형무위(無形無爲)의 '이(理)'이지만 성(性)의 본연에서 보면 '이(理)'는 덕이며 성(誠)이므로 능발(能發)의 '이(理)' 내지 주재(主宰)의 '이(理)'라고 하지 않을 수 없다.

 '당연히 해야 할 법칙[所當然之則]'으로서 '이(理)'는 인간의 행동원리로서 '이(理)'다. 인간은 세계 내에서 그와 만나는 대상들과 관계하면서 자신의 행위를 결의하지 않으면 안 된다. 여기에 '이(理)' 본연은 덕으로서 인간행위의 궁극적 목표인 것으로 주자와 퇴계는 믿었다. '이(理)' 본연이 인간에게 나타나는 방식은 성(性)의 내재율로 나타나며 '성(性)'의 내재율은 개물의 조리를 통해 체득된다. 사물의 조리는 성(性) 본연을 체득해 나가는 단서가 된다. 따라서 주자와 퇴계의 '이(理)'는 사물에 있어서 '만물의 원인'과 '당연히 해야 할 법칙'으로 나타난다.

 주자와 퇴계의 관점에서 말하면 당위(當爲)의 근거는 소이연(所以然)의 조리(條理)이며, 조리의 근거는 성(性)의 덕이며, 성의 근거는 천리(天理)의 본연 그 자체다. 실로 '이(理)'를 '본체로서의 이', '성(性)으로서의 이', '조리로서의 이' 등으로 나누어서 볼 때 비록 그 '이(理)'가 다양한 차이를 보인다고 할지라도, 그 근원을 거슬러 올라가면 온갖 '이(理)'는 '이일본원(理一本源)'으로 귀일한다. 비록 개물에서 분수(分殊)의 '이(理)'를 본다고 할지라도 그 분수의 '이(理)'를 격물궁리(格物窮理)해 들어가면 마침내 본체의 '이일(理一)'을 체득하게 된다는 것이다.

'이일(理一)'을 체득함은 바로 '이(理)' 본연인 덕 그 자체를 회복하여 인간이 마침내 천지(天地)와 더불어 덕에 합일한다는 것이다. 이러한 주자와 퇴계의 사상은 본체와 가치와 법칙이 합일하는 원리를 말한 것이며, 당위법칙과 자연법칙이 합일하는 원리를 말한 사상이다. 여기서 말하는 원리는 형이상적 실체로서 실재하며 동시에 형이하적 개물(個物)의 원리로서 개물에 내재하는 보편자라는 말이다.

3. 성(誠)으로서 이일(理一)의 본체에 대한 해석

주자는 그의 이기(理氣)철학을 전개함에 있어서 『주역』, 『중용』, 염계(濂溪) 주돈이(周敦頤)의 『태극도설(太極圖說)』 등을 중요한 연원으로 삼고 있다. 특히 염계의 『태극도설』은 고대 유학을 송대(宋代)의 신유학(新儒學)으로 발전시키는 데에 획기적 역할을 한 글이다. 주자가 그의 이기(理氣)철학을 확립하는 이론에 있어서 지표적(指標的)인 연원이 되어 있는 글이 바로 염계의 『태극도설』이다. 주자가 여조겸(呂祖謙)과 함께 『근사록(近思錄)』을 편찬할 때 염계의 『태극도설』을 맨 앞에 둔 의도도 성인을 이상으로 하는 유학의 정통이 거기에 있음을 밝혀두고자 한 데 있다고 볼 수 있다. 조선조의 퇴계 또한 『근사록』 편찬의 정신에 입각하여 『성학십도(聖學十圖)』를 저작하여 그의 사상을 요약, 체계화함에 있어서 염계의 '태극도(太極圖)'와 그 '도설(圖說)'을 제일로 하여 맨 앞에 두었다. 그리고 퇴계는 주자 말을 인용하여 염계의 '태극도(太極圖)'와 '도설(圖說)'은 백세도술(百世

道術)의 연원임을 강조한다.[1]

『태극도설』은 "무극이면서 태극이다. 태극이 동(動)하여 양을 낳고 동(動)이 극에 이르러 정(靜)이 되고 정(靜)이 음을 낳는다 無極而太極 太極動而生陽 動極而靜 靜而生陰"로 시작되어 있다. 여기에서 말하는 '태극(太極)'은 『주역』에서 가지고 온 것이라고 주자와 퇴계는 보았다. 퇴계는 염계의 『태극도설』이 『주역』에 나오는 "역(易)에는 태극이 있다. 태극은 양의(兩儀)를 낳고 '양의'는 사상(四象)을 낳는다 易有太極 是生兩儀 兩儀生四象"의 뜻을 유추하여 밝힌 것임을 말한다.[2] 『주역·계사상(周易繫辭上)』에 나오는 이 말에 대한 주자의 주설(註說)을 보면 "하나가 매양 둘을 낳는 것은 자연의 이치니, 역은 음양이 변하는 것이고, 태극은 그 이치다. 양의는 처음 한 획이 나뉘어 음양이 되는 것이고, 사상은 다음 두 획이 나뉘어 태양(太陽)·태음(太陰)과 소양(少陽)·소음(少陰)이 되는 것이다 一每生二 自然之理也 易者 陰陽之變 太極者 其理也 兩儀者 始爲一畫 以分陰陽 四象者 次爲二畫 以分太少"[3] 라고 한다. 여기에서 보면 태극을 주자는 '이(理)'라 하고 양의를 음양이라 한다.

주자는 『주역』의 "한 번 음하고 한 번 양하는 것을 일러 도라고 한다 一陰一陽之謂道"는 말에 대한 주설에서 "음과 양이 갈마들어 운행하는 것은 기(氣)이고, 그 이치는 도(道)라고 말한다 陰陽迭運者 氣也 其理則所謂道"[4] 라고 하였다. 이와같이 '역(易)'의 태극을 '이(理)' 그리고 음양을 '기(氣)'로 단언하여 주해한 것은 주자에서 비롯된다. 또한 '도(道)'를 '이(理)'라 주해한 것도 주자에서 비롯된다. 물론 음양을 기로 말한 것은 전래의 한당(漢唐)유학자들의 사상이다. 『주역』이 우주자연의 원리를 태극, 음양 그리고 '도(道)'라는 등의 말로 설명한 것을 주자가 이와 기로 나누어 주해하므로 『주역』은 실로 이기(理氣)철학의 원전이 되었다. 그러나 송대 이전 한당유학자들은 태극을 대체로 일원기(一元氣)로 해석했다. 그들은 『주역』을 기철학의 원전으로 보았다. 주염계는 『주역』의 '태극(太極)'으로 우주발생에서 인류의 원리까지 해명하는 그의 『태극도설』에서 태극을 무극으로 형용하여 '무극이태극(無極而太極)'이라 하였다.

그리고 '태극도'의 제일 윗 부분에 태극이 음양분리하기 이전의 모습을 ○으로 표시해 두었으니,[5] 기적(氣的) 현상이 기적 원소가 아닌 어떤 것에서 나온 것이라는 주자적 해설의 길을 열었다. 특히 퇴계는 '태극도'의 윗 부분에 있는 ○표를 주설하여 태극, 즉 '이(理)' 그 자체는 음양기(陰陽氣)와 구별되는 본체임을 말한다. 물론 퇴계도 주자의 『주역』 주설에 따라 태극을 '이(理)'로 보며 음양을 '기(氣)'로 본다. '하나가 매양 둘을 낳는다 一每生二'라는 말은 '이일(理一)의 태극이 음양이기(陰陽二氣)를 낳는다'라는 말이며, '양의는 처음 한 획이 나뉘어 음양이 되는 것이다 兩儀者 始爲一畫 以分陰陽'라는 말은 "태극 '이(理)'가 처음으로 한 번 갈라져 음양기(陰陽氣)로 분개(分開)된다"는 말이니, 앞뒤 말을 연결하면 '이(理)' 본연이 스스로 분개하니 비로소 '기(氣)'를 생(生)하여 기화(氣化)의 생생변화가 이루어진다는 뜻의 천지(天地) 개벽론(開闢論)이다.

이러한 본원적 실체로서 주자의 '이(理)'는 그가 『중용』 제1장을 총평하여 "첫머리에는 도의 본원이 하늘에서 나와서 바꿀 수 없는 것과 그 실체가 자신에 갖추어져서 떠날 수 없는 것을 밝혔다 首明道之本原 出於天而不可易 共實體備於己而不可離"[6]라고 하는 말에서 볼 수 있는 바와 같이 '도(道)'의 근원이자 '천(天)'인 '이(理)'다. 즉, '천(天)'은 '이(理)'며 '이(理)' 본연이다. 또한 그러한 '이(理)'는 주재자적 성격까지 가진 신(神)이다. 따라서 주자의 성리학은 유학을 종교로 발전시켜 유교로서의 그 이론적 체계를 갖추게 하는 데에 크게 이바지 하였다.

이렇게 되면 생생하는 우주자연의 기적(氣的) 현상이 발생하기 이전에 이것을 가능케 하는 원초적 본원체로서 '이(理)'의 본연이 논리적으로 선재(先在)한다고 보는 것이 주자와 퇴계의 사상이라고 할 수 있다.

주자의 이러한 관점은 정이천의 사상을 계승한 것으로 보여진다. 정이천은, 『주역』에서 말하는 "한 번 음하고 한 번 양하는 것을 일러 '도(道)'라고 한다 一陰一陽之謂道"라는 말을 주해하여 "한 번 음하고 한 번 양하게 하는 원인을 일러 '도(道)'라고 한다 所以一陰一陽道也"라고 하고 또한 "음하고 양하게 하는 것은 '도(道)'이고 음양은 '기(氣)'이다. '기(氣)'는 형이하의 존재이고 '도(道)'는 형이상의 존재이다 所以陰陽者 是道也 陰陽氣 氣是形而下者 道是形而上者"[7)]라고 하였다. 이러한 정이천의 해석은 천지조화를 음양기(陰陽氣)와 그 원인이 되는 '도(道)'로 나누어 사색한 말이다. 음양변화와 그 변화의 원인을 사물의 입장에서 보면 '서로 떨어질 수 없지만[不可離]' 형이상의 관점에서 보면 원인이 되는 도(道)를 사물과 섞지 아니하고 사색할 수 있다는 것이다. 주자는 정이천이 말하는 도(道)를 '이(理)'로 해석하고 있다.

정이천의 해설은 음양변화와 그 변화의 원인을 나누어 본 것으로서 주자 이기(理氣)철학의 직접적인 선구가 된다. 주자가 "한 번 음(陰)하고 한 번 양(陽)하는 것을 일러 도(道)라고 한다"는 말을 주해하여 앞서 말한 바와 같이 "음과 양이 갈마들어 운행하는 것은 '기(氣)'이고, 그 이치는 '도(道)'라 말한다"라고 하였으니, 이것은 곧 '음양변화가 기적(氣的) 현상이지만 그 변화의 이(理)는 도(道)이다'라는 말이다. 이천의 해석과 같은 관점이다. 다시 말하면 음양변화의 원인의 '이(理)'가 '도(道)'라는 것이다. 그런데 '원인'이란 법칙을 의미한다고 볼 수 있다.

'음양기(陰陽氣)와 그 이(理)'라는 주자의 구분은 '음양기의 변합(變合)과 그 변합의 법칙'이란 뜻으로 이해된다. 그리고 보면 '이일(理一)'의 본연은 곧 그 자체 법칙이다. 주자는 '음양기(陰陽氣)'에 대하여 소이연(所以然)의 '도(道)', 즉 '이(理)'를 말하였으니, 여기에서의 '소이연(所以然)'이란 곧 필연적 법칙을 말한다. 따라서 주자가 말하는 '이(理)'는 '하나가 매양 둘을 낳는다 一每生二'는 경우에서와 같이 생(生)하는 태극의 '이(理)'와 소이연인 법칙으로서의 '이(理)'로 구분하여 볼 수 있다. '본체로서의 이(理)'와 '법칙으로서 이(理)'를 주자는 '이(理)'의 체·용(體用)으로 보는 것 같다. 체(體)와 용(用)으로 보면 '이(理)'는 기적(氣的) 현상을 생(生)하는 원초적 실체로서 '이(理)'인 동시에 기적 현상의 필연적 법칙으로 기적 현상과 더불어 '서로 떨어질 수 없는' 실재하는 '이(理)'다.

주자와 퇴계는 이와같이 『주역』이 우주자연을 논함에 있어서 형이상과 형이하로 구분하여 설명한 것을 '이(理)'와 '기(氣)'로 분속(分屬)시켜 주설하고, '이(理)' 그 자체의 본연을 보고자 하였다. 그들은 이기(理氣)철학을 체계화함에 있어서 순수무잡(純粹無雜)의 이세계(理世界)를 강조하여 기(氣)적 요소가 전혀 없는 '이(理)'를 말하고 그 '이(理)' 자체가 형이상적 본체라고 보는 입장이다. 그러므로 주자는 『중용장구(中庸章句)』 전문(前文)에서 말하기를, "『중용(中庸)』은 처음에 '일리(一理)'를 말하고, 중간에서는 확산되어 만사(萬事)로 되고, 끝에는 다시 합하여 '일리(一理)'가 된다. 其書始言一理 中散爲萬事 末復合爲一理"라고 하였다. 『중용』은 '일리(一理)', 즉 '이일(理一)'로 시작해서 '이일(理一)'로 끝나 있다는 말이다.

그런데 여기서 말하는 처음의 '일리(一理)'란 곧 "하늘이 명한 것을 일러 성(性)이라 한다 天命之謂性"라는 것을 의미하고, 그리고 끝의 '일리(一理)'란 "하늘의 일은 소리도 없고 냄새도 없다 上天之載. 無聲無臭"라는 것을 의미한다. 주자는 '천명'의 '천(天)' 그리고 인간성의 성(性)과 무성무취(無聲無臭)의 상천(上天)을 '일리(一理)', 즉 '이일(理一)'로 본 것이다. 이러한 주자의 관점은 주자가 『주역』, 『중용』 등의 유학고전을 해석함에 있어서 주자 자신의 '이(理)'개념을 고전에 적용해서 주자 위주로 해석하고 있다는 사실을 잘 보여준다. 주자의 고전해석은 곧 주자사상의 요체를 잘 말해주는 것이기도 하다. 명대의 유학자인 정암(整菴) 나흠순(羅欽順, 1465~1547)같은 사람은 주자가 종신토록 이기(理氣)를 이물(二物)로 본 잘못을 범했다고 평하기도 한다.[8] 그러나 이기(理氣)를 나누어 이기이물(理氣二物)을 사색한 그 자체가 주자사상의 특징이다. 그러면 이기(理氣)를 나누어 '이(理)' 그 자체를 주자는 어떻게 정의하고 있는가? 주자가 말하는 이일(理一)은 앞서 본원적 실체 또는 법칙 등으로 설명되었지만 또한 생동하는 능력의 '이(理)'로 주자와 퇴계는 해석하였다. 그러면 이제 '이일(理一)'의 내용을 '이(理)'의 능력면에서 검토해보자.

우리는 그것을 『중용』의 성자(誠者)에 대한 주자 주설에서 그 해답을 얻을 수 있다. 즉, 주자는 『중용』의 "성(誠)이란 천(天)의 도이다 誠者天之道也"라는 말의 '성(誠)'을 해석하여 "성(誠)이란 진실하고 순수하여 망령됨이 없는 것을 이르는 것이니, 천리(天理)가 본래 그러한 것이다 誠者 眞實無妄之謂 天理之本然也"[9]라고 한다. 여기에서 보면 주자는 천리(天理)의 본연, 즉 '이일(理一)'

의 내용이 공허가 아니라 진실무망(眞實無妄)의 성(誠)이라는 것이다. 근원적 본체로서 '이(理)'가 실재하고 그 '이(理)'의 속성이 '성(誠)'이라는 것이며, '성(誠)'은 진실무망이라는 것이다. 천리(天理)의 본연이 이처럼 '성(誠)'을 속성으로 하기 때문에 '이일(理一)'이 천지조화의 본원적 원리라는 것이다.

주자가 말하는 '이(理)'는 따라서 공허한 허무의 '이(理)'가 아니라 성(誠)의 능력을 가진 '이(理)'이며, 그러므로 천지조화의 존재를 원초적으로 가능케 한 주재자적 실체다. 또한 주자가 말하는 '이(理)'는 바뀔 수 없는 원리로서 모든 이치의 원리가 되는 '천(天)'인 바의 실체다. 도의 본원이 '천(天)'에서 생겨났다는 것은 무성무취한 상천(上天)이 '이(理)'의 본연이며 또한 '이일(理一)'로서, 그것은 천지조화의 본원체로서 주재자적 능력을 가진 실체라는 말이다. 염계가 말하는 '무극이태극'도 성(誠)을 내용으로 하기 때문에 형(形)과 질(質)이 없는 비기적(非氣的) 실체이면서도 음양기를 생하여 천지조화를 이루는 본체로 해석된다.

주자는 염계의 『태극도설』을 해설하면서, 태극이 성(誠)이므로 동(動)한다고 보았다. 비록 본원적 실체인 '이(理)'가 기적요소를 넘어선 초감각적 형이상적 실체이지만, 개물에 내재하는 원리이기도 하다. 실로 주자는 '이기불상리(理氣不相離)' 가운데서도 '이기불상잡(理氣不相雜)'을 사색한 것이다. 주자는 '이(理)'의 입장에서 보면 '이기결시이물(理氣決是二物)'이라 하였는데, 이것은 주자가 '이기(理氣)'를 두 가지 것으로 보는 병에 걸린 것이 아니라 오히려 주자의 이기(理氣)철학 원리를 말한 것이다.

율곡은 주자의 '이기결시이물(理氣決是二物)'이란 말의 의미를 '이기불상협잡(理氣不相挾雜)'의 뜻으로 보고 '이(理)'의 독자적인 원초적 능력을 부정하고자 한다. 퇴계는 주자가 말한 '이

(理)'의 '발(發)'을 근거로 하여 '이(理)'의 발(發)을 주장하였다. 주자와 퇴계는 성(誠)으로서 '이(理)' 본연의 원초적 생동 능력을 긍정하며, 이기(理氣)의 관계에 있어서 시간적 선후와는 상관없이 '이(理)'가 논리적으로 '기(氣)'에 선재(先在)해서 실재함을 긍정한다. 퇴계는 주자의 '이기결시이물(理氣決是二物)'을 논증하는 말을 인용하여 '이기(理氣)'가 한 물건이 될 수 없음을 주장했다.

퇴계는 '이(理)' 본연의 세계가 내용을 가지고서 실재함을 말한다. 이것은 곧 주자의 주장이며 동시에 퇴계의 강조처이다. 이처럼 순수한 '이(理)' 그 자체의 실재를 강조하고 보면 '이(理)' 그 자체의 독자적 능력을 인정하지 않을 수 없다. 여기에 주자와 퇴계는 '이(理)' 본연의 성(誠)을 사색했기 때문에 이발(理發)을 주장할 수 있었던 것이다. 실로 고봉(高峯) 기대승(奇大升, 1527~1572)이 '이기불상리(理氣不相離)'의 원칙만을 고수하여 퇴계의 호발설(互發說)을 비판하였을 때에도 퇴계는 주자의 "사단은 이의 발이고, 칠정은 기의 발이다 四端是理之發 七情是氣之發"[10]라는 말을 보고 더욱 자신을 얻어 '호발설(互發說)'을 변론했던 것이다. '이(理)' 본연은 독자적으로 실재하며 그것은 성(誠)을 내용으로 하고 있다. 천지(天地)와 심(心) 본연을 일관해서 기발(氣發)만을 주장하는 율곡의 퇴계 비판은 바로 여기에 있다.

주자의 '이(理)'는 그 본연이 성(誠)을 내용으로 하고 있음으로 일원기적(一元氣的) 실체로부터 벗어난 '이(理)'이며 또한 발하여 생(生)하는 주재자적 본체로서의 '이(理)'다. 주자가 성(誠)을 진실무망으로 해석하고 진실무망의 세계를 천리(天理)의 본연이라 한 말에서 우리는 천리(天理)의 신적(神的) 능력을 볼 수 있다. 특히 그가 『대학장구・서(大學章句序)』에서 "하늘이 반드시 명하여 백성의 임금과 스승으로 삼아서 다스리고 가르쳐서 그 본성을 회복하게 하셨다 天必命之 以爲億兆之君師 使之治而敎之 以復其性"라고 하였는데, 여기에서 '이(理)'의 본원이 '천(天)'이며 그 '천(天)'이 인사(人事)를 주재하는 신적 능력을 가지고 있음을 보여주고 있다.

만일 주자의 '이(理)'가 기적 요소로부터 벗어나기만 하고 이러한 성(誠)의 능력 내지 주재자적 창조의 능력을 가지고 있지 않는다면, 그러한 '이(理)'는 노자(老子)의 '무(無)'가 되어버릴 위험을 안고 있다. 『중용』에서 말하는 "천(天)이 명하는 것을 일러 성(性)이라 한다 天命之謂性"라고 할 때의 '천(天)'은 '우주를 주재하며 천지만물을 창조하는 신'[11]으로 해석할 수 있다. 주자의 문인 진북계(陳北溪, 1157~1223)는 『중용』에 "천이 명하는 것을 일러 성이라 한다"라고 할 때의 '천(天)'을 '이(理)' 본연으로 해석하고 또한 '천리(天理)'의 '천(天)'으로 말하였다.[12]

이기(理氣)문제에 있어서 율곡처럼 그것의 '불상리(不相離)'만 지나치게 강조하면 사물상의 '이(理)', 즉 조리(條理)의 '이(理)'만으로 주자가 말하는 '이(理)'의 전부로 해석할 가능성이 있다. 조리의 '이(理)'로만 보는 한, 퇴계가 말하는 호발(互發)은 율곡의 말처럼 병통(病痛)이 된다. 퇴계는 율곡과 달리 주자의 '이(理)'를 사물상의 '이(理)'뿐만 아니라 '이(理)'상에서 '이(理)' 그 자체의 본원을 사색함으로서 주자의 '이(理)'를 누구보다도 철저히 체득한 주자학도라고 할 수 있다. 물론 주자의 이기(理氣)관을 떠나서 보면 율곡의 사상은 독자성이 강하다. 주자 자신은 사물상의 '이(理)'를 말하기도 하고 본원에 있어서의 '이일(理一)'의 '이(理)'를 말하기도 한 철학자다.

이것은 주자가 유숙문(劉叔文)에게 보낸 편지에서 하고 있는 말, 즉 "사물상에서 보면 이기이물(理氣二物)이 혼륜불가분개(渾淪不可分開)이지만, '이(理)'상에서 본다면 비록 사물이 있지 아니하나 이미 사물의 '이(理)'가 있다"[13]라고 하는 데에서 잘 나타나 있다. 사물상에서는 이기(理氣)가 불상리(不相離)하지만, '이(理)'상에서 보면 일찍이 그 원초에 있어서 사물이 있지 아니한 거기에 이미 그 '이(理)'는 실재한다는 것이다. 주자의 입장에서 우주자연을 발생론적 근원을 찾아 소급해 올라가면 결국 기적 현상에 대해 논리적으로 앞서서 실재하는 천리(天理)의 본연의 세계가 나타난다. 천리(天理)의 '이(理)'는 그 스스로가 성(誠)이므로 기(氣)를 생(生)하여 천지개벽을 일으켰다는 말이다. 이러한 주자의 '이(理)' 개념이 가지는 의미는 주염계의 『태극도설』에 대한 주자의 주설(註說)에 더욱 잘 나타나 있다. 그는 태극의 '이(理)'가 결코 '기(氣)'가 아님을 강조하는 입장에서 태극이 비록 감각적 대상이 아니지만 그것이 만물의 근원적 본체라고 한다. 그의 관점에서 말하면 '이(理)'의 본체는 인간의 감각적 인식을 초월하여 있으므로 '무극(無極)'이라고 말하지 않을 수 없지만 그것이 만물생성·변화의 근원적 원리이므로 태극으로 말하지 않을 수 없으니 둘을 합하여 '무극이태극(無極而太極)'이라고 할 수밖에 없다는 것이다.

퇴계는 이기이물(理氣二物)을 논변하여 "만일 이기(理氣)가 본래 하나의 것이라면 '태극이 곧 양의이다 太極卽是兩儀'라고 할 것이지 어찌 태극생양의(太極生兩儀)라고 하여 '생(生)'자를 사용하여 말하였겠는가"라고 반문한다.[14] 퇴계의 논지는 "하나가 매양 둘을 낳는다 一每生二"라고 하는 주자의 말과 연결되어 있다고 볼 수 있다. 퇴계는 『성학십도』의 '서명(西銘)' 해설에서 주자의 말을 인용하여 "주자가 말하기를 정자는 『서명』에 대하여 하나의 '이(理)'가 다양하게 나누어짐을 밝힌 것이라고 말한다. 대체로 '건(建, 하늘)'으로 아비를 삼고, '곤(坤, 땅)'으로 어미를 삼는 것은 생물이라면 모두 그렇지 않은 것이 없다. 이것이 이른바 '이(理)'가 하나라는 것이다 朱子曰 西銘程子 以爲明理一而分殊 蓋以乾爲父 坤爲母 有生之類無物不然 所謂理一也"라고 하였으니, 주자와 퇴계는 기적 현상을 원초적으로 생산한 원리가 '이일(理一)'이라고 보았다.

염계의 『태극도설』에서는 태극과 음양을 말하고, 음양의 묘합(妙合)에 의해 오기(五氣)가 생겨난다고 말한다. 그리고 계속해서 말하기를 "무극의 진(眞)과 그리고 양의(兩儀) 및 오행(五行)의 정(精)이 신묘하게 합하여 응결되면 건도(乾道)는 남성을 이루고 곤도(坤道)는 여성을 이룬다. 두 가지 기가 서로 교감하고 변화하여 만물을 낳는다 無極之眞 二五之精 妙合而凝 乾道成男 坤道成女 二氣交感 化生萬物"15)라고 하였다. 그는 이처럼 무극(無極)의 태극과 음양오기(陰陽五氣)를 '진(眞)'과 '정(精)'에 각각 분속시켜 만물생성의 원리를 설명하였다. 맨 위에 태극이라는 일원(一元)으로 시작된 『태극도설』은 만물생성에 와서 '진(眞)'과 '정(精)'이라는 이원(二元)으로 설명된다.

주자는 염계가 '진(眞)'과 '정(精)'으로 분대(分對)시킨 것을 '이(理)'와 '기(氣)'로 이것을 분속시켜 말한다. 태극의 '진(眞)'이란 진실무망한 성(誠)을 그 내용으로 하는 '이(理)' 본연, 즉 천리(天理)의 본연이라는 것이며, '정(精)'은 음양오행기(陰陽五行氣)라는 것이다. 그리고 만물생성의 현상에 있어서 '이(理)'와 '기(氣)'가 혼륜(渾淪)하여 그 분개(分開)를 볼 수 없기 때문에 염계가 묘합(妙合)이라고 했다는 것이다. 나정암은 개개사물의 생성을 '진(眞)'과 '정(精)'의 묘합으로 설명한 이러한 주염계의 사상은 실로 주자 이기(理氣)이원론의 연원이 되었다고 비판하였다. 그러나 퇴계는 오히려 '합(合)'이라는 글자의 뜻을 강조하여 주자의 '이기(理氣)'가 한 사물이 아님을 논증하고, 동시에 이기(理氣)이물의 원리를 체득코자 했다. 합해질 수 있다는 그 자체가 '합(合)' 이전의 이기(理氣)로 나누어 이해할 수 있는 근거라는 것이다. 그래서 퇴계는 '이(理)'의 본체를 말하고자 했던 것이다.

주자와 퇴계의 주장에 따라 이기(理氣)를 서로 다른 두 가지로 보고 '이(理)' 그 자체의 본연을 성(誠)으로 본다면, 우리는 본연의 '이(理)'가 스스로 발동한다라고 말하는 그들의 진의를 이해할 수 있다. 주자와 퇴계가 말하는 이러한 본연의 '이일(理一)'은 성(誠)이면서 또한 동시에 '덕(德)'으로서 인극(人極)이 된다. 따라서 우리는 여기서 그들이 말하는 이일(理一)의 '이(理)'가 가지고 있는 본연의 속성을 '덕(德)'과 '성(誠)'으로 나누어 논구해 보도록 하자.

4. 성(誠)으로서 이(理)의 덕(德)

우주발생론에서 만물생성・변화의 원리까지 설명한 염계의 『태극도설』은 윤리설을 끝으로 해서 완성되어 있다. 이것은 천지조화의 원리와 인륜의 원리를 함께 합쳐서 보려는 『주역』사상의 계승이다. 『태극도설』에서 우주자연의 원리와 인륜의 당위(當爲)가 합목적적(合目的的) 활동으로 '덕(德)'에 합일한다. 여기에서 '태극'은 주자에 의해서 '이(理)'로 해석되며 그것은 우주자연의 발생론적 본원체이면서 동시에 인간행위의 최고 목적이 되는 인애(仁愛)의 덕(德)으로서 그것은 인극(人極)이다.

주염계는 『태극도설』의 끝 부분에 가서 "성인은 만사를 처리하고 행동하는 인간생활의 표준으로서 중정(中正)과 인의(仁義)의 덕을 정하고 무욕의 '정(靜)'으로써 인간 윤리생활의 최고 목표로 세우기 때문에 성인은 천지와 더불어 그 덕에 합치하는 삶을 산다 聖人定之以中正仁義 而主靜立人極焉 故聖人與天地合其德"라고 하였다. 이러한 주염계의 말에 대한 주자 주설이나 퇴계의 주설을 참고해보면, '덕(德)'을 그들은 인간과 관계해서 천리(天理)인 '이일(理一)'의 속성을 가지고 와서 정의함을 볼 수 있다. 성(誠)이 천지조화의 본원(本源)으로서 '이(理)'의 속성이라면 '덕(德)'은 인극(人極)으로서 '이(理)'의 속성을 말한 것이다. 따라서 '성(誠)'을 다하면 '덕(德)'을 이루고 '덕(德)'을 다하면 '성(誠)'을 이룬다. 그러면 이제 '덕(德)'으로서의 '이(理)'를 인간의 본연지성과 관계해서 주자와 퇴계가 어떻게 주장하는지를 검토해보자.

우리가 『태극도설』에서 말하는 '중정인의(中正仁義)'와 "성인은 천지와 더불어 그 덕에 합한다 聖人與天地合其德"라는 두 가지 말을 비교해보면, 주염계가 모든 인간생활의 선악을 판단하는 기준으로의 '덕(德)'을 인의로 주장하고 있음을 알 수 있다. 그리고 퇴계가 "천(天)은 곧 '이(理)'이니, 그 덕에는 네 가지가 있다. 원・형・이・정이 바로 그것이다 天卽理也 而其德有四 曰元亨利貞是也"[16]라고 한 것과 주자가 『대학장구・서』에서 "대개 하늘이 백성을 내릴 때부터 이미 인과 의와 예와 지의 성품을 주지 않은 것이 없다 蓋自天降生民 則旣莫不與之以仁義禮智之性矣"라고 한 것을 살펴보면, 주염계에서 '인의(仁義)'로 표현된 덕의 조목은 곧 주자와 퇴계에 와서 인의예지로 표현되고 있음을 알 수 있다. 그리고 '인(仁)'은 인·의·예·지 사덕(四德)을 포괄하는 최고의 덕으로서 곧 천리(天理)의 본연을 말한다. 인(仁)은 덕이니 바로 인간 본연지성으로서의 '이(理)' 본연이다. 퇴계는 『성학십도』에서 주자의 말을 인용하여 '인설(仁說)'을 말하고 '인설도(仁說圖)'를 만들었다.

'인설(仁說)'에서 주자는 "인(仁)이란 만물을 낳는 천지의 마음이며, 또한 사람이 이것을 얻어 사람의 마음으로 삼는 것이다. 아직 발(發)하기 전에 마음에 사덕(四德)이 갖추어져 있지만, 오직 '인(仁)'만이 사덕을 포괄한다 仁者天地生物之心 而人之所得以爲心 未發之前四德具焉 而惟仁則包乎四者"라고 하고, 또한 "천지의 마음은 그 덕(德)을 네 가지 가지고 있다. 원(元)·형(亨)·이(利)·정(貞)이 바로 그것이다. 여기에서 '원(元)'은 모두를 포괄하여 통하지 않는 것이 없다. 이것들이 운행하면 춘·하·추·동의 차례로 되는데, 이중에서도 봄을 생하는 기운이 네 계절에 통하지 않는 것이 없다. 자연의 섭리와 같이 사람의 마음에도 네 가지의 덕이 있다. 곧 인(仁)·의(義)·예(禮)·지(智)가 그것인데, 인(仁)은 다른 덕을 모두 포함한다. 네 가지 덕이 발용하면 애(愛)·공(恭)·의(宜)·별(別)이라는 정(情)으로 되는데, 측은의 마음, 즉 애(愛)의 정이 다른 정들에 관통된다 天地之心 其德有四 曰元亨利貞 而元無不通 其運行焉 則春夏秋冬之序 而春生之氣 無所不通 故人之爲心 其德亦有四 曰仁義禮智 而仁無不包 其發用焉 則爲愛恭宣別之情 而惻隱之心 無所不貫"라고 한다. 천리(天理)의 본연이 천지의 마음이라고 한다면 그것이 곧 인심의 본연이라는 것이며, 천리(天理) 본연의 덕을 원·형·이·정의 세목으로 나누어 본다면 인심의 덕을 인·의·예·지로 나누어 볼 수 있다는 것이다. 물론 '원(元)'과 '인(仁)'은 포괄하는 전체로서 이일(理一)

이라고 볼 수 있다.

　퇴계는 『성학십도·서명도(聖學十圖西銘圖)』의 '서명' 해설에서 양귀산(楊龜山, 1053~1135)의 말을 인용하여 "그 '이(理)'가 하나임을 아는 것은 '인(仁)'을 실행하게 하는 까닭이며, 그 '이(理)'가 다르게 나뉨을 아는 것은 '의(義)'를 행하게 하는 까닭이다 知其理一 所以爲仁 知其分殊 所以爲義"라고 하였다. 이것은 '이일(理一)', 즉 천리(天理)의 본연 내지 인심의 본연이 바로 '덕(德)'의 총체이고 최고의 덕은 '인(仁)'이며, 최고의 덕을 나누어 말하면 인·의·예·지라는 것이다. 이러한 논거를 통해서 우리는 주자와 퇴계가 '이(理)' 본연을 성(誠)으로 보는 한편, 그것은 인간의 본연지성(本然之性)으로서 그것이 내재하여 인의(仁義)의 덕(德)을 이룬다고 주장하는 것으로 해석할 수 있다. 이처럼 본연지성이 '이(理)' 본연이며 '덕(德)' 그 자체인 한, 인간의 본연지성은 지선(至善)의 세계며 명덕(明德)의 세계이다. 사람이 사람답게 행동할 수 있는 길은 이러한 인의(仁義)의 덕을 실현하는 것이며 이것이야말로 인륜의 극(極)이요 학문의 최고 목적으로 그들은 보았다. 퇴계는 염계의 『태극도설』에 대한 주자 해설을 인용하여 말하기를 "'오직 인간만이 그 빼어난 것을 얻어서 가장 영특하다'고 한 것은 순수하고 지극히 선한 성(性)을 말하는 것이니, 이것이 이른바 태극이다 惟人也 得其秀而最靈 純粹至善之性也 是所謂太極也"라고 하였는데, 이것은 오직 인간만이 기(氣)의 빼어남을 얻어 가장 영적인 존재이므로 음양변화의 본원을 품수함에 본원을 가장 완전하게 갖추었으며 그것이 곧 순수지선한 성(性)이요 바로 태극이요 '이(理)' 본연이라는 말이다. 이(理) 그 자체가 '덕(德)'이므로 '이(理)'가 부여된 본성이기 때문에 인간의 본성 또한 순수지선의 '인(仁)'이라는 말이다. 인생의 이상은 '이(理)' 본연, 즉 성(性) 본연을 회복하여 실현하는 것이다. 주자와 퇴계가 생각했던 가장 이상적 인간은 그러한 천리(天理) 그 자체와 혼연일체가 되어 있는 성인(聖人)이다.

또한 퇴계는 『태극도설』의 주자 해설을 인용하여 "'성인이 중정(中正)・인의(仁義)로 정(定)하고, 정(靜)을 주로 하여 인극을 세웠다'라고 한 것에서 보면 성인은 태극의 전체를 얻어서 천지와 더불어 혼합하여 간격이 없다 至聖人定之以中正仁義 而主靜立人極焉 則又有得乎太極之全體 而與天地混合無間矣"라고 하였다. '인의(仁義)'의 덕이야말로 태극의 전체이며, 성인은 이것을 얻어 천지와 아무런 간격이 없으니, '인의(仁義)'의 덕은 곧 인극(人極)이며 성인은 가장 이상적 인간으로 학문하는 목적이며 인생의 목적이다.

주자와 퇴계에 있어서 우주자연의 원리는 곧 인륜의 원리로 되어 있다. 주자가 『소학제사(小學題辭)』에서 "원・형・이・정은 천도(天道)의 상(常)이니 하늘이 정한 불변의 법칙이고, 인・의・예・지는 인성(人性)의 강(綱)이니 인간행위의 도덕법칙이다 元亨利貞 天道之常 仁義禮智 人性之綱"라고 한 것도 바로 이러한 그의 사상을 잘 나타내고 있다. 천지의 성정(性情)인 건곤(乾坤)의 조목이 바로 원・형・이・정이며, 이것이 인간에 내재하여 본연지성을 이루는 것이 인・의・예・지의 도덕률이라는 것이다. 또한 퇴계가 주자의 『소학』으로 그림[圖]을 만들어 『성학십도』의 세 번째의 그림[圖]으로 삼은 것은 곧 퇴계 자신의 생각이 그러했기 때문이다.

이러한 주자와 퇴계의 사상은 그 연원을 소급해 가면 이미 말한 바와 같이 『주역』에 이르게 된다. 『주역』을 주자적으로 해석하면, 여기에서 '이(理)'와 '덕(德)'과 '성(性)'은 합쳐지고 있다.

『주역』에 "날로 새로운 것을 일러 '성덕(盛德)'이라 하고, 생생(生生)의 원리를 일러 '역(易)'이라 한다 日新之謂盛德 生生之謂易"라는 말이 있으니, 이것은 생생변화하는 천지의 실상을 가지고 인사(人事)를 설명하고 있는 것이다.

『주역』에서 말하는 '숭덕광업(崇德廣業)'을 『소학제사』에서는 "덕을 높이고 학업을 넓혀야 그 본래의 본성을 회복하게 된다 德崇業廣乃復其初"라고 하였다. 덕을 높이고 그것을 생활 속에 실현해 감으로써 마침내 '이(理)' 본연으로 되돌아간다는 것이다. 왜냐하면 덕(德) 그것이 곧 '이(理)' 본연이기 때문이다. 주자가『대학』의 '명덕(明德)'을 주해하여 말하는 것도 같은 뜻이다. 주자에 의하면, 만리(萬理)를 갖추고 있는 '이일(理一)' 그것은 만물의 근원적 본체로서 '명덕(明德)'이다. 이러한 '명덕(明德)'이 인간에게 도덕률로서 갖추어져 있으니 그것의 발(發)함에 따라 이것을 실현해 나아가면 '이(理)' 본연을 회복하여 거기로 되돌아간다고 한다. 이것은 곧 천지(天地)와 함께 덕(德)에 합일하는 성인의 경지에 이른다는 말이다.

『성학십도·인설』에서 퇴계가 "극기하여 '예(禮)'로 돌아가면 '인(仁)'을 행하게 된다 克己復禮爲仁"라는 공자의 말에 대한 주자 주해를 인용하여 이러한 그들의 정신을 가장 잘 나타내고 있다. 「인설」에서 주자는 "'극기하여 예로 돌아가면 인을 행하게 된다'는 말이 있다. 이것이 무엇을 말하는 것인가 하면 자기의 사심을 이겨내고 천리(天理)에 돌아갈 수 있으면 이 마음의 본체가 다 있게 되며, 이 마음의 작용이 다 행하여지게 됨을 말하는 것이다 其言有曰 克己復禮爲仁言 能克去己私 復乎天理 則此心之體 無不在 而此心之用 無不行也"라고 한다. '자기의 사심[人欲之私]'을 버리고 '인의(仁義)'의 덕을 실현함은 곧 천리(天理)의 본연을 회복하여 거기로 되돌아간다는 말이다. 이것은 곧 '성명의 이(理)를 따른다 順性命之理'[17]고 하는 『주역』의 정신을 계승한 사상이다.

　주자와 퇴계의 사상은 실로 『주역』에 나오는 "화순(和順)하여 '의(義)'에 이치[理]가 있고, 이치를 다하고 본성을 극진히 하여 천명에 이른다 和順於道德而理於義 窮理盡性 以至於命"[18]라는 말 속에 그 의미가 집약되어 있다. 주자는 이것을 주해하여 이렇게 보았다. '이(理)'의 덕에 화순(和順)하여 따르는 것은 성인의 덕이다. 화순의 '이(理)'는 덕의 이일(理一)이며 궁리(窮理)의 '이(理)'는 조리의 '이(理)', 즉 분수(分殊)의 '이(理)'다. 주자는 『주역』도 이일분수(理一分殊)의 입장에서 해석하고 있다.

　인간은 사물과 관계해서 어떤 일을 처리함에 있어서 천하만물의 '이(理)'를 궁구하여 '이(理)'의 성(性) 본연을 완전히 실현하므로 천도(天道)에 합일한다는 것이다. 천리(天理)의 본연은 덕으로서 인간에 내재하고 있는 인간성이며 동시에 내재율로서의 도덕법칙이다. 이와같이 주자와 퇴계의 '이(理)'는 인(人)과 물(物)의 본연의 '성(性)'으로 내재하는 덕(德)이며, 동시에 개개사물의 외적 변화의 조리(條理)이다. 조리의 '이(理)'를 궁리하여 체득함을 통해서 저 '이(理)' 본연의 덕(德)의 세계에 되돌아갈 수 있다고 그들은 믿었다.

　주자와 퇴계가 말하는 '이(理)' 본연은 '덕(德)'이며 성(性) 본연이며 도덕법칙이며 동시에 자연법칙이다. 주자는 말하기를 "도(道)는 일용사물의 당행지리(當行之理)로서 모두 성의 덕(德)으로 마음에 갖추어져 있다"[19]라고 한다. 주자와 퇴계가 격물궁리(格物窮理)를 위학(爲學)의 출발점으로 삼는 것도 인륜

(人倫)의 당위가 사물의 조리를 앎으로서 당위법칙을 체득할 수 있다고 보았기 때문이다. '당위법칙(當爲法則)'의 근거는 만물의 '자연법칙'에 있고 '소이연지고(所以然之故)'의 근거는 만물의 본연지성(本然之性)에 있으며 본연지성의 근거는 바로 '이일(理一)'인 바의 천리지본연(天理之本然)에 있다고 그들은 이해하였다.

그리고 퇴계는 주자의 관점에 따라 천리(天理)의 본연은 기(氣)의 질이 가장 빼어난 인간의 심(心)에서만 온전하게 표출될 수 있다고 본다. 인간심의 본연지성은 지선(至善)의 덕이며 이것의 근거는 '천리지본연(天理之本然)'의 덕(德)이다. 이러한 '천리(天理)'의 덕(德)은 천·지·인(天地人)을 합일시키는 원리이며 그리고 순수무잡의 최고선(最高善)이기 때문에 그것은 모든 인간의 윤리적 행위의 표준이 되는 인극(人極)이다.

바로 격물궁리(格物窮理)에서부터 '사람과 사물의 본성을 다하게 되는 과정 盡人物之性'을 거쳐 '천명(天命)'에 이르게 되면 '천도(天道)'와 합일되는 '성인(聖人)'이 된다는 것이다. 『주역』에 나오는 "이(理)를 탐구하고 본성을 다하여 천명에 이르게 된다 窮理盡性 以至於命"라고 하는 말은 주자와 퇴계의 유학이 가지는 종교적 내용이다.

5. 이발(理發)의 도덕률

주자와 퇴계는 '천리(天理)'의 본체가 가장 완전하게 인간의 '심(心)'에 갖추어져 본연지성을 이룬다고 하며, 이것은 곧 인(仁)의 덕이라고 한다. 앞 절에서 주자가 "인(仁)이란 본심의 온전한 덕이며, 천리(天理)의 본체이다 仁者 本心之全德 卽天理之 本體"라고 한 말에서 잘 나타나 있는 것처럼, '이(理)'의 본체 그 자체가 인간의 본연지심(本然之心)에 갖추어져 있는 인(仁)의 덕 (德)이라는 것이다.

따라서 주자는 군자지심(君子之心)은 천리(天理)의 본연이라는 것이다.[20] 이러한 관점에 서 있기 때문에 주자는 『중용』의 "중화 (中和)를 이루면 천지가 여기에 선다 致中和 天地位焉"라고 하는 말을 주설하는 가운데 "내 마음이 바르면 곧 천지의 마음도 바르게 된다 吾之心正 則天地之心 亦正矣"[21]라고 한다. '천리(天理)'의 '덕(德)'이 바로 인간의 '심(心)'에 본연지성으로 내재하는 보편적 도덕률이라는 말이다.

그러나 인간에게 온전히 보전되고 실현되지 못하고 있는 것은 기품에 의해 구속되고 인욕에 의해 덮혀버려서 혼미하기 때문이다. 이러한 이유로 많은 사람들이 능히 성(性)을 소유하고 있는 것을 알지만 그것을 온전히 실현할 수 없다는 것이다. 그러면 '인심(人心)'에 내재하는 천리(天理)의 '인(仁)'이 어떤 방식으로 우리에게 의식될까?

주자의 관점에서 보면 성(誠)이 바로 천리(天理)의 본연이며 인(仁)의 덕(德)이므로 천리(天理) 그 자체가 곧 인간의 심(心)에 내재하는 본연지성(本然之性)이며 동시에 인(仁)의 덕이다. 성인 (聖人)이 아닌 모든 인간은 기질에 의해 일어나는 인욕(人欲)으로 인해서 언제나 혼미하여 인(仁)을 알지 못하기 때문에 마땅히 진실무망(眞實無妄)하고자 해야 인(仁)을 알고 선택하여 실천할 수 있다. 따라서 주자와 퇴계는 '선(善)을 선택하여 실천하고자 고집하는 것[擇善固執]'이야말로 '인간의 도덕'이라고 본다. 주자는 성인이 아닌 인간은 '선(善)을 선택하여 실천을 고집한' 이후에야 본체의 지선(至善)인 명덕(明德)을 밝게 나타낼 수 있고 그 몸을 성인처럼 천리(天理)와 하나되게 하여 성(誠)에 이를 수 있다고 본다. 주자는 명덕(明德)이며 성(誠)인 이(理) 본연을 인간만이 실현할 수 있다는 것이다.

성인(聖人)이 아닌 모든 인간은 기질에 의해 일어나는 인욕(人欲)으로 인해서 인(仁)이 언제나 혼미하여지기 때문에 마땅히 진실무망(眞實無妄)하여야 인(仁)을 실천할 수 있다. 따라서 주자와 퇴계는 '선(善)을 가려 실천을 고집하는 것[擇善固執]'이야 말로 '인간의 도덕'이라고 본다. 주자는 성인이 아닌 인간은 '선(善)을 가려 고집한' 이후에야 본체의 지선(至善)인 명덕(明德)을 밝게 나타낼 수 있고 그 몸을 성인처럼 천리(天理)와 하나되게 하여 성(誠)이게 할 수 있다는 것이다. 주자는 '명덕(明德)'이며 성(誠)인 '이(理)' 본연을 인간만이 실현할 수 있다는 것이다.

그러나 그러한 '이(理)' 본연이 인간에게 비록 본연지성으로 내재한다고 할지라도 인간에게 자각적으로 의식되지 아니하는 한 격물궁리(格物窮理)하여 택선고집(擇善固執)할 수 없다. '격물궁리(格物窮理)'하여 '택선고집(擇善固執)'할 수 있다고 보는 한, '이(理)' 본연을 체인(體認)하고 체득(體得)할 수 있는 계기를 인간만이 가지고 있다고 보지 않을 수 없다. 즉, 인간의 노력에 의해서 '이(理)' 본연의 발(發)을 체험하고 실천할 수 있다는 주장이다. 그러면 과연 본체의 '이(理)'가 인간심의 본연에서 발하는가? 주자는 '이(理)' 본체가 성(誠)이며 덕(德)이므로 인간의 마음이 진실무망(眞實無妄)하다면 생각하지 않고 힘쓰지 않더라도 그 자체의 방식으로 발한다고 보았다.[22]

주자가 "성인이 중정(中正)과 인의(仁義)로써 모든 일의 선악을 판단하는 기준으로 정(定)하고 정(靜)을 주로 하여 인극(人

極)을 세웠다 聖人定之以中正仁義 而主靜立人極焉"라고 하는 주염계의 말을 해설한 가운데 본체 '발(發)'의 의미가 나타나 있다. 주자는 그 해설에서 "성인은 또 빼어난 가운데서도 빼어남을 획득하여 탄생한 자이다. 그러므로 행하면 '중(中)'이며, 처(處)하면 '정(正)'이며, 발(發)하면 '인(仁)'이며, 기르면 '의(義)'이다 聖人之生 又得其秀之秀者 是以其行之也中 其處之也正 其發之也仁 裁之也義"23)라고 하였다. 여기에서 보면 천리(天理)와 하나된 성인이 발하는 바가 인(仁)이라는 것이다. 인(仁)은 성인(聖人)이 그 천리본연(天理本然)의 경지에서 발하는 '덕(德)'이다.

무릇 성인이 아닌 인간은 의식적으로 생각하고 애써 노력해야만 몸을 성(誠)하게 할 수 있다는 것이다. 더욱이 염계의 "태극이 동(動)하여 양을 낳고, 동(動)이 극에 이르러 정(靜)이 되며, 정(靜)이 음을 낳는다 太極動而生陽 動極而靜 靜而生陰"라는 말을 해설하는 가운데 주자는, "태극에는 동·정(動靜)이 있으니, 이것이 바로 천명의 유행(流行)이다 太極之有動靜 是天命之流行也"라고 하였고 계속하여 "행동하면 모두 성(誠)으로 이루어진다. 그러므로 성인을 따라 하는 마음이 발하여 행하는 것이 선(善)이다 …… 정(靜)하여 마음의 고요함을 얻어 '성(誠)의 회복'을 이룬다 其動也誠之通也 繼之者善 …… 其靜也誠之復也"라고 하였다.

여기에서도 태극이 동·정(動靜)을 가지므로 천명(天命)이 유행한다는 말이므로 곧 태극 그 자체가 성(誠)이라는 것이다. 다시 말하면 태극의 동·정은 태극, 즉 천리(天理)의 성(誠)이 가지는 '통(通)'이며 '복(復)'이다. 천리(天理)의 본연이 성(誠)이므로 '통(通)'하고 '복(復)'하니, 동(動)은 성(誠)의 '통(通)'이며 정(靜)은 '성(誠)'의 '복(復)'이다. '통(通)'하고 '복(復)'하는 성(誠)의 '이(理)' 본연은 그러므로 동하고 발하는 본체다. 특히 주자가

"발(發)하는 것은 '선(善)'이다 繼之者善"라고 말하였는데, 이것은『주역』의 말을 인용한 것이다. 그는『주역』의 '계지자선야(繼之者善也)'라는 말에서 '계(繼)'자를 '발(發)'로 해석한다. 즉, 그는 확실히 본체의 '이발(理發)'을 믿고 있다. 그러므로 우리는 '계지자선야(繼之者善也)'라는 말을 '이발자선야(理發者善也)'라고 해석할 수 있을 것이다.

또 한편 주자가『주역』의 '현제인(顯諸仁)'의 '현(顯)'자 해석에 있어서 '덕(德)'의 '발(發)'을 강하게 주장하고 있다. '계지자선(繼之者善)'의 주해나 '덕지발(德之發)'이 모두 '이(理)' 본원의 '발(發)'을 주장하는 말이다. 주자는 "태극에는 동·정이 있다 太極之有動靜"라고 하며, '인의 용[仁之用]'을 말하니, 이것도 곧 심(心)에 갖추어진 본체의 인(仁)이 발용하여 사단(四端)의 정(情)을 이룬다는 말이다. 주자가 "성이 발하여 정이 된다 性發爲情"[24] 라는 것을 말하고 "사단은 '이(理)'의 발이다 四端是理之發"[25]라는 것을 말하는 것도 바로 이러한 관점에서 해석되어야 한다.

퇴계는 이러한 주자 주장을 근거로 해서 그의 이기호발설(理氣互發說)을 변증하고자 하였다. 퇴계와 주자는 본원의 '이(理)'가 동하여 기화(氣化)현상이 전개되며, 그 본원의 '이(理)'는 인간심의 본연에서 발해질 수 있다고 보았다. 동(動)하며 '생기(生氣)'하는 본원체의 '이(理)'가 이기불상잡(理氣不相雜)의 한계를 넘어서 실재하며 그것은 '이(理)' 본연 그 자체에 있어서 성(誠)이며 '덕(德)'이므로 발한다는 것이다. 물론 인간의 '심(心)'에 있어서만 '이(理)' 본연이 온전히 갖추어져 있으므로 인간만이 '이(理)' 본연의 덕이 발(發)할 수 있다. 그러므로 퇴계는 인간만이 도덕률을 실천할 수 있는 윤리적 존재가 될 수 있다고 주장한 것이다.

퇴계의 관점에서 보면 천지의 만물이 이기(理氣)를 품수함에 있어서 '이(理)'인 바의 오성(五性)을 본연성으로 함에는 차이가 없지만, 기(氣)의 편정(偏正)에 따라 오성의 도덕률이 통하여 나타나는 존재도 있고 막혀버린 존재도 있다. 또한 퇴계는 인간만이 '기(氣)'의 올바름을 얻어 그 기질이 통하고 또한 명(明)하니 완전히 천명인 오성(五性)의 도덕법에 통하여 밝다고 보았다. 여기에서 우리는 퇴계가 말하는 '이(理)'가 '능생능발자(能生能發者)로서의 주재자적 성격을 가지고 있는 이(理)'임을 알 수가 있다.

율곡은 주자의 "성이 발하여 정이 된다 性發爲情"라고 하는 것도 "기가 발하고 이가 그것에 올라 탄 것이 정이 된다 氣發理乘而爲情"라는 것을 의미하는 것으로 보고, 주자의 "이에서도 발하고, 기에서도 발한다 發於理 發於氣"라는 말까지도 큰 잘못으로 여겼다. 또한 퇴계의 호발(互發)은 퇴계의 병(病)이라고까지 하며, 그리고 인심도심(人心道心)이 모두 기발(氣發)뿐이라고 한다. 이러한 율곡의 비판은 율곡의 성리학이 강한 독자성을 가지고 있음을 지적할 수 있다. 그러나 문제는 주자의 진의가 무엇인가에 있다.

우리가 주자를 퇴계와 연결해서 보는 것이 주자사상의 본질을 보다 정확하게 해석할 수 있는 방법이라고 생각한다. 주자와 퇴계는 이기불상리(理氣不相離) 가운데서도 그 불상잡(不相雜)을 보고 '이(理)' 그 자체의 본연이 비록 초감각적이지만 실재하는 본체라고 보았다. 이러한 본체는 성(誠)을 내용으로 하기 때문에 '덕(德)' 그 자체며 또한 천지를 창조할 뿐만 아니라 천지의 질서를 이룬다는 것이다. 그들은 이러한 본체의 '덕(德)'이 실현되는 사회를 이상적 사회로 보고 이러한 사회를 건설코자 학문하였던 것이다.

주

1) 『退溪全書』一, (서울:大東文化硏究院, 1971), 199쪽 참조.
2) 같은 책, 199쪽. 『聖學十圖·太極圖說』'註說' 참조.
3) 『(正本)周易集註』, (德興書林, 檀紀 4267), 381~382쪽 참조.
4) 같은 책, 362쪽.
5) 『退溪全書』一, 198쪽.
6) 『中庸集註』首章, '朱子集註' 참조.
7) 『周易·繫辭傳』'伊川易傳'.
8) 錢穆, 『宋明理學槪述(二)』, (台北:中華文化出版, 民國44), 218쪽 재인용.
9) 『中庸』第二十章, '朱子集註'.
10) 『退溪全書』一, 413쪽.
11) 宇野哲人 外, 『孝經·大學·中庸 新釋』, (東京:弘道館, 昭和10), 42쪽 참조.
12) 『中庸集註』首章의 '陳淳註解' 참조.
13) 『退溪全書』二, 331쪽.
14) 같은 책, 330쪽.
15) 葉采, 『近思錄集解(元)』卷一, '太極圖說'.
16) 『退溪續集』卷八, 「天命圖說」, 第一節, '論天命之理'.
17) 『周易·說卦傳』.
18) 같은 책, 같은 곳.
19) 『中庸集註』首章 '朱子註說'.
20) 같은 책, 같은 곳.
21) 같은 책, 같은 곳.
22) 『中庸集註』第二十章, '朱子註說' 참조.

23) 葉采, 『近思錄集解』卷一, '太極圖說註' 참조.
24) 『退溪全書』二, 324쪽, '天命圖說後敍' 참조.
25) 『退溪全書』一, 413쪽, '答奇明彦論四・七 第二書 改本' 참조.

제6장

이퇴계의 성리학과 윤리사상

1. 인간성으로서 '인(仁)'과 유학의 이상

　주자(朱子)는 공자와 맹자를 정통으로 하는 유학을 형이상학적 이론으로 무장시켜 인성(人性)을 이(理)로 보는 성리학(性理學)으로 발전시켰다. 이퇴계는 주자의 성리학을 심화시키고 발전시킨 조선 최고의 유학자이다. 퇴계의 학문하는 목적은 유학의 근본정신을 실현하는 것이다. 유학의 근본정신은 『논어』로부터 시작된다. 따라서 우리는 유학의 정신을 이해하기 위하여 무엇보다도 먼저 『논어』의 정신을 이해하는 데에서 출발해야 한다.
　『논어』의 근본정신은 「학이편(學而篇)」의 처음에 잘 나타나 있다. "책을 들고 이야기하며 인(仁)을 깨달아 때에 당해서는 언제나 이것을 실천하는 학문하는 삶을 살아가니 참으로 얼마나 즐거운가! 친구가 있어서 먼 곳에서 찾아오니 함께 책을 들고 이야기하며 그와 같이 학문하는 삶을 살아가니 또한 얼마나 즐거운가? 다른 사람이 우리의 이러한 학문하는 삶을 인정해주지 않더라도 성내지 아니하니 또한 진정한 군자가 아니겠는가 學而時習之 不亦說乎 有朋自遠方來 不亦樂乎 人不知而不慍 不亦君子乎(『論語・學而』)"라고 말하고 그 다음 구절에서 "군자는 근본에 힘쓰나니 근본이 서야 '도(道)'가 생긴다. 효도와 우애는 인(仁)을 이루는 근본인저! 君子務本 本立而道生 孝弟也者 其爲仁之本與(『論語・學而』)"라고 한다.

학문하면서 계속 깨달은 것을 때에 당하여는 언제나 실행하여 인품을 높여 나가는 그 자체에서나 학문하는 친구들과 학문을 이야기하면서 인생의 의미와 삶의 즐거움을 가지는 사람이야말로 참으로 바람직한 인간, 즉 군자(君子)이다. 『논어』에서 말하는 최고의 이상인(理想人)은 학문하는 그 자체에서 삶의 보람과 즐거움을 가지는 군자상(君子像)이다. 바꾸어 말하면 군자의 본분은 '학문하는 삶'이라는 말이다.

그러면 '학문하는 삶'이란 무엇인가? "군자는 근본에 힘쓰나니 근본이 서야 '도(道)'가 생기는 것이다. 효도와 우애는 그 인(仁)을 이루는 근본인저!"라는 둘째 구절은 학문의 최고 목표가 '인(仁)'임을 말하고 있으며, '인(仁)'을 실현하는 최고의 실천덕목으로 효(孝)와 제(悌)를 말하고 있다. 그리고 앞의 "군자는 근본에 힘쓰나니 君子務本"란 말 등에서 참다운 학문의 의미가 '인(仁)을 궁리(窮理)하고 실행하고자 힘쓰는 것'임을 나타낸다고 파악할 수 있다.

『논어』에서 말하는 학문의 진정한 의미는 '인(仁)'을 연구하고 실행하는 것으로 해석된다. 거듭 말하면 '학문하는 것' 그 자체에 최고의 기쁨을 가지는 자야말로 이상적 인간, 즉 '군자(君子)'라는 것이다. 군자는 '인(仁)'의 실현을 필생의 소임으로 한다고

『논어』는 밝힌다.[1] 우리는 공자가 말하는 이상적인 삶을 '몸으로 군자의 도를 실천한다 躬行君子'라는 말에서도 이해할 수 있고[2] '인(仁)으로의 귀의(歸依)'[3]라는 말에서도 볼 수 있다. 물론 공자는 그 자신을 결코 성인(聖人)이나 인자(仁者)라고 말하지는 아니한다. 그러나 공자는 '인자(仁者)'가 되고자 노력하기를 싫증내지 아니하는 자[4] 또는 '인(仁)에 뜻을 둔 자'[5] 내지는 '인(仁)을 실행하고자 하는 자'[6]라고 말한다. 물론 그는 성인을 가장 이상적 인간으로 본다.

그러면 '인(仁)'을 어떻게 실현해야 할 것인가? 『논어』에 보면 "효제(孝悌)는 인(仁)의 근본이다 孝弟也者 其爲仁之本與"라고 하고 그리고 "극기복례하여 '인(仁)'을 행한다. 하루라도 극기복례하면 천하가 '인(仁)'으로 돌아오게 된다. '인(仁)'을 행하는 것이 자신으로부터이지 어찌 다른 사람으로부터이겠는가 克己復禮爲仁 一日克己復禮天下歸仁焉 爲仁由己而由人乎哉"[7]라고 하며 인(仁)은 "사람을 사랑하는 것〔愛人〕"[8]이라고 하는 말 등에서 보면 인(仁)의 실천이 공자의 학문하는 근본 정신임을 알 수 있다.

이와같이 『논어』의 '인(仁)'은 인간을 윤리적 존재이게끔 하는 보편적 요소로서 인간에 내재하는 동시에 인간의 생활 속에서 언제나 실현될 수 있는 것임을 의미한다. 또한 효제(孝悌)와 애인(愛人)이라는 등의 언어들이 가지고 있는 의미를 분석해볼 때, '인(仁)'에는 '순수한 사랑'의 느낌이 내포됨을 말할 수 있다. 그러나 인간을 윤리적 존재이게끔 하는 보편적 요소로서 '인(仁)'이 인간에 내재함을 어떻게 우리는 확증할 수 있는가?

맹자는 인간의 본성 그 자체 순수한 모습 그대로를 바로 보편적 가치인 '인(仁)'이라고 해석한다. 그러나 인간의 본성이 '인(仁)'이라는 것을 확증할 수 있는 근거는 무엇인가? 즉, '인(仁)'

의 검증기준은 무엇인가? 맹자는 인간의 본래성이 '인(仁)'이라고 확증할 수 있는 절대적 근거로서 측은지심(惻隱之心)을 말한다. 그는 '측은한 마음이 없는 자는 인간이 아니다 無惻隱之心 非人也'라고 하며 또한 '측은한 마음은 인(仁)의 근거이다 惻隱之心 仁之端也'라고 말하였다.

맹자에 의하면, 모든 인간은 측은지심(惻隱之心)이라는 보편적 심정을 가지고 있다. 그러면 측은지심(惻隱之心)이라는 보편적 심정을 우리는 어떻게 파악해야 할 것인가? 맹자는 측은지심(惻隱之心)을 모든 가치심정의 원리가 되는 최고의 가치심정으로 본다. 그는 측은지심(惻隱之心)을 '곤경에 처한 사람을 보면 차마 도우지 아니하고는 못견디는 인간의 마음 不忍人之心'으로도 표현하고 '사람은 모두 차마 도우지 않고는 참지 못하는 마음을 갖고 있다 人皆有不忍人之心'라고 말했다.[9]

위와 같은 맹자의 주장을 분석할 때 '측은지심(惻隱之心)'은 '차마 어려운 타인을 도우지 않고는 못견디는 사랑의 심정(心情)'이라는 의미로 볼 수 있다. 다시 말하면 측은지심(惻隱之心)은 '차마 그렇게 하지 않을 수 없는 무조건적인 사랑의 심정'을 말한다. 그것은 바로 타인사랑이다. 무조건적 사랑의 심정이라고 하겠다. 맹자는 이러한 인간의 측은지심(惻隱之心)을 근거로 해서 인간 고유의 인간성이 바로 '인(仁)'이라는 주장의 확고한 증거로 삼는다. 인간에게만 측은지심(惻隱之心)이 일어난다는 것은 바로 인간을 다른 동물과 구별할 수 있는 인간 고유의 인간성이 인(仁)이라는 증거라는 것이다. 맹자는 측은지심(惻隱之心)이라는 '차마 도우지 않을 수 없는 사랑의 심정'이야말로 인간을 윤리적 존재로 비약시키는 인간 고유의 인간성으로 보았다. 이것은 타인의 눈에 눈물을 보면 함께 눈물 흘리며 도우는 마음을 말한다.

'인(仁)'의 실현을 '효제(孝悌)'와 '애인(愛人)' 등으로 표현하는 『논어』에서 이미 우리는 '인(仁)'에 대한 맹자(孟子)의 이야기를 찾아 볼 수 있다. 그러나 '무조건적 사랑'과 같은 측은지심(惻隱之心)이 모든 인간이 선천적으로 가지고 있는 인간 고유의 심성(心性)이라는 주장의 논리적 근거는 무엇인가?

퇴계는 주자의 '인설도(仁說圖)'를 가지고 와서 이 문제에 해답함으로써 그의 이기(理氣)철학체계를 튼튼한 바탕 위에 올려 놓고자 하였다. 퇴계의 『성학십도(聖學十圖)』 가운데 제7 '인설도(仁說圖)' 및 「인설(仁說)」은 바로 이 문제에 대한 주자의 해답인 동시에 퇴계 자신의 해답이다. 제7도의 '인설도'와 「인설」에 보면 주자는 "인(仁)이란 천지의 마음이며 동시에 천지생물의 마음이니 인간은 이러한 인(仁)을 얻어서 '심(心)'으로 삼았다"고 말했다. 같은 곳에서 계속해서 주자는 "아직 발하기 전에 마음에 사덕(四德)이 갖추어져 있지만, 오직 '인(仁)'만이 사덕을 포괄한다"라고 하였다. 그러므로 '인(仁)'은 천지만물이 생성하는 마음이며 모든 덕(德)을 포괄하는 최고의 덕(德)이다. 인간이 이것을 얻어서 심(心)으로 하였다. 퇴계가 '인설도' 아래에 붙인 주자의 인설(仁說)에서 말하기를 "아직 마음이 발동하기 전에 사덕(四德)을 구비하고 있는데 오직 '인'만이 사덕(四德)을 포괄하고 있다. 그러므로 인(仁)은 혼연히 전부를 함유하고 길러서 통괄하지 아니함이 없다. 이른바 '생의 성(性)'이며 '애(愛)의 이(理)'이며 '인(仁)의 체(體)'라고 하는 것이 그러한 것이다. 이미 발하였을 때에는 사단(四端)의 정이 드러나는데 여기서는 오직 측은(惻隱)의 사랑만이 사단(四端)을 관통하고 두루 관철하여 통하지 아니하는 바가 없다. 이것을 말하여 성(性)의 정(情)이며 애(愛)의 발동이며 인(仁)의 용(用)이라고 한다 未發之前 四德具焉 而惟仁則包乎四者 是以涵育以渾全 無所不統 所謂生之性 愛之理 仁之體也 已發之際 四端著焉 而惟惻隱則貫乎四端 是以周流貫徹 無所不通 所謂性之情 愛之發 仁之用也"[10]라고 하였다.

위와 같은 주장들을 근거로 퇴계와 주자의 관점을 분석해보면, 보편타당한 공도(公道)로서의 인(仁)은 천지조화와 만물생성의 섭리이며, 인간심성의 본질이라는 것이다. 바꾸어 말하면 인간심성의 본질이 '인(仁)'이라는 주장의 논리적 전제는 '천지조화와 만물생성의 섭리가 인(仁)이다'라는 형이상학적 명제다. 물론 퇴계와 주자는 기본적으로 동일한 관점에 서 있다. 주자와 퇴계는 천지자연의 섭리가 '인(仁)'이니까 인간성의 본질이 '인(仁)'이며, 또한 인간이 '당연히 행해야 할 길[當行之路]'인 공도(公道)가 '인(仁)'이라고 해석하고 이것을 또한 형이상학적 이론으로 전개하고자 하였다.

그리고 이러한 '인(仁)'은 오직 인간만이 '효제(孝悌)'와 같은 덕목을 실천할 때 체험할 수 있는 바와 같은 무조건적 사랑의 심정인 '측은지심(惻隱之心)'으로 체험된다고 보았다. 맹자가 말한 '측은지심(惻隱之心)'은 주자에 와서 우주와 인간을 포괄하는 최고의 보편적 가치원리로서 방대한 철학적 체계로 무장되었으며, 퇴계에 의해 이러한 주자철학은 더욱 심화되고 발전되었다. 한 마디로 주자와 퇴계가 말하는 '인(仁)'은 '천명(天命)에 의해 인간의 마음에 부여된 사랑의 이[心之正理]'[11]이면서 동시에 천지조화의 섭리다.

퇴계는 말하기를 "원래 성학(聖學)의 목적은 인(仁)을 찾는 데 있다. 모름지기 '인(仁)'의 뜻을 깊이 체득해야만 내가 천지만물과 한 몸임을 알 수 있다 蓋聖學在於求仁 須深體此意 方見與天地萬

物爲一體"[12]라고 하였다. 퇴계는 '인(仁)'의 현현(顯現)인 측은지심(惻隱之心)의 사랑을 깊이 체험하고 실행하면 바야흐로 천지만물과 일체가 되는 경지에 이른다는 것이다. 퇴계에 있어서 우주자연의 섭리는 측은지심(惻隱之心)이라는 '무조건적 사랑'이다. 춘·하·추·동의 조화와 만물생성·변화의 원리가 역시 '사랑의 측은지심(惻隱之心)'이라고 주자와 퇴계는 본다.

'천리의 공도에 따르는 것[循天理之公]'[13]이 '사랑의 측은지심(惻隱之心)에 따르는 것'이며 이것이야말로 인간을 인간적이게 하는 절대적인 인간적 가치임을 퇴계는 주장한 셈이다. 조선의 생활윤리의 뿌리가 되는 '효(孝)'도 부모와 자녀 사이에 사랑의 측은지심(惻隱之心)이 실현되는 것을 의미한다. 인간이 인간적일 수 있는 것은, 인간이 이러한 보편적 가치원리인 사랑의 측은지심(惻隱之心)을 실현할 수 있는 도덕적 존재일 수 있는 것으로 퇴계는 보았다. 인간이 어떻게 행동하는 것이 마땅한가라는 문제에 대한 퇴계의 이야기를 우리는 '사랑의 측은지심(惻隱之心)을 체인, 체득, 실행하는 것'이라는 말로 요약할 수 있다.

그렇다면 인간은 어떤 사회를 건설하는 것이 마땅한가? 퇴계의 관점에서 보면 사랑의 측은지심(惻隱之心)이 실현되는 도덕공동체야말로 마땅히 실현되어야 할 이상사회다. 퇴계는 이러한 사랑으로 나라를 다스린 요·순(堯舜)시대를 최고의 이상사회로 보고 요·순(堯舜)을 최고의 성인으로 생각하였다. 그의 삶과 그의 모든 학문적 활동은 요순과 같은 성인을 따르고자 하는 데에 있었다.

2. 이(理)와 기(氣) 그리고 측은지심(惻隱之心)

　모든 존재자들의 존재를 가능케 하는 근원성에 대한 물음은 퇴계에 있어서 인간의 행위를 가장 바람직하게 하는 원리가 무엇인가에 대해 해답을 주는 물음이 되어 있다. 왜냐하면 모든 존재자의 궁극적인 근원성은 동일하며 그러한 근원성은 또한 인간 행위를 규정하는 가치원리라고 퇴계는 보았기 때문이다. 모든 존재자의 궁극적 근원성인 바의 본연지성(本然之性)을 실현하는 것은 인간이 본래적 자기 소명을 실현하는 길이며 또한 천지와 합일(合一)할 수 있는 성인이 되는 길이라고 퇴계는 믿었다.

　그러면 모든 존재자의 존재를 규정하는 원리는 무엇인가? 퇴계는 주자학 정통에 입각하여 그것을 바로 '이(理)'와 '기(氣)'로 본다. 그는 '천명신도(天命新圖)'에서 인간과 만물이 이기묘응(理氣妙凝)으로써 이루어짐을 표시하였고, '답이굉중문목(答李宏仲問目)'에서 그는 "천하에 이(理) 없는 기(氣)가 없고 기(氣) 없는 이(理)가 없다"라고 했는가 하면, 다른 곳에서 "그런즉 무릇 만물이 이·기(理氣)를 받은 것"[14]이라는 말을 했다. 그리고 '이(理)'와 '기(氣)'가 모든 존재자의 존재를 계기 지움에 있어서 '이(理)'는 존재자의 성(性)을 규정하며 '기(氣)'는 존재자의 형질(形質)을 규정한다고 퇴계는 보았다.

　퇴계는 "주자가 말하기를 천지지간에 '이(理)'가 있고 '기(氣)'가 있다. '이(理)'는 형이상의 '도(道)'요, '기(氣)'는 형이하의 '기(器)'다"라고 하였다. '도(道)'는 만물을 생성하는 근본법칙으로서 이(理)를 의미하며, '기(器)'는 만물을 생성하는 질료로서 기(氣)이다. 따라서 퇴계는 "사람과 만물이 태어남에는 반드시 '이(理)'를 품수한 연후에 성(性)을 가지고 반드시 '기(氣)'가 품수된 연후에 형(形)을 가진다"[15]라고 하였다. 인간도 예외일 수 없다. 인간도 바로 이기합(理氣合)의 존재임을 퇴계는 전제하고 있다.[16] 인간과 만물의 현존을 규정함에 있어서 '이(理)'와 '기(氣)'는 서로 분리될 수 없는 것이지만 결코 서로 혼잡되어 섞일 수 있는 것도 아니라고 그는 주장하였다.[17]

퇴계는 주자학 정통에 따라 현존 존재자의 존재구조를 '이(理)'와 '기(氣)'라는 두 기본 개념으로 해석하였다. 이제 문제가 되는 것은 이기묘합(理氣妙合)의 모든 현존 존재자에 있어서 보다 근원적 의미를 가진 본질은 무엇인가라는 것이다. 이것은 바로 인간과 만물의 가치를 규정하는 보다 궁극적인 가치원리는 무엇인가 하는 문제다. 다시 말하면 인간의 삶과 우주만물의 생성에 있어서 가장 궁극적인 보편의 원리는 무엇인가 하는 문제다.

퇴계는 주자 말을 인용하여 "이(理)와 기(氣)는 반드시 다른 두 가지다. 단지 사물상에서 본다면 이(理)와 기(氣)가 혼륜(渾淪)하여 분개(分開)할 수 없지만, 만일 이(理)상에서 본다면 비록 사물이 있지 않다고 할지라도 이미 사물의 '이(理)'는 있다"[18]라고 말하고 다른 곳에서 또한 주자 말을 인용하여 "사물이 있기 이전에 먼저 '이(理)'가 있는 것은 군신이 있기 이전에 먼저 군신의 '이(理)'가 있고, 부자가 있기 이전에 먼저 부자의 '이(理)'가 있는 것과 같다"[19]라고 말하였는데, 이것으로 보면 현상적으로 '이(理)'와 '기(氣)'가 선후(先後)가 없지만 근원성에 있어서 '이(理)'가 '기(氣)'에 선재(先在)함을 퇴계가 말한 것이다.

비록 현상적으로 '이(理)'와 '기(氣)'가 '서로 떨어질 수 없어' 그 선후(先後)가 있을 수 없다고 할지라도 본원에 있어서만은 이선기후(理先氣後)를 주장하는 주자 관점을 퇴계는 철저히 계승했던 것이다. 퇴계는 현상 이전에 미연(未然)의 '이(理)'세계가 초월적으로 실재한다고 보았다. 퇴계는 이기묘응(理氣妙凝)의 현상계를 초월한 '천원권(天圓圈)'을 그의 '천명신도'에서 천명유행(天命流行)의 현상세계 밖에 표시하였다. 사물에 대하여 말할 때에는 '이(理)와 기(氣)는 서로 떨어질 수 없다'라고 말하면서도 현상계를 넘어선 본원의 세계에 있어서 그는 이선기후(理先氣後)를 긍정한 것이다.

퇴계는 '이기묘합(理氣妙合)'의 현상을 가능케 하는 가장 원초적 계기에 있어서 '이생기(理生氣)'의 관점을 긍정한 것이다. 그러므로 퇴계는 "지금 살피건대 공자와 주염계가 음양의 '기(氣)'는 이(理)태극이 생성시킨 것이라고 말하였는데, 만약 이(理)와 기(氣)가 본래 하나의 사물이라면, 태극 곧 양의(兩儀; 陰陽)라고 할 것이지 어찌 능히 '생(生)'하는 것이다고 하였겠는가?"[20] 라고 '이생기(理生氣)'의 관점을 말하였다. 즉, 본원에 있어서 태극, 즉 '이(理)'는 '기(氣)'에 앞서서 존재할 뿐만 아니라 그 자체 동(動)함을 퇴계는 긍정한다고 하겠다.

율곡은 퇴계가 '이선기후(理先氣後)'를 긍정함으로 이기호발(理氣互發)의 병에 걸렸다고 보았다. 율곡 자신은 "기(氣)가 아직 생겨나기 이전에 이(理)가 이미 존재한다는 것은 잘못이다 氣之未生也 只有理而已 此固一病也"[21]라고 단언함으로써 '이선기후(理先氣後)'를 부정하고 따라서 퇴계의 '이기호발설(理氣互發說)'을 반대하였던 것이다.[22]

율곡은 『주역』에 나오는 "변화무궁한 우주자연에는 태극이 있으니, 이것이 양의를 낳았다 易有太極 是生兩儀"라는 말에 대한 언급에서 "성현이 궁극적인 근본을 탐구하고 근원을 궁구한 이론은 다만 '태극이 음양의 근본이다'라는 주장에 불과하다 聖賢極本窮源之論 不過以太極爲陰陽之本"[23]라고 해석하였다. 또한 "태극이 동하여 양(陽)을 낳고 정하여 음(陰)을 낳는다 太極動而生陽 靜而生陰"라고 하는 주염계의 말을 해석하여, 태극, 즉 '이(理)' 가 음양 '기(氣)'의 추뉴(樞紐)가 된다는 의미이지 결코 '이(理)' 가 '무(無)'로부터 음양 '기(氣)'를 생성한다는 의미는 아니라고 말했다.[24] 퇴계와 율곡의 상이한 주장은 '생(生)'자에 대한 의미 해석의 차이에 기인하고 있다. 퇴계는 '생(生)'자의 의미를 글자 그대로의 의미, 즉 '낳다' 또는 '창조하다'라는 의미로 해석하는 데, 율곡은 '생(生)'자의 의미를 글자 그대로의 의미로 해석하는 것은 잘못이라는 관점에 서 있었던 것이다.

  퇴계는 본원(本源)에 있어서 '이선기후(理先氣後)' 내지 이동 (理動)을 긍정한다. 퇴계는 주자의 입장이 "천지가 아직 생겨나기 이전에 반드시 먼저 '이(理)'가 존재한다 未有天地之先 畢境是 先有此理"[25]라는 점에 있었다고 확신하였다. 본원의 세계가 드러나는 '이기합(理氣合)'의 인간심(人間心)에 있어서 '이(理)'와 '기(氣)'가 호동(互動)한다는 관점에 서 있는 퇴계는 주자 말을 인용하여 "'이(理)'에 동정이 있는 고로 '기(氣)'에 동정이 있는 것이다. 만약 '이(理)'에 동정이 없다면 '기(氣)'가 어찌 스스로 동정을 가지겠는가? 대개 '이(理)'가 동한즉 '기(氣)'가 따라서 생 (生)하고 '기(氣)'가 동한즉 '이(理)'가 따라 나타나는 것이다"[26] 라고 하였다. 퇴계는 기(氣)를 생겨나도록 한 이(理)의 본원처가 실재한다고 보므로 '이(理)와 기(氣)가 서로 떨어지지 않는다'라는 것을 넘어서서 '이(理)와 기(氣)가 서로 섞이지 않는다'라는 이기이물(理氣二物)의 원리를 강조하였다. 물론 주자도 이처럼 이(理)의 존엄성과 초월성을 긍정하였다.

  퇴계는 "이(理)를 궁구하며 본성을 다하여서 천명(天命)에 이른다 窮理盡性而至於命"[27]라는 것을 주장하며, 주자의 말 "덕을 높이고 덕행의 업적을 넓혀서 인간성의 근원이 되는 인(仁)의 이(理)를 회복한다 德崇業廣乃復其初"[28]를 강조했다. 더욱이 퇴계는 "이(理)는 기(氣)의 장수가 되며, 기(氣)는 이(理)의 병졸이 된다 理爲氣之帥 氣爲理之卒"[29]라고 하였다. 그는 천지조화와 만물생성・변화에 있어서 '이(理)'의 통수권을 강조한다. 퇴계는 형이하의 기(器)에 속하는 기(氣) 자체의 자의적(恣意的) '동(動)'을 긍정하는 동시에 "이(理)가 스스로 작용하는 고로 자연히 '양'을 생하고 '음'을 생한다"[30]라고 했다.

이처럼 퇴계는 주자가 말한 '이(理)'를 사물의 법칙인 동시에 활동하는 본원의 세계로 보았다. 특히 퇴계는 '천명신도'의 '심권(心圈)'에서 "사단은 이(理)의 발이며 칠정은 기(氣)의 발이다 四端理之發 七情氣之發"라고 명시함으로써 기고봉(奇高峯)의 비판을 받았고, 사후에는 "이(理)와 기(氣)는 서로 떨어지지 않으며 이(理)에는 작용이 없으나 기(氣)에는 작용이 있다"라는 입장을 고수한 율곡의 반론이 일어나 조선조 성리학은 크게 주리파(主理派)와 주기파(主氣派)로 대립하였다.

이상과 같이 "이(理)가 앞서고 기(氣)는 뒤따른다 理先氣後", "이(理)가 움직여서 기(氣)가 생겨난다 理動氣生", "이(理)는 장수이고 기(氣)는 졸병이다 理將帥氣卒", "이(理)는 형이상의 도이고 기(氣)는 형이하의 기(器)이다 理形而上之道 氣形而下之器", "사물이 있기 전에 사물의 이(理)가 있다 雖未有物而已有物之理", "사단(四端)은 이(理)의 발함이고 칠정(七情)은 기(氣)의 발함이다 四端理之發 七情氣之發"라는 등의 퇴계 주장들을 분석할 때, 우리는 그가 '이(理)'야말로 인간과 만물의 가장 본원적 원리이며, 근원성으로 규정하고 있다는 것을 충분히 알 수 있다.

퇴계는 「천명도설」의 '논천명지리(論天命之理)'에서 말하기를

"천(天)은 이(理)요 그 '이(理)'의 덕(德)이 넷이니 원·형·이·정(元亨利貞)이다. …… 고로 음양오행이 유행할 때에 이 네 가지는 만물을 명하는 근원이 되었다. 그래서 만물이 음양오행의 '기(氣)'를 받아서 형상을 가짐에 원·형·이·정의 이(理)를 갖추어 성(性)으로 삼지 않는 바가 없다"[31]라고 하고, 또한 같은 곳에서 그는 "하늘은 '이일(理一)'로서 만물에 명하니 만물은 각각 '하나의 일리(一理)'를 가진다"[32]라고 한다. 이러한 퇴계의 주장은 "태극이 곧 이(理)다 太極卽是理"라는 주자의 관점과 마찬가지로 태극의 개념을 '이(理)'로 해석하고, 태극의 '이(理)'가 우주만물 생성의 보편적 원리인 동시에 모든 만물에 고유한 본연지성이라는 말이다.

퇴계는 현상적으로 나타나는 모든 다양성을 '기(氣)'의 '다양함' 때문인 것으로 본다. 인간과 만물의 궁극적인 근원성은 '이일(理一)'로 동일하다는 것이다. 그는 말하기를 "이(理)는 '하나'이나 '기(氣)'는 만 가지로 다르다. 그러므로 '이(理)'를 궁구하면 만물을 합하여 성(性)을 하나로 같이 하고, 그 '기(氣)'를 논하면 만물이 나누어져 각각 다른 '하나의 기[一氣]'를 가진다"[33]라고 했다. 바로 태극의 '이(理)'가 우주의 본체라는 주자의 해석을 따르는 퇴계는 '이동기이(理同氣異)'를 말한다.

그러나 '이(理)'가 만물을 초월하여 실재하며, 동시에 만물에 내재하는 보편적 원리 내지 만물의 본래적 근원성이라고 할지라도 이것이 인간행위에 있어서 제약(制約)의 원리인 '경(敬)'과는 어떻게 해서 관계되는가? 존재의 원리인 '이(理)'와 행위의 원리인 '경(敬)'이 무엇 때문에 서로 관계되는가? 이것은 퇴계가 주자의 입장에서 존재의 본질을 바로 가치의 본질로 해석하기 때문이다. 퇴계는 '성즉리(性卽理)'를 '순수선(純粹善)' 그 자체로,

그리고 '기(氣)'를 '악(惡)'의 근원으로 보는 주자설[34]에 따라 본원인 '이일(理一)'을 가치의 근본원리로 파악한다.

퇴계는 '이(理)'를 만물의 근원성으로서 확신하는 동시에 순수절대선(絶對善)의 의미로 파악한 것이다. 이기묘합(理氣妙合)의 현상에 있어서 근원적인 본원의 세계로서 '무극이태극(無極而太極)'인 '이(理)'는 모든 만물이 이미 갖추고 있는 본연의 성(性)으로서 본질이며, 동시에 또한 순수선이며 그것은 우리 인간에게 측은지심정의 사랑으로 체험된다.

물론 이러한 퇴계의 관점은 주자학설의 계승이다. 주자는 "그 기질은 비록 선·악이 부동(不同)이라 말하겠지만, 그러나 근본으로 말하면 성(性)은 일찍이 불선(不善)함이 없다"[35]라고 하였다. 퇴계는 이와같은 주자 관점에 입각해 있다. 퇴계의 성리학에 있어서 존재의 원리인 '이(理)'가 바로 가치원리가 되어 인간에게 타인사랑으로 체험된다.

퇴계와 주자에 있어서 '이(理)'는 또한 필연적인 자연법칙인 동시에 마땅히 실현되어야 하는 당위법칙이다. '이(理)'는 '소이연지고(所以然之故)'인 동시에 '소당연지칙(所當然之則)'이 된다. 퇴계는 "천하의 사물들은 반드시 각각 '소이연지고(所以然之故)'와 '소당연지칙(所當然之則)'을 가지고 있으니 이것이 바로 '이(理)'다"[36]라는 주자설을 강조했다.

말하자면 '임금'이 마땅히 해야 하는 바의 당위법칙의 최고 전제인 인(仁)도 '이(理)'이며 동시에 '임금'이 마땅히 인(仁)하지 않으면 안 되는 인(仁)의 필연적 근거가 되는 원리도 이(理)라고 퇴계는 보았다.[37] 이와같이 퇴계의 '이(理)'는 자연법칙인 동시에 도덕법칙이다.[38] 이와같이 퇴계가 말하는 '이(理)'는 필연의 자연법칙인 동시에 '인(仁)'으로서 당위의 도덕률이다. 인(仁)이나 공경 등은 억지로 하는 것이 아니다. 인간의 마음이 천(天)에서 부여된 '이(理)'를 타고 났기 때문에 그렇게 할 수 있는 것이다. 그것은 천(天)에서 부여되었기 때문에 '소이연(所以然)'의 자연법칙이지만 인간 본성의 인(仁)을 실천하는 것은 '소당연(所當然)'의 도덕법칙이다. 퇴계에게는 이러한 본성을 실천하는 것이야말로 진정한 삶의 회복이다.

그리고 퇴계는 "소이연(所以然)을 아는 것은 '천(天)'을 아는 것이며 '이(理)'의 소종래(所從來)를 아는 것이다"[39]라고 한다. 이것은 필연의 원리인 '이(理)'가 사물의 성(性)으로서 사물에 내재하는 동시에 당위의 원리인 '인(仁)'의 측은지심(惻隱之心)으로 나타난다는 말이다. 퇴계의 '이(理)'는 능연(能然)의 원리이면서 필연법칙인 동시에 당위법칙이다. '능연(能然)'과 '필연(必然)'은 '이(理)'가 사물에 앞서서 있는 것이고, '당연(當然)'은 바로 사물에 나아가 그 '이(理)'를 말하는 것이고, 자연(自然)은 사물과 '이(理)'를 관통해서 말하는 것으로 퇴계는 보았다.[40]

다시 말하면, 사물에 있어서 '이(理)'는 사물의 본래적 성(性)이 되며, 그리고 '성(性)'은 존재자에 대하여 당위명령으로 나타나는 '인(仁)'이라는 의미이다. '인(仁)'의 측은지심(惻隱之心)은 천명(天命)으로서의 도덕법칙인 불변의 상(常)이며 강(綱)이다. 그러므로 퇴계는 "마땅히 해야 할 바를 아는 것이 곧 인간의 본성(本性)을 아는 것이다 知所當然是知性"[41]라고 주장하고 또한 "그 '이(理)'가 하나임을 아는 것은 '인(仁)'을 실행하게 하는 까닭이다 知其理一 所以爲仁"[42]라고 할 뿐만 아니라 "이(理)를 궁구하고 본성을 다하여서 천명(天命)에 이를 수 있다 窮理盡性而至於命"[43]라고 주장했다.

또한 퇴계는 앞에서 말한 것처럼 「천명도설」의 제1절 논천명지리(論天命之理)에서 천(天)을 곧 이(理)라 하고 그 이(理)의 덕(德)인 '원·형·이·정(元亨利貞)'의 사덕(四德)은 음양오행의 기(氣)가 유행할 때에 그 가운데에 있어서 만물을 명하는 본원(本源)이라고 하고 또 만물이 음양오행의 '기(氣)'를 받아서 형상으로 함에 원·형·이·정(元亨利貞)의 이(理)를 갖추어 성(性)으로 하지 않는 바가 없으며 천(天)의 이일(理一)이 만물에 명하여 만물은 각각 일리(一理)를 가지는 것으로 보았다. 이와같이 퇴계에 있어서 존재의 원리는 가치원리로 된다.

같은 곳에서 그는 계속 말하기를 "사덕(四德; 元亨利貞)과 오상(五常; 仁義禮智信)은 같은 하나의 이(理)로서 하늘과 사람이 모두 구별 없이 갖추고 있다. 그러나 성인과 어리석은 사람의 차이나 인간과 만물의 차이가 있는 까닭은 '기(氣)'가 그렇게 하기 때문으로 본다. 원·형·이·정(元亨利貞)의 본연이 그렇게 하는 것이 아니다. 그러므로 자사(子思)는 바로 '천(天)의 명한 바를 성(性)이라 한다'라고 하였는데, 그것은 대개 음양이기(陰陽二氣)와 오행(五行; 木火水金土) 간의 신묘한 결합의 본원으로서 사덕(四德)을 가리켜 말한 것이다"[44]라고 했다.

이와같이 퇴계가 말하는 '천즉리(天則理)'의 이(理)는 원·형·이·정의 자연법칙이며 생육(生育)의 원리이며 동시에 인간과 만물에 있어서 본원의 성(性)이 된다. 이 '성(性)'은 또한 인간에 대하여 명령으로 의식되는 불변의 도덕률인 바 인·의·예·지·신의 오상(五常)이다. 총괄해서 한마디로 말하면 '인(仁)'이라고 퇴계는 본다. 즉, 인간존재의 본성이 곧 순수선(純粹善)이라는 맹자 전통이 주자와 퇴계에 의해 우주론과 결부되어 철학적 체계를 구축한 것이다.

그리고 퇴계가 "원·형·이·정 '사덕(四德)'의 '이(理)'를 인

・의・예・지・신(仁義禮智信)의 '오상(五常)'으로 하고 음양오행의 기(氣)를 기질로 해서 인간의 '심(心)'은 이것들을 갖추고 있다"⁴⁵⁾라고 한 것 역시 우주론을 대전제로 해서 인간의 본질과 인간적 가치를 논증한 것으로 볼 수 있다. 다시 말하면 퇴계에 있어서 인성(人性)은 그 자체가 인・의・예・지의 덕(德)을 본래적으로 갖추고 있는 불변의 도덕법칙이며 그 본체는 '이(理)'이다.⁴⁶⁾

퇴계는 『성학십도』에서 주자의 「소학제사(小學題辭)」를 인용하여 "원・형・이・정(元亨利貞)은 '천도지상(天道之常)'이요, 인・의・예・지는 '인성지강(人性之綱)'이니 무릇 이것이 그 원초에는 불선(不善)함이 없었다"⁴⁷⁾라고 말하고, 또한 주자의 「인설(仁說)」을 인용하여 "사람이 '심(心)'에 그 덕으로 하는 바를 또한 네 가지 가지고 있는 바, 곧 인・의・예・지인데 이 중에서도 '인(仁)'은 그 전부를 포함한다"⁴⁸⁾라고 주장하였다. '인(仁)'이야말로 모든 가치를 포괄하는 최고의 가치원리로서 만물생성의 원리이며, 인간의 '심(心)'이 선천적으로 갖춘 최고의 덕성이라는 말이다.

퇴계는 위와 같이 주자설을 바탕으로 해서 그의 윤리사상의 체계를 확립하고자 하였다. 그의 윤리사상체계는 『성학십도』에 가장 잘 체계적으로 표현되어 있다. 제1 '태극도'에서 퇴계는 "우주의 생성원리와 그 구성원리를 나타내고 우주의 일체 만물에는 모두 태극의 '이(理)'가 갖추어져 있고, 만물은 태극의 '이(理)'에 있어서 하나의 원리로 결부되어 있다는 것을 밝혔다. 그래서 인간에게 부여된 태극의 '이(理)'는 곧 순수지선의 본성이며, 이것을 완전히 실현하면 성인이 되어 물아일여(物我一如), 천인합일(天人合一)의 경지에 도달할 수 있다는 것을 밝혔다."49)

　제2 '서명도(西銘圖)'의 도설에서 퇴계는 근원성에 있어서는 물아(物我)가 일체로 하나되는 이일(理一)의 원리에 결부되어 있지만, 현상계에 있어서는 천차만별이 있지 않을 수 없는 분수(分殊)의 원리로 보고, '이일(理一)'만을 보는 무차별 평등주의, 겸애주의에 빠지지도 아니하고 이분수(理分殊)의 차별적 현실만을 보는 이기주의, 개인주의에도 빠지지 않는 '인(仁)'의 도덕원리의 구조를 밝혔다.50) 바꾸어 말하면 부모에 대한 무조건적 순수사랑의 측은지심(惻隱之心)인 '효(孝)'나 형제 간의 측은지심(惻隱之心)의 발현인 '제(悌)'와 같은 구체적인 생활덕목을 스스로 실현하므로 우주의 섭리인 '인(仁)', 즉 '이(理)'에 귀의할 수 있는 원리에 대해 퇴계는 장횡거(張橫渠)의 「서명」을 『성학십도』에 가지고 와서 밝혔던 것이다.

　그리고 제6 심통성정도(心統性情圖)에서 그는 인간의 '심(心)'이 '이(理)'를 품수하여 도덕법칙인 인·의·예·지(仁義禮智)의 '사덕(四德)'을 본래적 성(性)으로 갖추고 있어서 사물에 감(感)하여 움직일 때에 '사단(四端)'의 정(情)이 됨을 밝히고, '악(惡)'의 발단이 성(性)본체에 있는 것이 아니라 기질에 근거함을 나타내었다. 제7 인설도에서 그는 '인(仁)'의 체용(體用) 양면적 의미가 가지는 구조를 밝혔다.

　이러한 퇴계사상을 음미할 때, 칸트의 도덕철학원리와 부분적으로 거의 비슷한 점을 발견할 수 있다.51) 칸트는 도덕의 근본법칙이란 경험적 사실이 아니라 선천적인 보편적 법칙으로 순수이성만이 가지고 있는 유일한 사실이라고 하였고,52) 또한 이러한 도덕법칙은 인간존재에게 명령의 형식으로 의식됨을 말하였다.53) 인의예지(仁義禮智)란 인간이 선천적으로 본유한 순수지선지성(純粹之善之性)으로서 천명(天命)이며 그것은 또한 인성지강(人性之剛)으로서 인류의 상도(常道)라고 보는 퇴계의 관점과 그리고 위의 칸트사상을 비교해볼 만하다. 칸트도 이처럼 퇴계와 마찬가지로 도덕법이 인간에게 무조건적 명령의 형식으로 의식되는 것으로 파악하였다.

퇴계는 이평숙(李平叔)에게 보내는 서신에서, "인심이 도심으로부터 명령을 들을 수 있다"[54]라고 말하였다. 그는 글 여러 곳에서 『중용』의 '천명지위성(天命之謂性)'이라는 말을 강조한다. 뿐만 아니라 「천명도설」의 '논존성지요(論存省之要)'에서 "사람이 하늘에서 명(命)을 받으매 사덕(四德)의 이(理)를 갖추게 되었다 人之受命于天也 具四德之理"[55]라고 하여, 인·의·예·지 사덕(四德)의 '이(理)'는 명령의 형식으로 인간에게 선천적으로 내재함을 강조하였다. 이러한 논거에서 볼 때, 퇴계는 인·의·예·지의 성(性)인 도덕률이 우주론적으로는 천지조화와 만물생육의 섭리라고 보았다. 그러나 인간에 대해서는 천부(天賦)의 명(命), 즉 선천적인 무조건적 명령의식으로 체험되는 측은지심(惻隱之心)과 또한 이것을 포함한 사단지정(四端之情)으로 보았다.

퇴계와 칸트는 모두 도덕법 그 자체가 인간에게 의식되는 형식이 명령어의 형식을 가진다고 보았다. 퇴계의 '이(理)'는 우주의 본체로서 존재자의 근원성이 되는 본질인 동시에 인간에게 선천적으로 주어진 순수지선한 성(性)이며, 또한 인(仁)이다.[56] 이 '인(仁)'은 인간에 대해 명령형식으로 의식되는 무조건적 사랑의 심정인 바 곧 측은지심(惻隱之心)이라는 보편적 가치심정으로 체험된다.

그런데 인간만이 왜 이러한 '이(理)'의 도덕법칙을 의식할 수 있는가? 더욱이 인간이 무엇을 근거로 이러한 도덕법이 인간에 내재함을 확증할 수 있는가? 인간만이 왜 행위의 원리를 스스로 물으며 행동할 수 있는 존재인가? 왜 인간만이 '인(仁)'의 측은지심(惻隱之心)을 체험하고 실천할 수 있는 윤리적 존재일 수 있는가?

3. 이발(理發)의 윤리적 존재로서의 인간

퇴계는 주자와 마찬가지로 인간과 만물을 이기묘합(理氣妙合)의 존재로 본다. 주자설에 의하면 인간과 만물이 모두 이(理)를 본연의 성(性)으로 갖추고 있지만, 이 '성(性)'을 담고 있는 구체적 형질은 기(氣)의 차이에 따라 천차만별을 이룬다고 보았다.[57] 그렇다면 무엇 때문에 인간만이 유일한 윤리적 존재일 수 있는가?

퇴계는 천지의 만물이 이기(理氣)를 품수함에 있어서 이(理)인 바의 오성(五性)을 본연성으로 함에는 차이가 없지만, '기(氣)'의 차이에 따라 오성의 도덕법이 통하여 나타나는 존재도 있고, 꽉 막혀버린 존재도 있다고 생각했다. 또한 퇴계는 인간만이 '기(氣)'의 정(正)을 얻어 그 기질이 통하고 또한 밝으니, 완전히 천명(天命)인 오성의 도덕법에 통하고 또한 밝다고 보았다.[58] 그는 인간만이 '오성방통(五性旁通)'의 존재라는 것을 '천명신도(天命新圖)'에 표시해 두었다. 오성(五性)의 도덕법을 인간만이 완전히 그대로 직접 의식할 수 있다는 관점에서 '천명신도'에 인간의 '심(心)'을 '천명권(天命圈)'과 같이 '흰색'으로 둥글게 표시해 두었다.[59]

위와 같은 퇴계의 관점과 마찬가지로 원·형·이·정(元亨利

貞)의 '이(理)'세계가 천명으로서 인간의 '심(心)'에 성(性)으로 내재하여 인·의·예·지의 도덕법으로 나타남을 명시한 권양촌(權陽村)의 입장도 모두 주자사상에 입각하고 있다. 인간적일 수 있는 가치의 근거를 '오성(五性)'의 덕에 두고, 이것을 알고 실현하는 것이야말로 인간이 자기 존엄성을 실현하는 것으로 보는 퇴계는 학문의 목적도 인간성을 밝혀 이것을 실천하는 데에 두었던 것이다.

그에 의하면 천명(天命)의 오성(五性)이 자기에게 갖추어져 있음을 능히 알아서 그 도덕법을 높여 이것의 극치를 믿고 따르면, 인간은 본래적 자기의 존귀함을 잃지 않는다. 퇴계는 참으로 이렇게 하는 것이야말로 인간이 자기의 사명을 실현할 수 있는 것으로 보았다. 뿐만 아니라 이렇게 하면 천지조화에 참여하여 화육(化育)을 돕는 공(功)이 지극히 크다고 하였다. 특히 퇴계는 "능히 안다 能知"라고 하며, "가히 여기에 이를 수 있다 可以至之矣"라고 한다. 도덕법에 대한 지(知)와 행(行)이 인간에 의해 이루어질 수 있음을 말한다.

따라서 그는 인간이 본연의 덕성을 존귀하게 해서 자신의 존귀함을 잃지 않으면, 가히 천지창조의 섭리인 '이즉인(理卽仁)'에 귀일할 수 있는 위대한 존재가 될 수 있다고 본 것이다. 퇴계는 인간만이 "이(理)를 궁구하고 본성을 다하여서 천명(天命)에 이를 수 있는 窮理盡性而至於命"[60] 존재라는 전제에서 인간만이 윤리적 존재일 수 있고 또한 인간만이 존엄한 존재일 수 있다고 보았다.

율곡도 퇴계와 마찬가지로 인간만이 윤리적 존재일 수 있음을 말한다. 즉, 율곡도 인간만이 기(氣)의 '정(正)'과 '통(通)'을 얻어서 수양 가능한 윤리적 존재일 수 있다고 주장하였다.[61] 그런데 비록 수양의 목표는 이처럼 서로 동일하다고 할지라도 그 수양방법 면에서는 퇴계와 율곡이 입장을 달리한다. 퇴계는 '궁리진성(窮理盡性)'과 '존덕성(尊德性)'을 강조하였지만, 율곡은 기(氣)의 검속(檢束)을 통한 '기(氣)의 본연에 복귀 復其氣之本然'를 강조하였다.[62]

율곡은 무위(無爲)의 이(理)는 그 자체가 순선(純善)하기에 이(理)의 수양이란 있을 수 없다고 주장한다.[63] 율곡은 심(心)에 있어서 이발(理發)을 주장하는 퇴계의 주장에 반대하여 '천지(天地)'와 '심(心)'을 일관해서 기발(氣發)만을 고수하였다.

퇴계는 인간만이 선천적으로 본유한 오성의 도덕법에 밝게 통하여 이것에 순종할 수 있는 '오성방통'의 존엄한 윤리적 존재라고 보았다. 그래서 그는 '천명신도(天命新圖)'에서 천(天)과 지(地)를 북(北)과 남(南)에 두고 그 가운데 인간의 위치를 잡아서 인간이 천지와 더불어 인(仁)을 실현할 수 있는 존귀한 존재임을 나타내었다.

인간의 존엄성을 긍정하는 퇴계의 입장은 칸트의 윤리사상에서도 발견할 수 있다. 칸트는 인간에게 선천적으로 주어진 도덕법은 신성하다고 보며, 자연인과율에 독립해서 도덕법에 스스로 복종할 수 있는 인간존재의 능력을 인격성이라고 말한다.[64] 도덕법이 인간에게 선천적인 것이며, 동시에 인간에게 밝게 직접 의식될 뿐만 아니라 인간이 이러한 도덕법에 순종할 수 있는 윤리적 존재라는 의미에서 인간의 신성함을 주장하는 칸트의 관점은 확실히 퇴계의 입장과 비슷하다.

그러면 인·의·예·지의 본연지성이 인간존재의 어떠한 구조를 통해서 인간에게 내재하며, 또한 도덕법으로서 직접 의식되는가? 퇴계는 "성(性)이란 심(心)의 이(理)이며, 정(情)이란 심

(心)의 움직임이다 性者心之理 情者心之動"⁶⁵⁾라는 주자의 입장을 기본 관점으로 하여 '성(性)'을 논한다. 즉, 퇴계는 '성(性)'이란 하나의 사물이 아니라 인간의 중심에 갖추어진 '이(理)'라고 본다. 퇴계는 인간의 심(心)이 이(理)의 사덕(四德)을 모두 갖추고 있으면 바로 '성(性)'이라는 것이다. 그러므로 그는 "인(仁)은 심(心)의 바른 이(理)다 人是心之正理"⁶⁶⁾라고도 하며, 앞에서 말한 바와 같이 주자의 말을 인용하여 "사람의 마음에는 덕이 네 가지가 있으니 이른바 '인·의·예·지'다. 그런데 '인(仁)'이 그 나머지 모두를 포괄한다 人之爲心 其德亦有四 曰仁義禮智 而仁無不包"⁶⁷⁾라고도 했다. 그런데 '이(理)'나 '성(性)'은 형상도 자취도 없다. 그렇다면 어떤 방식으로 '심(心)'에 구유되어 있는가? 퇴계는 '이(理)'가 '심(心)'에 담겨 실려 있는 것이 바로 '성(性)'이라고 보고 '성(性)'은 '심(心)'을 통해서 발용(發用)하니 발용된 것을 '정(情)'이라고 한다.⁶⁸⁾

'성(性)'이란 '사단지리(四端之理)'로서 인간의 '심(心)'에 갖추어져 있다. 퇴계는 말하기를 "심(心)은 적연부동하여 '성(性)'이 되니 성(性)은 '심(心)'의 본체이다. 감이수통(感而遂通)하여 '정(情)'이 되니 정(情)은 '심(心)'의 작용이다 故其心寂然不動爲性 心之體也 感而遂通爲情 心之用也"⁶⁹⁾라고 했다. 퇴계는 주자가 말한 '성이 발하여 정이 된다 性發爲情'⁷⁰⁾라는 것을 글자 그대로의 의미로 해석하였다. 다만 '성발위정(性發爲情)'의 현상은 인간의 '심(心)'을 통해서만 가능한 것으로 파악한다. '성(性)'은 '심(心)'을 통하지 않고서는 그 자체가 능히 동할 수 없다는 주장이다.⁷¹⁾

율곡은 '이(理)에는 작용이 없으나 기(氣)에는 작용이 있다 理無爲而氣有爲'라는 것을 대전제로 하여 '성이 발하여 정이 된다 性發爲情'라는 것도 그 진의는 '기(氣)가 발하고 이(理)가 그것을 탄다 氣發而理乘'라는 의미라고 주자의 글을 해석한다.[72] 이러한 문제는 결국 '호발(互發)'의 시비(是非)문제를 일으켰다. 하여튼 퇴계는 인간만을 오성감동(五性感動)의 존재로 규정하고, 또한 성발(性發)의 입장에서 이기호발(理氣互發)을 주장하였다. 퇴계의 이러한 분석은 물론 주자사상을 바탕으로 하고 있다. 그러나 비록 오성(五性)의 도덕법이 심정의 방식으로 나타난다고 할지라도 무엇을 단서로 이것을 확증할 수 있는가?

퇴계는 말하기를 "측은(惻隱)과 수오(羞惡)와 사양(辭讓)과 시비(是非)의 심정은 무엇을 따라서 발하는가? 인·의·예·지의 '성(性)'을 따라서 발한다 惻隱羞惡辭讓是非 何從而發乎 發於仁義禮智之性焉爾"[73]라고 하였다. 인간의 심정현상에 측은, 수오, 사양, 시비의 사단지정(四端之情)이 보편적 사실로 바로 의식되는 것으로 보아서 인간의 '심(心)'은 인·의·예·지의 도덕법을 선천적으로 본유하고 있다는 것이 확증된다는 말이다. 이러한 관점에서 퇴계는 "인의예지의 성(性)이 순수본연 그대로 심중에 있으니 사단(四端)은 그 근거이다 仁義禮智之性 粹然在中而四者其端緖也"[74]라고 하였다.

물론 인(仁)은 사덕(四德)을 포괄하는 최고의 덕이며, 측은은 사단(四端)을 포괄하는 최고의 가치심정이다.[75] 여기에서 말하는 측은지심(惻隱之心)은 이미 앞에서 언급한 바와 같이 무조건적인 순수사랑의 심정을 말한다. 주자와 퇴계에 있어서 인(仁)은 바로 '애지리(愛之理)'이며, 측은지심은 '애지발(愛之發)'이다.[76] 참으로 주자에 있어서 인의 본질은 순수사랑이다.[77] 그러므로 주자는 인(仁)을 '심지덕(心之德)' 또는 '애지리(愛之理)'라고 정의하였다.[78] '애지리(愛之理)'란 '미발(未發)'의 사랑

(愛)'을 의미하는 것으로 해석할 수 있다.[79] 주자에서의 '인(仁)'은 바로 '애지리(愛之理)'로서 '미발의 사랑'이다.

퇴계는 주자의 인설도사상을 성학(聖學)의 정수로 생각하였다. 특히 그는『성학십도』의 인설도에서 주자 말을 인용하여 인(仁)의 심(心)에 대해 "효도로써 부모를 섬기고 공손함으로써 형을 대하며 '너그러움[恕]'으로써 사물에 미친다고 하면 또한 '어진 마음[仁心]'을 행하는 바이다. 그렇다면 '어진 마음'이란 어떤 마음인가? 그것은 천지에 있어서는 만물을 생성하는 마음이요, 사람에 있어서는 이웃을 사랑하고 만물을 이롭게 하는 마음이니, 사덕(四德)을 포괄하고 사단(四端)을 일관하는 마음이다"[80]라고 설명하였다.

이러한 설명에서도 인(仁)이란 우주자연의 섭리인 동시에 무조건적 순수사랑의 측은지심(惻隱之心)으로 체험되는 '애지리(愛之理)'로 보는 퇴계의 관점을 파악할 수 있다. 즉, 부모를 만나서 기뻐하며 상(喪)을 당하여서 슬퍼한다는 사실은 '인(仁)인 바의 이(理)가 인간의 심(心)에 본연지성으로 갖추어져 있으면서 발한다'라는 주장의 논거가 된다고 보았다. 퇴계는 측은지심(惻隱之心)과 같은 사단(四端)의 심정이 일어난다는 사실을 근거로 인간만이 오성의 도덕법을 실현할 수 있는 윤리적 존재일 수 있다고 강조한 것이다.

그러나 오성의 도덕법이 오직 '심(心)'을 통해서만 사단지정(四端之情)으로 체인(體認)될 수 있다면, '심(心)'이야말로 인간존재를 인간적이도록 규정하는 근본요소라고 할 수 있다. 그렇다면 과연 '심(心)'의 구조와 기능은 어떠한가?

4. 심성정의(心性情意)와 이기호발(理氣互發) 및 선악(善惡)

퇴계는 '심(心)'을 이기이원(理氣二元)의 묘용(妙用)으로 보는 주자설을 고수하였다.[81] 물론 주자는 "성은 태극과 같고 심(心)은 음양과 같다 性猶太極也 心猶陰陽也"라고 하는 바와 같이 '심(心)'을 '기(氣)'로 말하기도 하였다.[82] 특히 율곡은 "심(心)의 허령과 지각은 하나일 뿐이다 心之虛靈知覺一而已矣"라는 주자의 말을 중요한 논거로 삼아 '심일(心一)'이며 '심기(心氣)'임을 주장하였다.[83] 이와는 달리 퇴계는 모든 존재자가 이기합(理氣合)인 것처럼 '심(心)'도 '이기합(理氣合)'이라고 보았다.[84] 그는 이러한 입장에서 이기호발설(理氣互發說)을 변증하였다.

『성학십도』 심통성정도(心統性情圖)중 그 자신이 직접 그린 '중도(中圖)'와 '하도(下圖)'에서 이기(理氣)를 합하고 그리고 성정(性情)을 통괄한 존재가 심(心)인 것을 뚜렷이 표현하였다.[85] 퇴계에 있어서 인간의 '심(心)'은 '이기(理氣)의 집'이다. 퇴계에 의하면 '심(心)'의 '이(理)'는 인(仁)의 도덕률이 되며, '심(心)'의 '기(氣)'는 '인(仁)'의 도덕률을 담고 있는 '심(心)'의 기질을 이룬다는 것이다.[86]

그렇다면 인간과 만물이 모두 '심(心)'의 구조처럼 이기묘합(理氣妙合)의 존재임에도 불구하고 오직 인간의 '심(心)'에서만 오성(五性)의 최고덕인 '인(仁)'이 도덕률로서 발현될 수 있는 이유는 무엇인가? "성(性)을 논함에 '이(理)'가 '기(氣)' 가운데에 있다"[87]라는 퇴계의 관점은 모든 존재자에게 적용되는 존재원리다. 그러면 왜 인간의 심(心)에서만 성(性)이 발용하여 사단(四端)의 정(情)으로 될 수 있는가?

여기에 대하여 퇴계는 '심(心)'의 기(氣)와 그 질(質)의 문제로 본다. 인간의 '심(心)'은 음양기(陰陽氣)와 오행기질의 빼어남을 얻은 '허령한 존재[靈]'라는 것이다. 따라서 퇴계는 「천명도설후서(天命圖說後敍)」에서 '천명신도(天命新圖)'의 '심성권(心性圈)'을 설명하면서, "심성(心性)의 권(圈)이란 곧 주염계가 오직 인간만이 그 빼어남을 얻어서 가장 신령스러운 존재라고 말한 것을 나타낸다. '신령스러운 존재'는 '심(心)'을 말한다. ⋯⋯ 여기서 말하는 '빼어남'이란 기(氣)와 질(質)에 있어서의 빼어남이라는 뜻이다. 오른쪽 질음(質陰)은 소위 형체가 이미 생겼다는 것이며, 왼쪽의 기양(氣陽)이란 소위 정신이 지각을 일으킨다는 것이다. '성(性)'이 발하여 '정(情)'이 된다고 하고 '심(心)'이 발하여 '의(意)'가 된다고 하는 것은 바로 오성(五性)이 감동하여 발함을 말한다 心性之圈 卽周子所謂惟人也得其秀而最靈者也 靈者心也 ⋯⋯ 秀者氣與質也 右質陰之爲卽所謂形旣生矣者也 左氣陽之爲旣所謂神發知矣者也 性發爲情心發爲意 旣五性感動之謂也"[88] 라고 하였다.

또한 퇴계는 『성학십도·심통성정도설』에서 정복심(程復心)의 말을 인용하여 "이른바 '심(心)'이 성정(性情)을 통괄하였다는 것은 사람이 '오행(五行)'의 빼어난 것을 받아 태어났고, 그 빼어난 '오행(五行)'에 오성(五性)이 갖추어지고, 그 '오성(五性)'이 움직이는 데서 '칠정(七情)'이 나옴을 말한다. 무릇 '성(性)'과 '정(情)'을 통회(統會)하게끔 하는 것이 곧 '심(心)'이다 所謂心統性情者 言人稟五行之秀 以生於其秀而五性具焉 於其動而七情出焉 凡所以統會其性情者則心也"[89]라고 하였다. 바로 '심(心)'이란 '이기(理氣)'를 겸하며 '성정(性情)'을 총괄하며 인간육체를 주재한다고 보았다.

그런데 인간의 '심(心)'이 인·의·예·지의 성(性)을 본체로 하여 감이수통(感而遂通)한다면 비도덕적 행위는 어떻게 해서 있을 수 있는가? '악(惡)'의 현상을 어떻게 설명할 것인가? 선·악 갈등의 문제를 규명함에 있어서도 퇴계는 역시 주자설을 바탕으로 하였다. 주자는 '심(心)'을 우리 육체의 주재자로 보면서 그것을 순선(純善)한 것으로 생각하지는 않았다. 퇴계도 이러한 주자의 관점에서 선악문제를 분석하였다.

주자와 마찬가지로 퇴계는 선·악의 갈등이 오직 기(氣)의 작용 때문이라고 보았다. 그는 '심(心)'이 사물에 감(感)할 때 오성의 '이(理)'가 발현하여 '기(氣)'가 이것에 순(順)하면 '선(善)'이고, '기(氣)'가 가리워 '이(理)'가 숨겨지면 '악(惡)'이 된다고 보았다. 또한 퇴계는 칠정(七情)의 '선악지분(善惡之分)'을 설명하여 "이른바 기질이라는 것은 본연의 성이 아니기 때문에 거기에서 발하는 칠정(七情)은 사악한 데로 흐르기 쉽다 所謂氣質者 非本然之性 故其所發七情 易流於邪惡"[90]라고 하고, 또한 "칠정(七情)은 기(氣)가 발하매 이(理)가 기(氣)를 탈 경우는 불선(不善)한 것이 아니다. 만약 기(氣)가 발하여 중절(中節)하지 못하고 그 '이(理)'를 멸할 경우는 방일하여져 악이 되어버린다 七者之情 氣發而理乘之 亦無有不善 若氣發不中 而滅其理 則放而爲惡也"[91]라고 하였다.

퇴계는 이(理) 그 자체는 순수선으로서 본연지성이지만, 기(氣)와 섞임으로 인하여 불순해져서 성(性)의 본연의 '선(善)'이 실현되지 않는 경우를 '악(惡)'이라고 하였다. 퇴계에 있어서 악(惡)은 순선무잡의 본연성 그 자체를 실현하지 않는 것, 즉 '이(理)'를 따르지 않고 '기(氣)' 그 자체의 방자함을 의미한다고 하겠다.

여기에 한 가지 주목해야 할 점은, 퇴계가 선·악을 논함에 있어서 '기질'과 '본연'을 대립시켜 사색하고 있다는 사실이다. 퇴계는 인심(人心)·도심(道心)을 칠정(七情)과 사단(四端)으로 분속시켰다. 그리고 인심·도심을 논하여 "실은 형기(形氣)에서 발생되면 모두 인심이 없을 수 없게 되고, 성명(性命)에 근원하면 도심을 이루게 된다 實以生於形氣 則皆不能無人心 原於性命 則所以爲道心"[92]라고 하였다.

이와같은 논법을 분석해볼 때, 퇴계는 오성(五性)에서 발한 이발(理發)의 심동(心動)인 사단지정(四端之情)과 외물이 형체의 기질에 감촉되어 '심(心)'이 동(動)한 기발(氣發)의 칠정(七情)으로 나누어 사색하였다. 그러니까 퇴계는 심정(心情)현상을 이기호발(理氣互發)로 본다.

율곡은 "이(理)는 무위하나 기(氣)는 유위하다 理無爲而氣有爲"라는 법칙과 "이(理)와 기(氣)는 서로 떨어지지 않는다 理氣不相離"라는 법칙을 전제로 "오직 기(氣)가 발하여 이(理)가 이것을 탄다 氣發理乘一途"라고 주장하여 퇴계의 호발설(互發說)을 비판하였다.[93] 그는 "퇴계의 병통은 오로지 '호발(互發)' 두 글자에 있으니 애석하도다 退溪之病 專在於互發二字 惜哉"[94]라고 하였다. 그러나 퇴계는 본원론(本源論)에 있어서 "태극이 이미 갈라져 이에 동(動)하니 양이 된다 太極已判 而動爲陽"[95]라고 하며 '태극동(太極動)'을 긍정하는 것과 마찬가지로 심발(心發)에 있어서 오성(五性)의 도덕법 그 자체의 '발(發)'인 '이발(理發)'을 주장하였다.

이처럼 퇴계는 본원권(本源圈)과 심권(心圈)에 있어서 이동(理動)을 긍정하였다. 그는 '심권(心圈)'에 있어서 오성의 도덕법인 '이(理)' 그 자체가 스스로 발(發)한다고 보았다. 이것은 마치 칸트Kant가 순수이성의 선천적 자기형식 그 자체가 실천적일 수 있음을 긍정하는 관점[96]과 흡사하다. 그러나 '심권(心圈)'이나 '본원권(本源圈)'의 신묘한 이(理)를 우리가 정확하게 표현하기에는 언어가 빈곤함을 느낀다. 오히려 이러한 영역은 사색의 대상일 뿐이며, 체험의 대상일 뿐이다. 퇴계는 지경(持敬)을 통한 이발(理發)의 인애(仁愛)의 체험과 실천을 강조한 성리학자이다.

 선과 악에 대한 개념의 정의도 퇴계는 '이기호발(理氣互發)'의 관점에서 정의하였다. '선(善)'이란 '이(理)가 발하고 기(氣)가 그것을 따르는 것 理發而氣隨之'이니, 즉 '이(理)가 드러나고 기(氣)가 그것을 따르는 것 理顯而氣順'이요, 또한 '기(氣)가 발하고 이(理)가 그것을 타는 것 氣發而理乘之'이니, 즉 '기(氣)가 발하여 모두 절도에 들어맞는 것 氣發而皆中節'이다. 반면 '악(惡)'이란 '이(理)가 발하나 기(氣)가 그것을 덮어버리는 것 理發而氣揜之'이니, 즉 '기(氣)가 가리고 이(理)가 숨겨지는 것 氣揜而理隱'이요, 또한 '기(氣)가 발하여 절도에 들어맞지 못하매 그 이(理)를 멸하게 되는 것 氣發不中節而滅其理'이니, 즉 '기(氣)가 발하나 이(理)가 그것을 타지 않는 것 氣發而無理之乘'으로 보았다.

 퇴계의 관점에서 보면 인간의 심(心) 그 자체가 이기(理氣)의 합이므로 인간은 언제나 선·악이 대립하며 갈등하는 존재가 된다. 그런즉 천리·인욕(天理人欲)의 판가름이나 중절·부중절(中節不中節)의 나누어짐은 바로 '심(心)'의 주재(主宰)와 부주재(不主宰)에 있다고 퇴계는 말하였다.[97] 오성(五性)의 천리지공(天理之公)에 따를 것인지 아니면 형기(形氣)의 인욕지사(人欲之私)에 따를 것인가의 문제란 '심(心)'의 구조가 그러하기 때문이다.

그러면 도대체 '심(心)'의 기능이란 무엇인가? 퇴계에 있어서 '심(心)'은 '사물에 감동하여 움직이는 感於物而動' 상황에 처하여 끊임없이 판별하고 사려하며 선택하지 않으면 안 되는 성정(性情)의 총괄자요, 한 몸의 주재자며 선·악의 지각자다. 물론 이러한 논법에는 주자의 "마음의 허령과 지각은 하나일 뿐이다 心之虛靈知覺一而已矣"라는 주장이 중요한 전제가 되어 있다.

 퇴계는 또한 심발의(心發意)를 말하고 사려염려(思慮念慮)와 같은 종류가 모두 '의(意)'에 속한다고 보았다.[98] 그렇다면 '의(意)'란 무엇인가? 그는 "정(情)의 발(發)에 있어서 이모저모 숙고하고 헤아려서 이렇게도 주장하고 저렇게도 주장하는 것이 바로 의(意)다"[99]라고 말하였다. 이렇게 되면 결국 인간이 오성의 도덕법에 따를 것인지 아니면 형질(形質)의 사욕(私欲)에 따를 것인가의 문제는 의지의 결단에 달렸다고 하겠다.

 퇴계는 「천명도설」의 '논의기선악(論意幾善惡)'에서 말하기를 "의(意)란 '심(心)'이 발한 것으로서 또한 '정(情)'을 끼고 좌지우지하니, 혹은 천리(天理)의 공평함[公]을 따르기도 하고, 혹은 인욕의 사심(私心)을 따르기도 하니, 선·악의 나누어짐이 이것으로 말미암아 결정된다"[100]라고 하였다. 인간행위의 선·악이 바로 의지의 결단에 달려 있다는 말이다. 그리고 인간이 윤리적 존재일 수 있는 결정적인 계기는 의지의 결단에 있다는 말이다. 이러한 퇴계의 관점은 도덕의 본질적 요소는 결단에 있다고 하는 '해어R. M. Hare'의 주장과도[101] 맥이 닿음을 볼 수 있다.

 뿐만 아니라 이상과 같은 논법에서 우리는 의지를 규정하는 원리로서 퇴계가 '이(理)'와 '기(氣)'라는 두 요소를 대립시켜 사색했음을 볼 수 있다. 여기에서 퇴계의 '이(理)'가 '심(心)' 그 자체에 선천적으로 갖추어진 도덕률로 사색되었다면, '기(氣)'는 칸트용어로써 표현하면 '경험적 질료'로 사색되었다고 볼 수도 있다. 칸트가 의지의 규정원리로서 의지 자체의 선천적 형식과 후천적인 경험적 질료를 대립시켜 사색한 것[102]과 같은 관점에서 우리는 퇴계의 '이기호발론(理氣互發論)'을 해석해볼 수 있다.

이렇게 되면 결국 퇴계의 관심은 '이발기발(理發氣發)'이 대립, 갈등하는 심의(心意)의 문제에 부딪히지 않을 수 없다. 인간이 선·악 갈등의 존재라는 것은 오히려 인간만이 '선(善)'을 결단하여 실천할 수 있는 바의 윤리적 존재일 수 있다는 말이 된다. 즉, 순(舜)임금과 같은 성인이 되고자 뜻을 세우고 순임금처럼 되고자 결의하여 노력만 하면, 순(舜)임금과 같은 성인이 될 수 있다는 말이다.

우리는 퇴계학을 한마디로 성학(聖學)이라 할 수 있다. 우리와 같은 평범한 사람도 '성인(聖人)'이 될 수 있다는 바탕 위에 퇴계의 성리학은 그 체계를 구축하였다. 그러면 인간이 이발(理發)의 도덕법을 실현하여 성인의 경지에 들어갈 수 있도록 우리의 의지를 다스릴 수 있는 원리는 무엇인가? 다시 말하면 인간의 의지가 이발(理發)에 따를 수 있게끔 규제할 수 있는 원리는 무엇인가? 퇴계는 여기에 대해서 한마디로 '경(敬)'이라고 대답한다. 그렇다면 도대체 '경(敬)'이란 무엇인가?

5. 지경(持敬)과 거경궁리(居敬窮理)

'경(敬)'은 단순한 의미 해석 이상으로 많은 '문화적 의미'를 지닌다. 특히 그것은 학문과 생활전반에 걸쳐 유학이 강조하는 실천윤리 개념이다. '경(敬)'은 고대 유학의 여러 고전에서 언급되어 있지만, 성리학의 발전과 더불어 새로운 전기를 맞게 된다. 특히 우리 나라에 있어서 성리학이 발전했던 조선시대에 이르러, '경(敬)'은 학문과 생활전반에 걸친 실천정신으로 강조되었다. 물론 퇴계의 '경론(敬論)' 또한 조선조 성리학 발전에 크게 영향을 주었다.

유학의 근본정신은 '위기지학(爲己之學; 자신의 수양을 위한 학문)'이지 '위인지학(爲人之學; 다른 사람을 다스리기 위한 학문)'이 아니다. 그리고 '성악설(性惡說)'보다는 '성선설(性善說)'이 유학의 바탕을 이룬다. '천리를 회복하는 것 復乎天理', 즉 '인간의 선한 본성을 살릴 수 있는 삶'의 근거가 바로 '경(敬)'에 놓여진다. 유학에 있어서 '경(敬)'의 의미는 천리(天理)의 인애(仁愛)를 실천하고자 하는 삶의 양식이며 그리고 성인(聖人)의 학문을 쌓아가는 데 필요불가결한 마음가짐 그 자체이다.

16세기에 접어들면서 조선시대의 학문 풍토는 특히 '경(敬)'의 실천이 역설되었다. '경(敬)'의 이론과 학문생활에서의 실천을 중시한 것은 유교문화권 안에서 조선과 견줄만한 나라가 없었다. 조선시대의 학자들 중 특히 퇴계는 칠십 평생을 '경(敬)'으로 실천궁행한 학자이다. 그의 학문과 삶의 바탕은 무엇보다도 '경(敬)'에서 찾을 수 있다.

퇴계는 학문의 궁극 목적을 '성학(聖學)'에 두고 있었다. '성학(聖學)'의 목적은 '구인(求仁)'하여 성인의 삶을 사는 데에 있다. 인(仁)에 귀의하는 것만이 성인이 되어 천지화육(天地化育)에 참여할 수 있다고 보는 것이다. 그리하여 퇴계는 『성학십도』 '서명도(西銘圖)'의 해설에서 "원래 성학의 목적은 구인(求仁)에 있다 蓋聖學在於求仁"라고 하고, 또한 그는 정자(程子)의 말을 인용하여 "『서명』의 뜻은 지극히 완비되어 있으니, 이것은 인(仁)의 본체이다'라고 하였고, 또 '충분히 얻어 최선을 다해 실천할 때 성인이 된다' 西銘意 極完備乃仁之體也 又曰 充得盡時聖人也"라고 하였다. 인(仁)을 충만히 얻어 이것을 완전히 실현할 때 비로소 '성인(聖人)'이 된다는 것이다.

'인(仁)'은 인간존재의 형질(形質)에 내재해 있기 때문에 형질의 사욕(私欲)으로 인해서 인간은 인(仁)을 완전히 실현하기가 어려울 뿐이다. 그러므로 퇴계는 형기(形氣)의 사욕을 버리고 '인(仁)'을 완전히 발현하여 실천하는 것이야말로 인생의 궁극 목적이며 위학(爲學)의 목적이라고 보았다.[103]

퇴계에 있어서 인생과 학문의 궁극적 목적은 우리 인간이 선천적으로 타고난 '인(仁)'을 체인하고 체득하여 실현함으로써 천리(天理)인 바의 본래적 자기 근원성으로 돌아가는 데에 있다. 따라서 그는 "자기의 사심을 이겨내면 천리(天理)에 돌아갈 수 있다 能克去己私 復乎天理"라고 하며, 또한 "이(理)를 궁구하고 본성을 극진히 하여서 명에 이르게 된다 窮理盡性 而至於命(「태극도설」의 퇴계 註說)"라고 말하였다.

그러나 문제는 인간이 어떻게 하면 '천명(天命)'의 도덕법인 '인(仁)'에 따를 것인가라는 데에 있다. 어떻게 하면 '천리(天理)'의 공(公)이 의지를 직접 규정하게 할 것인가? 어떻게 하면 안자(顔子)와 같이 심의(心意)가 '천리(天理)'의 도덕법 그 자체와 혼연일체가 될 수 있는 성인의 경지에 도달할 수 있을 것인가라는 것이 문제이다. 인간에 있어서 선·악 갈등의 요인이 비록 형기(形氣)의 질(質)에서 생겨난다 할지라도, '학문의 길[學問之道]'은 다만 '천리(天理)'를 아는 것이 밝은가에 달려 있으며 그리고 '천리(天理)'를 모두 행하였는가에 달려 있다는 것이다.[104]

퇴계는 『성학십도』 '심학도(心學圖)'에서 "인욕을 막고 천리

(天理)를 보존하라 遏人欲 存天理"라고 하며, 「천명도설후서」에서 "덕성을 존중하고 신순(信順)을 이루라 尊德性 而致信順"라고 하며, 「천명도설」에서는 "천리(天理)의 공평함을 따르라 循天理之公"라고 하였다. 이러한 퇴계의 주장은 인간적 가치의 본질이 오직 '천리(天理)'의 도덕법 그 자체가 의지를 직접 제약하는 데에 있다고 보는 견해라고 해석된다.

그렇다고 해도 어떻게 하면 인간의 의지가 '천리(天理)'의 도덕법에 따를 것인가라는 문제는 여전히 미해결로 남는다. 어떻게 하면 인의(仁義)의 도덕법이 직접 의지를 규정할 것인가? 어떻게 하면 '인욕을 막고 천리(天理)를 보존'할 것인가라는 식의 문제로 남는다. 이러한 문제에 대한 해결책으로 퇴계는 '경(敬)'을 말한다. 그렇다면 퇴계에게 있어서 '경(敬)'이란 도대체 무엇을 의미하는가? 퇴계에게 있어서 '경(敬)'의 문제는 무엇보다도 '인욕(人欲)을 막고 천리(天理)를 보존하는 것'을 가능케 하기 위해 우리의 마음과 생활태도를 통제하는 문제이다.

주자는 '경(敬)'에 대해 말하기를, "인심의 본성은 '경(敬)'하면 보존되고 '경(敬)'하지 않으면 보존되지 않는다 人心性 敬則存 不敬則不存"[105]라고 하였다. 그리고 중국의 현대 철학자 오강(吳康)은 '심(心)'이 그 본연지성(本然之性)을 보존하는 일과 인욕을 제거하고 천리(天理)를 보존하는 일이나, 존양성찰(存養省察)로 본연지성을 지키며 따르는 일 등이 모두 '경(敬)'으로써만 가능하다[106]고 하였다. 퇴계도 또한 이러한 관점에 입각하여 경(敬)을 말한다.

퇴계는 이덕홍(李德弘)에게 말하기를 "심(心)이 물욕(物欲)으로 탁하게 되었을 때, '심(心)'을 '경(敬)'으로써 유지하게 되면 '심(心)'은 곧 맑고 깨끗해서 또렷해진다"[107]라고 하였다. 또한 그는 『성학십도』 '태극도'에서 "경(敬)의 태도를 가지면 욕심이 적어지고 이(理)가 밝아진다. 욕심을 적게 하고 또 적게 하여 아예 없게 하면, 정(靜)할 때에는 허(虛)하고 동(動)할 때에는 정직하게 행동하여 성인을 배울 수 있다 敬則欲寡而理明 寡之又寡以至於無 則靜虛動直而聖可學矣"라고 하였다. 경(敬)하면 심(心)이 무욕(無欲)에 이르러 맑고 깨끗하여 또렷이 깨어 있게 되며, 그러므로 이(理)를 밝혀 성학(聖學)의 도(道)를 배울 수 있다는 것이 퇴계의 주장이다.

퇴계의 학문하는 목적이 인간 '심(心)'에 갖추어진 '천리(天理)'의 실현에 있다면,[108] '경(敬)'에 의해서만이 인간은 사욕(私欲)을 이겨 인간의 '심(心)'에 본연지성(本然之性)으로 내재하는 천리(天理)의 순수함을 완전히 실현할 수 있다는 말이다. 천리의 순수함이란 '인·의·예·지·신'의 오성(五性)을 의미한다.

더욱이 퇴계는 『성학십도』 '심학도'에서 "무릇 '심(心)'이란 한 몸을 주재하는 것이고 '경(敬)'이란 또한 '심(心)'을 주재하는 것이다 蓋心者一身之主宰 而敬又一心之主宰也"라고 하며, 「무진육조소(戊辰六條疏)」에서는 '경(敬)'이란 궁리궁행(窮理躬行)의 근본이 되는 심법(心法)임을 말하여 "경(敬)을 근본으로 하고 '이(理)'를 궁구하여 '지(知)'를 이루며, 자신을 되돌이켜 실천하는 이것이 곧 신묘한 심법(心法)이며 도학의 요체이다 敬以爲本 而窮理以致知 反躬以踐實 此乃妙心法 而傳道學之要"라고 하였다. 이와같이 퇴계가 말하는 '경(敬)'은 마음을 주재하는 원리다. 다시 말하면 '경(敬)'이 '심(心)'의 주재가 될 때에 비로소 궁리치지(窮理致知)가 가능하며, 반궁실천(反躬實踐)하여 '복호천리(復乎天理)'가 가능하다는 것이다.

퇴계에 있어서 '경(敬)'은 성학(聖學)의 요체로서 파악된다. 그는 「천명도설・논존성지요(天命圖說論存省之要)」에서 "진실로 '경(敬)'으로써 한결같게 하지 않으면 어찌 그 '성(性)'을 보전하고 그 본체를 세울 수 있겠는가? '심(心)'의 발함은 미소하여 조금이라도 살피기 어려우며 함정에 빠지기 쉬우니, 진실로 '경(敬)'으로써 한결같게 하지 않으면 어찌 그 기미를 바르게 하여 그 용(用)에 통달할 수 있겠는가? 苟非敬以一之 安能保其性 而立其體哉 此心之發微 而爲毫釐難察 危而爲坑塹之難蹈 苟非敬以一之 又安能正其幾 而達其用哉"라고 말하였다. '경(敬)'을 '심(心)'의 제약(制約)으로 해서만이 이(理)를 체인, 체득, 실천할 수 있으며, '경(敬)'을 '심(心)'의 주재로 해서만이 존양(存養)하여 '심(心)'의 본연지성을 보존할 수 있으며, 또한 그 본연지성의 발(發)에 있어서 사단지정(四端之情)이 곧 바로 통할 수 있다는 말이다.

이상과 같은 논거를 통해서 퇴계의 경론(敬論)을 분석해 볼 때, 퇴계의 '경(敬)'은 성학(聖學)의 목적인 구인(求仁)을 가능하게 하는 선결문제로서 심(心)이 갖추어야 할 원리인 동시에 인(仁)을 체인, 체득, 실현해 가는 생활태도이며 또한 경(敬) 그 자체가 '성학(聖學)'의 목표였던 것이다.

그러므로 퇴계는 말하기를 "지경(持敬)은 '학문'과 '생각[思]'을 겸하고, '동(動)'과 '정(靜)'을 일관하는 원리이며 '안[內]'과 '밖[外]'을 합하며 그리고 '현상[顯]'과 '잡을 수 없는 본체의 미(微)'를 하나로 하는 원리"[110]라고 하였다. 이것은 궁리궁행(窮理躬行)과 사색을 겸하는 원리이며, 이발(已發)의 성찰(省察)과 미발(未發)의 존양(存養)을 일관하는 원리이며, 주관의 '심성지리(心性之理)'와 객관의 '사물지리(事物之理)'를 통합하는 원리이며, 그리고 작용의 현상[用]과 본체[體]를 하나로 통일하는 원리가 된다.

　퇴계의 관점에서 말하면 '경(敬)'은 성학(聖學)의 방법이요 원리며 또한 목적이다. 그는 『성학십도·대학경(聖學十圖大學經)』에서 "경(敬)은 한 마음의 주재이며 만 가지 일들의 근본이다 敬者一心之主宰 萬事之本根也"라고 하고, 『대학(大學)』과 『소학(小學)』을 일관하는 원리라고 하였다. 즉, 존덕성(存德性)과 도문학(道問學)을 겸하는 원리가 퇴계의 '경(敬)'이다. 더욱이 그는 「천명도설·논존성지요(天命圖說論存性之要)」에서 미발(未發)의 존양(存養)과 이발(已發)의 성찰(省察)이 반드시 '경(敬)'을 위주로 해야 함을 말하고 그리고 '경(敬)'이야말로 성학(聖學)의 시종(始終)을 이루는 근본이며 체용(體用)을 일관하는 원리라고 하였다.[111] 뿐만 아니라 퇴계는 그의 성리학체계의 확립이라고 할 수 있는『성학십도』가 모두 '경(敬)'을 위주로 하고 있다고 『성학십도·대학경』에서 말한다. '경(敬)'은 천리(天理)의 인(仁)을 체인, 체험, 실현할 수 있게 하는 원리로서 치심법(治心法)이며 동시에 생활법도인 것이다.

　그러면 도대체 이러한 '경(敬)'의 의미를 규정하는 요소는 무엇인가? 물론 퇴계는 여기에 있어서도 주자이론에 따른다. 주자는 '경(敬)'의 의미를 규정하는 요소로서 네 개의 조목을 말하였다. 주자가 말하는 네 개의 조목이란 정이천(程伊川)의 '주일무적(主一無適)' 및 '정제엄숙(整齊嚴肅)'설과 사상채(謝上蔡)가 말한 '상성성(常惺惺)'설과 그리고 윤언명(尹彦明)의 '심수렴불용일물(心收斂不容一物)'설이다. 이러한 주자이론에 입각하여 퇴계는 '경(敬)'의 의미를 '마음을 오로지 하나로 하여 흐트러지지 않게 하는 것[主一無適]'과 '외모를 다스려 바르게 하고 엄숙히 하는 것[整齊嚴肅]'과 '항상 맑게 각성해 있어 정신이 또렷한 것[常惺惺]' 그리고 '마음을 거두어 아무 잡념도 용납하지 않는 것[心收斂不容一物]'이라고 말한다.112)

이 네 조목의 표현은 비록 다르지만 그 주장하는 바의 의미는 모두 같다. 따라서 퇴계는 주자의 말을 인용하여 '하나로 붙잡아 들어가는 것이 곧 나머지 세 가지로 통하는 길'임을 강조하였다.113)

그러나 '경(敬)'의 의미를 규정하는 네 조목을 검토해 볼 때, '주일무적(主一無適)' 및 '상성성(常惺惺)' 그리고 '심수렴불용일물(心收斂不容一物)' 세 조목이 주관의 내심(內心)을 다스리는 치심(治心)의 법이라면, '정제엄숙(整齊嚴肅)'은 객관적인 외모에 대한 규제다. 즉, '경(敬)'의 의미는 '내적 의미'와 '외적 의미'라는 두 측면에서 파악할 수 있다. 그러나 '경(敬)'의 의미를 내·외 양면적으로 규정한다고 해서 양자가 분리된 별개의 의미라고 할 수는 없다.

일본의 저명한 성리학 연구자인 우노 데쓰도(宇野哲人)는, '바깥'을 바르게 하는 것이 '내면의 안'을 곧게 하는 길이며, '내면의 안'을 곧게 하는 것이 '바깥'을 바르게 하는 길이라는 논법으로 주자 '경(敬)'의 내·외 양면설을 설명하였다.114) 외모를 '정제(整齊)'하는 것은 내심(內心)이 주일(主一)하게 되는 길이며, 내심(內心)을 주일(主一)하는 것은 외모를 '정제(整齊)'하는 길이라는 것이다. 내·외(內外)를 포괄하며 표·리(表裏)를 통일하는 원리로서 주자와 퇴계는 '경(敬)'의 의미를 말했던 것이다. 이른바 성찰(省察)이 '경(敬)'의 내적 방면의 공부라면 정좌(靜坐)는 '경(敬)'의 외적 방면의 공부라는 뜻이다.115)

주자의 관점에서 또한 다시 경(敬)을 말하면 '마음이 발동하기 전[已發之前]'에는 존양(存養)하여 그 심중(心中)의 성(性)을 지키는 것이며 그리고 '이미 마음이 발동한 후[已發之後]'에는 성찰(省察)하여 심중에서 발동된 사단(四端)에 순화(調和)하도록 우리의 마음을 다스리는 심법의 근본원리이다.[116] 물론 이러한 주자의 경(敬)에 대한 주장은 퇴계에게 계승되었다.

그렇다면 '경(敬)'의 네 조목을 구체적으로 어떤 방식으로 실천할 것인가? 그리고 '경(敬)'의 네 조목 중에서 어느 것부터 착수해야 할 것인가? 주자와 퇴계에 의하면 '하나를 잡아서 들어가는 것은 곧 나머지 셋을 함께 가지는 길'이다. 그렇다면 성학(聖學)을 수행하는 초학자들에게 '경(敬)'의 네 조목 가운데 어느 것이 가장 손쉽게 착수할 수 있는가?

여기에 대해 퇴계는 초학자들에게 '정제엄숙(整齊嚴肅)'만한 것이 없다고 말한다.[117] 그래서 그는 주자의 말을 인용하여 "안자(顔子)와 증자(曾子) 이하라면 모름지기 시청(視聽), 언동(言動), 용모(容貌), 사기(辭氣)를 취해 공부해야 한다"라고 김이정(金而精)에게 말하였다.[118]

퇴계는 '바깥'을 바르게 함으로써 '안'을 곧게 한다는 관점에서 '바깥'쪽을 강조하여 '경(敬)'의 네 조목 중 '정제엄숙(整齊嚴肅)'을 제1단계로 주장하였다. '정제엄숙(整齊嚴肅)'하는 것이야말로 '경(敬)'의 공부에서 제일 먼저 해야 할 출발점이라는 것이다. 그래서 먼저 '정제엄숙(整齊嚴肅)'하기를 게을리 하지 않고 오래 하면 외모가 엄숙해지고 중심이 한결같아서 '주일무적(主一無適)'하게 되니 '심수렴불용일물(心收斂不容一物)'하는 일이나 '상성성(常惺惺)'이 모두 이 중에 있게 된다는 말이다. 퇴계는 외모의 '정제엄숙(整齊嚴肅)'이 바로 내심(內心)을 올바르게 붙잡는 길이라고 보았다.[119]

그러면 '정제엄숙(整齊嚴肅)'을 어떠한 방식으로 가질 것인가? 퇴계는 말하기를, "옛사람에게서 들은즉 형체도 그림자도 없는 심(心)을 가지고자 하면 반드시 형체와 그림자를 근거로 해서 이를 지킬 수 있는 것으로부터 공부를 더 해 나가야 한다고 하였으니, 바로 안자(顏子)가 말하는 '사물(四勿)'[120], 증자(曾子)가 말하는 '삼귀(三貴)'[121]와 같은 것이다"[122]라고 하였다. 형체도 없고 자취도 없는 심(心) 본연을 잘 실현하는 일은 행위의 직접적 실천대상이 되는 일상생활의 법도를 지키는 일로부터 공부해야 한다는 것이다. 삼성(三省),[123] 삼귀(三貴), 사물(四勿)과 같이 접물처사(接物處事)의 일상생활상의 법도로써 외양을 규제하는 것이야말로 심중지리(心中之理)를 존양(存養), 성찰(省察)하는 지경(持敬)의 첫째 방법이란 것이다.

　퇴계는 '경(敬)'을 지키는 일상생활에 대하여 "다만 '정제엄숙(整齊嚴肅)하라', '위엄이 있고 조심하라', '용모를 바르게 하라', '사려(思慮)를 바로잡아 가지런히 하라', '의관(衣冠)을 바로 하라', '보는 시선을 존귀하게 하라' 등을 말하였다. 이것을 깊이 숙고하면서 실제로 공부하면 이른바 마음을 곧게 한다든가 주일(主一)하는 일은 자연히 이루어진다. 이렇게 되면 심신(心身)이 숙연해져서 표·리(表裏)가 한결같이 하나로 된다"[124]라는 주자의 말을 김취려(金就礪)에게 강조하였다. 일상생활의 언어, 사고, 동작이 바로 '지경(持敬)'의 단서가 된다고 보았다.

　더욱이 그는 이덕홍(李德弘)에게 '경(敬)'을 설명하여 말하기를 "거경(居敬)이란 항상 사물 가운데 있어서 이 '경(敬)'과 사물로 하여금 모두 서로 어긋나지 않게 하는 것이다. 말함이 모름지기 '경(敬)'이라야 하며 행동이 모름지기 '경(敬)'이라야 하며 앉아 있는 것도 모름지기 '경(敬)'이라야 할 것이니 잠시라도 버려서는 얻지 못한다"[125]라고 하였다.

퇴계의 경론(敬論)은 이와같이 성리학 전통에 입각하고 있지만 특히 '정제엄숙(整齊嚴肅)'을 강조하여 평이한 생활법도의 실천을 통한 지경(持敬)을 중시한 점은 퇴계 경론(敬論)의 특색이다. 일상생활에 있어서 거짓말하지 않고 오만하지 않는 태도, 한결같이 맑은 생각, 단정한 옷차림, 엄숙한 몸가짐, 존귀한 시선, 조심스런 행동, 단정한 용모 등이 경(敬)의 중요 실천내용이다.

주일무적(主一無適), 정제엄숙(整齊嚴肅), 상성성(常惺惺), 심수렴불용일물(心收斂不容一物)이라는 경(敬)에 대한 선유(先儒)의 설을 깊이 체득하여 퇴계는 접물처사(接物處事)의 일상생활의 도덕법도인 사물(四勿), 삼귀(三貴), 삼성(三省) 등의 실천이 지경(持敬)의 요체라고 보았다. 이러한 관점에서 퇴계를 보면, 형이상학적 논쟁을 피하고 성리학을 생활철학으로 발전시키고자 했다고 말할 수 있다.

그러면 지경(持敬)의 효과는 무엇인가? '경(敬)'이 인간의 심(心)을 주재하며 외양을 주재하게 되었을 때 얻어지는 효과는 무엇인가? 이것은 바로 이(理), 즉 인(仁)의 도덕법 그 자체가 직접 의지를 규정할 수 있게 하는 효과를 가져 온다고 퇴계는 보았다. '심(心)'이 '경(敬)'을 가지면 심발의기(心發意幾)가 천리(天理)의 공도(公道)를 따르게 된다는 말이다. 정이천(程利川)은 지경(持敬)하기를 오래하면 자연히 '천리(天理)'가 밝아진다고 보았다.[126] 퇴계는 또한 앞에서 이미 언급한 바와 같이 "경(敬)하여서 욕심을 적게 하면 '이(理)'가 밝아진다 敬則欲寡而明理"[127]라고 하였을 뿐만 아니라 "경(敬)을 근본으로 하고 '이(理)'를 궁구하여 '지'를 이룰지며 또한 자신을 돌이켜보고 실천하라 敬以爲本 而窮理以致知 反躬以踐實"[128]라고 하였다. '경

(敬)'함으로써만 인간 본연의 성(性)인 천리(天理)가 밝아진다라는 퇴계의 말을 숙고해보면 이발기수(理發氣隨)의 주장이 가능하다.

성학(聖學)의 목적이 구인(求仁)에 있다면, 구인(求仁)은 궁리(窮理)에 있다고 하겠으며, '궁리'는 또한 거경(居敬)에 있다는 주장이다. 물론 퇴계는 거경(居敬)과 궁리(窮理)를 선후(先後)의 사실로 보지 않고, 양자가 호진(互進)하든가 병진(並進)해야 한다고 본다. 바꾸어 말하면, 주자와 마찬가지로 퇴계는 '거경궁리(居敬窮理)'가 병진(並進)됨으로써 심의(心意)가 미발(未發)의 상태에서는 인의(仁義)의 중(中)을 지키며 이발(已發)의 상태에서는 사단(四端)의 정(情)을 실천하는 화(和)를 얻는다고 믿었다. 따라서 거경궁리(居敬窮理)하면 심동정(心動靜)현상에 있어서 이(理)가 주(主)가 되어 기(氣)를 통솔하는 인간, 즉 선천적인 도덕법을 온전히 실현하는 성인(聖人)과 같은 이상적 인간이 될 수 있다고 보았다.

퇴계 성리학의 요점을 말하면 '심(心)'이 주일(主一)하여 경(敬)하면, 인의(仁義)의 심성(心性)으로 내재하는 '이(理)'가 육체를 구성하고 있는 '기(氣)'를 통솔하여 '측은・수오・사양・시비'의 사단(四端)의 정(情)을 실천할 수 있다는 주장이다. 실로 퇴계의 '경(敬)'은 성학(聖學)의 시종(始終)을 포괄하는 도덕원리며, 성인과 같이 천리(天理)의 도덕률인 인의(仁義)를 회복하는 통로이며 그리고 본래적 인간성을 회복하는 길이라는 것이다. 누구든지 '경(敬)'하기를 지극히 하면 성인의 영역에 들어가는 것이 어렵지 않다.[129] '거경궁리(居敬窮理)'로 마침내 이러한 성인의 경지에 도달한 사람은 '인자(仁者)로서 천지만물과 일체가 되고 측은지심(惻隱之心)을 사해(四海)에 보급하여 우주에 가득하게 하는'[130) 바의 이상적 인간이 된다고 퇴계는 믿었다. 그래서 그는 필생을 통해 '거경궁리(居敬窮理)'에 힘썼던 것이다.

6. 성현(聖賢)을 따르는 이상적 삶

퇴계는 주자와 마찬가지로 유학 전통에 따라서 '성인'을 최고의 이상적 인간으로 보았다. 그의 성리학은 성인이 되고자 노력하는 군자학(君子學)의 원리라고 볼 수 있다.

'군자(君子)'란 어떤 사람인가? 『논어』학이편에서 공자는 '친구와 더불어 책을 읽으며 인(仁)을 깨달아 실천하는 학문하는 삶' 그 자체에 최고의 기쁨을 가지는 자가 바로 '군자'임을 말하였다. 공자 자신이 직접 '궁행군자(躬行君子)'에 힘썼다. 그렇다면 '학이시습지(學而時習之)'에 있어서 '학(學)'의 의미는 무엇인가? 그것은 인(仁)을 배우고, 사색하며, 체인하며, 실천하는 것이다. 그렇다면 '인(仁)'은 무엇인가?

『논어』에 있어서의 인(仁)은 효제(孝悌)와 같은 가족관계에 있어서의 천륜의 사랑으로 체험되는 것이며, 맹자에 와서는 사랑의 측은지심(惻隱之心)으로 체험되는 것이며, 퇴계에 있어서는 '이(理)'인 동시에 심지리(心之理)인 오성(五性)의 도덕률로 확신되었다. 그러면 '인(仁)'을 체인, 체험, 실천할 수 있는 '학(學)'의 방법적 원리는 무엇인가? 퇴계는 그것을 '거경궁리(居敬窮理)'라고 보았다. 여기에서 퇴계는 인간행위의 당위성과 그 근거를 찾았다.

인간이 인간으로 되기 위하여 어떻게 행동해야 할 것인가?

인간의 행위를 의미 있게 하며, 인간의 삶을 보람 있게 하는 당위법칙의 원리란 무엇인가? 뿐만 아니라 인간은 왜 이렇게 행위의 당위성을 묻지 않으면 안 되는 윤리적 존재인가? 동물은 그것의 종(種)법칙이 지시하는 대로 움직이기만 하면 그만이다. 다만 인간만은 '종(種)'의 자연법칙을 거부하면서까지 자기 행위의 의미를 물으면서 스스로 행위를 선택적으로 결의해 나간다. 그러면 인간의 행위를 의미롭게 하는 당위의 근거는 무엇인가? 퇴계는 순수지선의 선(善)이라고 보았다.

그러면 순수지선의 선(善)은 무엇인가? 그것은 인간성의 본연이며, 자연만물의 본질이며, 우주의 본원이며, 천지조화의 섭리라고 퇴계는 설명하였다. 존재자의 본질이 바로 가치라는 것이다. 그러면 모든 존재자의 본질은 무엇인가? 퇴계에 의하면 모든 존재자의 근원적 본질은 이(理)다. '이(理)'가 바로 '인(仁)'이라고 그는 주장하였다. 퇴계가 말하는 '이(理)'는 존재자의 본질로서 존재의 원리이며, 동시에 최고선(最高善)으로서 가치의 원리다. 그러나 과연 존재의 본질이라는 사실이 동시에 가치의 원리일 수 있는가? 바꾸어 말하면 '이다'라는 존재진술로부터 '바람직하다'라는 가치진술을 추론하는 것은 오류가 아닌가라는 문제가 일어난다.

이것은 지금까지 철학이 짊어진 미해결의 과제로 남아 있다. 존재의 본질과 가치를 미분화시켜서 동일한 것으로 사색한 퇴계의 주장이 오류인지 아닌지는 결국 미해결의 문제일 뿐이다. 그러나 퇴계는 인간의 '심(心)'구조를 이기합(理氣合)으로 규정하고 심동(心動)에 있어서 이기호발설(理氣互發說)을 주장하며 인간의 '심(心)'권과 만물생성의 근원인 본원권(本源圈)에서 천리(天理)에 인애(仁愛)의 도덕법칙과 존재의 생성법칙을 통합시켜버렸다.

그러면 인간에 있어서 천리(天理)의 '공도(公道)'에 따를 것인지 인욕(人欲)의 '사사로움[私]'에 따를 것인지를 규정하는 요소는 무엇인가? 퇴계는 여기에서 천리・인욕의 결의능력으로서 심발의(心發意)를 말한다. 즉, 인간적 가치의 실현 가능성은 오직 의지의 결단에 달렸다는 것이다. 퇴계 또한 인생과 위학(爲學)의 목적을 '이(理)'의 도덕법에 순(順)하여 성인이 되는 것으로 규정하였다. 그러므로 그는 의지가 천리(天理)의 공도(公道)에 따르기로 결의하여 실제 따르는 것이야말로 인간적 가치의 실현이며, 동시에 인간 본연을 실현하여 성현(聖賢)의 길을 따를 수 있다는 것이다. 바꾸어 말하면 인의예지(仁義禮智)의 도덕법이 직접 의지를 규정하는 것이야말로 인간의 행위를 가장 가치롭게 한다고 보았다.

그러나 어떻게 하면 의지(意志)가 천리(天理)의 '공도(公道)'에 따를 것인가? 여기에 대하여 퇴계는 '경(敬)'이 '심(心)'을 주재함으로써만이 가능하다고 보았다. 그러므로 '경(敬)'은 퇴계의 『성학십도』 전체를 일관하는 개념이다. 그렇다면 '경(敬)'의 의미는 무엇이며, 또한 어떻게 그것을 얻어 가질 것인가?

퇴계는 '경(敬)'의 의미를 규정하는 네 개의 조목을 말하여 '주일무적(主一無適)', '심수렴불용일물(心收斂不容一物)', '상성성(常惺惺)', '정제엄숙(整齊嚴肅)'이라고 하였다. 그러나 무엇보다도 먼저 단서를 잡아야 할 '경(敬)'의 조목은 '정제엄숙(整齊嚴肅)'이라고 보았다. '정제엄숙(整齊嚴肅)'하면 나머지 세 개 조목은 이 가운데 얻어진다는 것이다. '경(敬)'의 조목 가운데서도 퇴계는 '정제엄숙(整齊嚴肅)'을 지경(持敬)의 가장 소중한 착수점으로 보았다. 그래서 그는 일상생활에서 평이한 덕목들을 성실하게 실천해 나가는 것이야말로 '지경(持敬)'의 단서라고 보고 '사물(四勿)', '삼귀(三貴)', '삼성(三省)', '효제(孝悌)'와 같은 일상생활의 법도를 강조하였다.

  그러면 이러한 '경(敬)'에 거(居)함으로써 우리는 어떠한 효과를 얻을 것인가? 퇴계에 있어서 학문하는 목적은 '이(理)'를 밝혀 '이(理)'의 가치세계를 실현하여 성현의 길을 따르는 것이다. '이(理)'를 궁구하여 밝혀 실천하는 것이 바로 퇴계학의 목적인 것이다. 그러면 어떻게 해야만 '이(理)'를 밝힐 수 있는가? 퇴계는 먼저 궁리(窮理)를 말한다. 궁리는 바로 '이(理)'를 밝히는 공부다. 궁리의 공부가 효과적일 수 있는 방법은 무엇인가? 이것은 바로 '경(敬)'에 거하는 것이라고 퇴계는 주장하였다. '거경(居敬)'하면 '궁리(窮理)'가 이루어져 '이(理)'가 밝아진다고 그는 보았다. 그러므로 퇴계에서의 '경(敬)'은 성학의 시작이요 마침이 되는 원리인 것이다. 그러나 '거경(居敬)' 그 자체가 어디까지나 궁리의 효과를 얻기 위한 것으로 보았다. 그러나 역으로 '이(理)'가 밝아지면 인간은 저절로 '경(敬)'에 거하게 된다고 그는 본다. 다시 말하면 거경과 궁리를 호진해야만 참으로 '이(理)'를 밝히고 사랑의 측은지심(惻隱之心)을 실천하며, 성현(聖賢)의 말을 깨달아 실천하는 바람직한 인간이 될 수 있다고 퇴계는 믿었다.

주

1)『論語・泰伯』:"曾子曰士 …… 仁以爲己任不亦重乎 死而後已不亦遠乎"

참조.
2)『論語·述而』:"子曰 …… 躬行君子則吾未之有得"참조.
3) 같은 책, 같은 곳:"子曰 志於道 據於德 依於仁 游於藝"참조.
4) 같은 책, 같은 곳:"子曰 若聖與仁則吾豈敢 抑爲之不厭誨人不倦 則可謂云爾已矣"참조.
5)『論語·里仁』:"子曰 苟志於仁矣 無惡也"참조.
6)『論語·述而』:"子曰 仁遠乎哉 我欲仁 其仁至矣"참조.
7)『論語·顔淵』.
8)『論語·顔淵』.
9)『孟子·公孫丑章句上』.
10) 퇴계『聖學十圖』의 仁說圖의 仁說.
11)『退溪全書』二 增補, (成均館大學校 大東文化研究院, 1971), 18쪽(『退溪集』卷二十五, 答鄭子中 別紙):"仁是心之正理"참조.
12)『退溪全書』一, 201쪽(『退溪集』卷七,「聖學十圖·西銘圖」).
13)『退溪續集』卷八,「天命圖說」第八節 참조.
14)『退溪續集』卷八,「天命圖說」第五節, '論人物之殊' 참조.
15)『退溪先生言行錄』卷四,「論理氣」:"先生曰朱子曰天地之間有理有氣 理也者形而上之道也氣也者形而下之器也 道者生物之本器者生物之具也 故人物之生必稟此理然後有性必稟此氣然有形".
16)『退溪集』卷十六 答奇明彦 論端七情 第二書 改本:"蓋人之一身 理與氣合而生".
17)『退溪先生言行錄』卷四,「論理氣」:"今以此三說推之 理與氣本不相雜而亦不相離不分而言"참조.
18)『退溪集』卷四十一, '雜著:非理氣爲一物辨證':"理與氣決是二物 但在物上看則二物混淪不可分開 …… 若在理上看則雖未有物而已有物之理".
19)『退溪集』卷二十五, '論沖漠無眹萬象森然已具':"朱子曰 此言未有這事先有這理 如未有君臣已先有君臣之理 未有父子已先有父子之理".
20)『退溪集』卷四十一, '雜著:非理氣爲一物 辨證':"今按孔子 周子 明言陰陽是太極所生 若曰理氣本一物則太極卽是兩儀 安有能生者乎".
21)『栗谷全書』一, (成均館大學校 大東文化研究院, 1971), 181쪽(卷九, 書一, 答朴和叔).

22) 金鍾文, "栗谷의 理氣哲學에 對한 硏究"(『哲學硏究』제22집, 한국철학연구회편, 1976), 135~137쪽 참조.
23) 『栗谷全書』一, (서울: 成均館大學校 大東文化硏究院), 184쪽.
24) 같은 책, 215쪽: "未聞極本窮源而必有太一之始 …… 吾兄論太極動而生陽余曰此是樞紐根抵之說非謂陰陽自無而生也".
25) 『朱子語類』一, 「理氣上」.
26) 『退溪全書』二, 18쪽: "理有動靜故氣有動靜若理無動靜氣何自而有動靜乎蓋理動則氣隨而生 氣動則理隨而顯".
27) 『退溪全書』一, 198쪽.
28) 같은 책, 201쪽, 「小學題辭」.
29) 『退溪續集』卷八, 天命圖說 第二節 論五行之氣.
30) 『退溪集』卷三十九, '答李浩問目': "理自有用故自然而生陽生陰冶".
31) 『退溪續集』卷八, 「天命道說: 論天命之理」: "曰天卽理也 而其德有四曰元亨利貞是也 …… 故爲二五流行之際此四者常寓於其中而爲命物之源 是以凡物受陰陽五行之其以爲形者 莫不具元亨利貞之理爲性".
32) 같은 책: "故天以一理命萬物之各有一理者此也".
33) 『退溪續集』卷八, 「天命圖說」第五節, '論人物之殊': "曰 天地之間 理一而氣萬不齊 故究其理則合萬物而同一性也 論其氣則分萬物而各一氣也".
34) 陳叔諒·李心莊編, 『宋元學案(二)』, (台北: 國立編譯館, 中華民國 43), 506~510쪽 참조.
35) 『朱子文集』卷四十九: "言其氣質雖善惡不同然極本窮源而論之 則性未嘗不善也".
36) 『退溪集』卷二十五, '論所當然所以然是事是理', (『退溪全書』一, 4쪽): "天下之物必各有所以然之故與其所當然則所謂理也".
37) 『退溪集』卷二十五, '論所當然所以然是事是理' 全文 참조.
38) 劉明鍾, 『韓國哲學史』(朝明文化社, 1969), 165~166쪽 그리고 174쪽 참조.
39) 『退溪全書』二, 4쪽, '論所當然所以然是事是理': "知所以然是知天謂知其理所從來也".
40) 『退溪全書』二, '論所當然所以然是事是理', 4쪽 참조.
41) 같은 책, 같은 곳 참조.
42) 『退溪集』卷七, 「聖學十圖·西銘圖」 참조.

43)『退溪集』卷七,「聖學十圖・太極圖說」참조.
44)『退溪續集』卷八,「天命圖說」第一節, '論天命之理' : "是以凡物 受陰陽五行之氣以爲形者 莫不具元亨利貞之理爲性 其性之目有五曰仁義禮智信 故四德五常 上下一理 未嘗有間於天人之分 然其所以有聖愚人物之異者 氣爲之也 非元亨利貞之本然故子思直曰天命之謂性 蓋二五妙合之源而指四德言之者也".
45)『退溪續集』卷八,「天命圖說」第六節, '論人心之具' : "故其理卽四德之理而爲五常 其氣卽二五之氣而爲氣質 此人心之具".
46) 阿部吉雄,『李退溪』(東京:文教書院, 昭和 19), 105쪽 참조.
47)『退溪全書』一, 201쪽(「聖學十圖・小學題辭」) : "元亨利貞天道之常仁義禮智人性之綱 凡此厥無有不善".
48)『退溪全書』一, 206쪽(「聖學十圖・仁說」) : "故人之爲心其德有四曰仁義禮智而仁無不包".
49) 阿部吉雄,『李退溪』, 136쪽 참조.
50) 같은 책, 같은 곳 참조.
51) 한명수, "退溪의「敬」에 關한 硏究"(『철학연구』제15집, 한국철학연구회, 1972), 117~119쪽 참조.
52) I. Kant, *Kritik der Praktischen Vernunft*, (Hambrug:Felix Meiner, 1959), p. 37 참조.
53) 같은 책, p. 38 참조.
54)『退溪全書』二, 259쪽, (『退溪集』卷三十七), "人心爲七情道心爲四端 …… 蓋旣曰私有則己落在一邊了 但可聽命於道心而爲一" 참조.
55)『退溪續集』卷八, '論存省之要'.
56)『退溪集』卷七,「戊辰六條疏」: "仁爲萬善之長一善不備則仁不得爲全仁矣" 참조.
57) 宇野哲人,『支那哲學史(近世儒學)』, (東京:寶文館, 昭和29), 180~187쪽 참조.
58)『退溪續集』卷八,「天命圖說」, '論人物之殊' : "然則凡物之受此理氣者 其性則無聞而其氣則不能無備正之殊矣 是故人物之性也 其得陰陽之正氣者爲人 得陰陽之偏氣者爲物 人旣得陰陽之正氣則其氣質之通且明可知也" 참조.

59)『退溪全書』二, 326쪽(『退溪集』卷四十一) 참조.
60)『退溪全書』一, 199쪽(「聖學十圖・太極圖說」).
61)金鍾文, "栗谷의 理氣哲學體系에 對한 硏究", (『哲學硏究』22집, 한국철학연구회, 1976), 142~143쪽 참조.
62)『栗谷全書』一, 209쪽(卷十, 書二, '答成浩原').
63)같은 책, 209쪽 참조.
64)Ⅰ. Kant, *Kritik der reinen Vernunft*, p.101 참조.
65)錢穆,『宋明理學槪述』(一卷), (台北:中華文化, 民國 44), 119쪽 재인용.
66)『退溪全書』二, 18쪽(『退溪集』卷二十五, '答鄭子中別紙') 참조.
67)「聖學十圖・仁說圖」참조.
68)『退溪全書』二, 233쪽(『退溪集』卷三十六, '李宏仲問目') 참조.
69)『退溪集』卷七, 「聖學十圖・心統性情圖」의 '心統性情說' 참조.
70)『退溪全書』二, 324쪽('天命圖說後敍') 참조.
71)『退溪全書』二, 89쪽(卷二十九, '答金而精別紙'): "心非性無因而爲動故不可謂心先動也 性非心不能以自動故不可謂性先動也" 참조.
72)『栗谷全書』一, 210쪽(卷十, 書二, '答成浩原') 참조.
73)『退溪集』卷十六, '答奇明彦論四端七情第二書改本'.
74)같은 책, 같은 곳.
75)『退溪全書』一, 206쪽(卷七, '仁說') 참조.
76)같은 책, 같은 곳 참조.
77)阿部吉雄,『日本朱子學と朝鮮』, (東京:東京大學出版會, 1971), 345쪽 참조.
78)같은 책, 345, 346쪽 참조.
79)같은 책, 347쪽 참조.
80)『退溪全書』一, 207쪽(卷七, '仁說') 참조.
81)宇野哲人,『支那哲學史(近世儒學)』, 190쪽 참조.
82)같은 책, 118~119쪽 참조.
83)金鍾文, "栗谷의 理氣哲學에 대한 硏究", 143쪽 참조.
84)『退溪全書』一, 412쪽(卷十六, '答奇明彦論四七第二書改本') 참조.
85)같은 책, 204쪽 참조.
86)『退溪續集』卷八, 「天命圖說」, 第六節 '論人心之具' 참조.
87)『退溪集』卷十六, '答奇明彦論四端七情第二書改本' 참조.

88)『退溪全書』二, 324쪽('天命圖說後敍') 참조.
89)『退溪全書』一, 205쪽.
90)『退溪續集』卷八,「天命圖說」, '論人心之具' 참조.
91)『退溪全書』一, 205쪽(「心統性情圖說」).
92) 같은 책, 208쪽(「心學圖說」).
93) 金鍾文, "栗谷의 理氣哲學體系에 對한 硏究", 152쪽 참조.
94)『栗谷全書』一, 132쪽 참조.
95)『退溪續集』卷八,「天命圖說」제8절 '論義幾善惡' 참조.
96) I. Kant, *Kritik der Praktischen Vernunft*, pp.16~17, p.28 참조.
97)『退溪集』卷三十六, '答李宏仲問目': "然則天理人欲之判 中節不中節之分 特在乎心之宰與不宰".
98)『退溪集』卷二十九, '答金而精': "陣安卿曰思慮念慮之類皆意之屬 此說通矣" 참조.
99)『退溪集』卷三六, '答李宏仲問目': "因情之發而純營計度主張要如此主張如彼者意也" 참조.
100)『退溪續集』卷八,「天命圖說」第八節: "於是意爲心發而又挾其情而左右之 或循天理之公或循人欲之私 善惡之分由慈而決焉" 참조.
101) R. M. Hare, *The Language of Morals*, (Oxford Univ., Press, 1967), p.45 참조.
102) I. Kant, *Grundlegung zur Metaphysik der Sitten*, (Redlam:Dritte Auflage), p.40, *Kritik der praktischen Vernunft*, pp.27~28 참조.
103) 阿部吉雄,『李退溪』, (東京:文敎書院, 昭和19), 95~96쪽 참조.
104)『退溪續集』卷八,「天命圖說」第九節, '論氣質之': "然則學問之道不係於氣質之善惡 惟在知天理之明不明行 天理之盡不盡如何耳" 참조.
105)『朱子語類』卷十二.
106) 吳康,『宋明理學槪述(一)』, (臺北:中華文化, 中華民國44), 217쪽 참조.
107)『退溪言行錄』卷之一,「論持敬」: "心爲物欲之渾持之以敬 則心忽惺惺".
108) 李相殷, "價値의 實現으로 본 退溪의 敬思想",『退溪學報』제8집, (서울:退溪學硏究院, 1976), 157쪽 참조.
109) 같은 책, 같은 곳 참조.
110)『退溪集』卷七,「進聖學十圖箚」: "持敬者又所以兼思學貫動靜合內外一顯微之道也".
111) 『退溪續集』卷八,「天命圖說」第十節:"是以君子之學 當此心未發之時 必主於敬而加存養工夫 當此心已發之際 亦必主於敬而加省察工夫 此敬學之所以成始成終而通貫體用者也" 참조.
112) 『退溪全書』一, 203쪽(「大學經」) 참조.
113) 『退溪全書』二, 93쪽(卷二十九, '答金而精') 참조.
114) 宇野哲人, 『支那哲學史(近世儒學)』, 194쪽 참조.
115) 같은 책, 같은 곳 참조.
116) 吳康, 『宋明理學槪述』, 217쪽 참조.
117) 『退溪言行錄』卷一,「論持敬」참조.
118) 『退溪集』卷二十九, '答金而精':"若顏曾以不須就視聽言動容貌辭氣上做工夫"(『退溪全書』二, 92쪽).
119) 『退溪全書』, 92쪽(卷二十九, '答金而精'):"知內外未始相離而所謂莊整齊肅者正所以存其心也".
120) '四勿'은 '非禮勿視 非禮勿聽 非禮勿言 非禮勿動'을 말한다. 즉, 禮가 아니면 보지도 듣지도 말하지도 행동하지도 말라는 가르침이다(『論語・顏淵』참조).
121) '三貴'란 君子가 지켜야 할 귀중한 道 세 가지를 말하는 것으로서 曾子의 말이다. 그 내용은 (1)행동거지에 있어서는 사납거나 거만함을 멀리해야 하고, (2)얼굴빛을 바르게 함에 있어서는 믿음직하게 해야 하고, (3)말을 함에 있어서는 비루하거나 어긋남을 멀리해야 하는 것을 말한다(『論語・泰伯』참조).
122) 『退溪全書』, 92쪽(卷二十九, '答金而精'):"聞之古人欲存無形影之心必自其有形影可據守處加工顏曾之四勿三貴是也".
123) '三省'은 『論語・學而』에 나오는 曾子의 말로서, 날마다 살펴야 할 세 가지 것을 말한다. 즉, 다른 사람을 위하여 꾀함이 충성치 못하였는가, 벗과 사귀는 데 믿음이 없었는가, 배운 것을 익히지 못하였는가이다.
124) 『退溪全書』二, 93쪽(卷二十九, 答金而精) 참조.
125) 같은 책, 같은 곳:"居敬則常存於事物之中 令此敬與事物 皆不相違 言也須敬 動也須敬 坐也須敬 頃刻去他不得".
126) 吳康, 『宋明理學槪述(一)』, 165쪽 재인용.

127) 『退溪全書』一, 199쪽(「太極圖說」).
128) 『退溪全書』一, 186쪽(卷六, '戊辰六條疏').
129) 『退溪全書』一, 208쪽(「心學圖說」) 참조.
130) 『退溪全書』一, 485쪽 참조.

제 7 장

이율곡의 주기론적 성리학

1. 이기호발(理氣互發)의 불가능 문제

 이율곡(李栗谷, 1536~1584)은 퇴계의 이기호발설(理氣互發說)에 대한 비판을 계기로 보다 독자적인 '주기적(主氣的)' 성리학(性理學)을 말하였다. 양촌(陽村) 권근(權近, 1352~1409)에 의해 조선조 관학으로 정착되기 시작한 주자학(朱子學)은 이퇴계(李退溪)에 의해 방대한 체계를 이루면서 조선조사회에 토착화하게 되었다. 자연과 인간에 관한 제문제를 '이(理)'와 '기(氣)'의 개념으로 사색한 퇴계는 그의 성리학 체계를 주자 정통으로 확립하고 이것과 어긋나는 모든 이론을 이단으로 냉정히 배척하였다. 마침내 퇴계의 주자학이론이 거의 절대적인 권위로서 조선조사회의 정신이 되고 생활원리로 되어가고 있었다.
 율곡은 퇴계 생존 당시에 이미 퇴계에 의해 확립된 주자학체계 가운데 '이발기수(理發氣隨)'를 긍정하는 호발설(互發說)은

'이(理)'와 '기(氣)'를 선·후로 가르는 오류를 범하기 때문에 불가하다고 생각하고 있었다. 그러나 당시 이십대의 율곡은 학문의 연륜이 낮아 퇴계에게 '호발불가(互發不可)'의 문제를 감히 제기할 수 없었다.

퇴계의 사후에 성호원(成浩原)과 사이에 왕복된 '문답서'에서 율곡은 '이기호발(理氣互發)'의 불가함을 논증하면서 '기발이승일도(氣發理乘一途)'를 주장함으로써 퇴계의 주자학체계를 근본적으로 부정하였다. 퇴계가 '이기호발(理氣互發)'을 주장하면서 주리적(主理的)인 성리학을 이야기했다면, 율곡은 호발의 불가를 논증하면서 주기적 성리학을 주장했다고 볼 수 있다. 율곡의 비판정신은 자연과 인간과 윤리적 가치에 대해 퇴계와는 중대한 해석상의 차이를 보여준다.

퇴계의 주리적 성리학이론은 거의 완전히 『주자어류(朱子語類)』로 무장되어 있다. 율곡도 호발(互發)을 주장하는 퇴계의 이기철학(理氣哲學)의 잘못됨을 논증하면서 독자적인 이기철학(理氣哲學)을 주장하는 데에 『주자어류』를 사용하였다. 퇴계나 율곡 모두 자연과 인간과 그리고 인간적 가치에 대하여 '이기(理氣)'로 사색한 주자학도라고 할 수 있다. 그러나 퇴계에 있어서 종교적 사색이 강하게 드러나 있다면, 율곡은 논리적 사색이 강하게 전개되고 있다.

율곡의 철학적 사색이 퇴계의 사색과 충돌을 일으키게 하는 근거는 바로 '호발(互發)'이라는 두 글자에 있다. 율곡은 "퇴계의 병통은 오로지 '호발(互發)'이라는 두 글자에 있으니 애석하도다 退溪之病 專在於互發二字 惜哉"[1]라고 한다. 퇴계이론의 일대 착오는 '이기호발(理氣互發)'을 주장하는 데에 있다고 본다. 퇴계가 전개한 '호발(互發)'의 견해가 그릇된 것으로 증명되면, 그의 방대한 성리학체계는 허구가 된다고 율곡은 보았다. '호발(互發)'의 가부(可否)문제는 결국 율곡이 퇴계의 학통에서 갈라질 수밖에 없었던 결정적인 계기가 된다. 그렇다면 '호발(互發)'의 잘못을 논증하는 율곡논리의 타당성은 어디에 있는가?

율곡은 호발불가(互發不可)논리의 대전제로서 '이(理)와 기(氣)는 하나이면서 둘이고 둘이면서 하나이다 理氣一而二 二而一'라는 원리와 '이(理)와 기(氣)는 서로 떨어질 수 없으면서도 뒤섞이지 않는다 理氣不相離而不相雜'라는 법칙과 '이(理)는 무형무위(無形無爲)하고 기(氣)는 유형유위(氣有形有爲)'라는 법칙을 말한다. 퇴계 '호발설(互發說)'에 대한 율곡 비판의 이러한 대전제들은 인간의 심정(心情)현상까지 포함한 모든 현상을 '이통기국(理通氣局)'과 '기발이승일도(氣發理乘一途)'로 해석할 수밖에 없었던 율곡성리학의 대전제가 되어 있다고 볼 수 있다.

율곡에 의하면 '이기(理氣)'로 모든 존재자의 존재원리를 사색하면서 본원성으로서의 '이(理)'가 존재자의 기질에 내재하기 때문에 기질지성(氣質之性)의 '이(理)'만을 지적하여 본연지성(本然之性)이라고 하는 또 다른 인성(人性)이 별도로 존재할 수 없다는 것이다. 존재하는 것은 '이기합(理氣合)'의 기질지성(氣質之性)뿐이며 개체가 또한 바로 실체라는 것이다. 그렇다면 과연 '이(理)'와 '기(氣)'가 개체 속에서 묘합되어 있는 원리는 무엇인가?

'이기호발(理氣互發)'의 부정은 곧 '이선동(理先動)'의 부정이며, '이선동(理先動)'의 부정은 '기(氣)'를 초월한 '이(理)'의 실재를 부정하는 것이다. 율곡은 "이(理)는 독립할 수 없다. 반드시 기(氣)에 머무른 후에야 성(性)이 된다 但理不能獨立 必寓於氣然後爲性"[2]라고 한다. 현상에서나 근원에서나 '이(理)'는 결코 독자적으로 존재할 수 없다는 것이다.
 기(氣)를 떠난 이(理)의 독자적 세계를 부정하는 율곡은 '기(氣)'의 수양을 통한 '기(氣)'의 본연을 회복하는 것이 인(仁)을 구하는 방법이라고 생각한다. 그렇다면 인간이 수양을 통하여 윤리적 존재일 수 있는 논거는 무엇인가? 퇴계를 비판하는 율곡에게도 이러한 문제가 있다.
 여기서 먼저 우리는 율곡이 호발불가의 대전제로 주장하는 '이(理)와 기(氣)는 둘이면서 하나이고 하나면서 둘이다 理氣一而二 二而一'라는 원리를 검토하면서 율곡의 성리학사상을 이해해보자.

2. 이(理)와 기(氣)는 둘이면서 하나인 원리

 자연과 인간, 그리고 윤리적 가치의 본질과 근원성의 문제를 해결하고자 하는 철학적 사색에 있어서 율곡은 '이(理)'와 '기(氣)'의 개념으로 사고한다. 물론 '이(理)'와 '기(氣)'로 사색하는 사고방식은 송대(宋代) 성리학 전통에 입각한 것이다. 그런데 '이(理)'와 '기(氣)' 양자 중 보다 근본적인 것이 무엇인가라는 물음에 대하여 주자와 퇴계는 '이(理)'를 강조한다.
 그러나 나정암(羅整菴)이나 서화담(徐花潭)은 '기(氣)'를 강조한다. 율곡은 존재자의 근원적 원리로서 '이기(理氣)'는 원래 합쳐진 그 자체로서 본체를 이루고 있다고 본다. '이(理)'와 '기(氣)'는 원래 합쳐져 있는 것이기 때문에 합쳐진 때가 있었던 것이 아니라는 것이다. 율곡에 있어서 '이기(理氣)'는 '이(理)'와 '기(氣)'가 아니라 원초에 있어서 본질적으로 합쳐져 있는

'이기(理氣)'로서 존재자의 본질을 이루고 있다. 율곡이 주장하는 이러한 '이기(理氣)'는 결코 서로 뒤섞이지 않는 '이기(理氣)'로서 모든 존재자의 존재원리가 되어 있다. 율곡은 "이(理)와 기(氣)는 천지의 부모가 된다 理氣爲天地之父母"[3]라고 한다. 이와같이 '이기(理氣)'를 합쳐서 모든 존재자의 존재원리로 해석할 때 이미 학계에 발표된 바와 같이 하이데거Heidegger의 '존재(存在)'의 의미와도 비교해 볼 수 있다.[4] 그러나 하이데거의 존재는 기독교의 신(神)과 같은 맥락에서 해석되어야 한다.

특히 율곡은 주자의 '이(理)와 기(氣)는 결단코 두 가지 존재이다 理氣決是二物'라는 말의 진의가 '이(理)와 기(氣)는 서로 뒤섞이지 않는다 理氣不相挾雜'라는 것을 의미하는 것이라고 말한다.[5] 더욱이 율곡은 '기(氣)'가 생기기 이전에 '이(理)'가 이미 존재한다는 것은 일대 착오라고[6] 단언한다. 뿐만 아니라 이기이물(理氣二物)을 반대하여 '이기(理氣)'가 '하나'이거늘 어디서 '이(理)는 스스로 이(理)며, 기(氣)는 스스로 기(氣)이다 理自理 氣自氣'라는 것을 볼 것인가라고 반문한다.[7] 율곡에게 '이기(理氣)'가 하나인가 둘인가라고 묻는다면 그는 '이기(理氣)'는 하나도 아니며 둘도 아니며 '하나이면서 둘이고, 둘이면서 하나이다 一而二 二而一'라는 견해를 개진했다[8]라고 말한다.

정명도(程明道)가 "기(器) 역시 도(道)이고, 도(道) 역시 기(器)이다 器亦道 道亦器"라고 한 주장과 주자가 "이(理)는 스스로 이(理)고, 기(氣)는 스스로 기(氣)다. 서로 협잡하지 않는다 理自理 氣自氣 不相挾雜"라고 한 주장을 대전제로 율곡은 '이기(理氣)'가 하나이면서 둘이며 둘이면서 하나이다라는 그의 주기론적 성리학의 제1원리를 확립한다. '이(理)와 기(氣)는 하나이면서 둘이고 둘이면서 하나이다 理氣一而二 二而一'라는 제1원리는 율곡의 이기(理氣)철학체계를 확립하는 데에 일종의 자명한 공리(公理)처럼 되어 있다. 율곡의 성리학은 바로 이러한 제1의 원리로부터 출발한다.

이와같은 제1원리에 입각하여 전개되는 율곡의 철학적 사색은 본원(本源)의 문제와 현상 및 심정의 문제에서 퇴계와 그 관점을 달리한다. 그렇다면 먼저 본원의 문제에 있어서 율곡이 어떻게 퇴계와 달리 해석하는가를 보자.

무한히 생성변화하는 우주의 현상 그 자체를 『주역』에서는 '역(易)'이라고 한다. '역(易)'이란 바로 "끊임없이 생성하는 것을 일러 '역(易)'이라고 한다 生生之謂易"[9]라고 할 때의 '역(易)'이다. 끊임없이 생성하는 우주자연현상의 원리인 '역(易)'에는 '역(易)'이 '역(易)'일 수 있는 원리가 있다. 『주역·계사상』에 "역에는 태극이 있으니 태극이 양의를 낳고 양의가 사상을 낳는다 易有太極是生兩儀兩儀生四象"라고 한다. 생성변화하는 '역(易)'을 가능케 하는 원리가 바로 '태극(太極)'이라는 것이다.

그런데 이 태극을 송·원(宋元)의 유학자들이 대개 '이일(理一)'로 해석하였다. 주자도 "태극은 이(理)이다 太極者其理也"라고 하며, 양의(兩儀)를 음양이 나누어진 것으로 주해하고 "음양은 바로 기다 陰陽是氣"라고 하였다. 물론 퇴계도 주자에 따르며 율곡도 마찬가지로 "이는 태극이며 기는 음양이다 理者太極也氣者陰陽也"[10]라고 한다. 태극의 '이(理)'가 '양의(兩儀)'의 '음양기(陰陽氣)'를 '생(生)'하는 관계로 해서 무궁한 '역(易)'의 우주현상이 전개된다는 말이다.

그런데 문제가 된 것은 '생(生)'자의 의미다. '생(生)'자의 의미 해석에서 율곡은 퇴계의 해석을 거부한다. '생(生)'자의 의미에 대한 해석이 율곡과 퇴계가 갈라지게 하는 결정적인 계기가 된다. 퇴계는 '생(生)'자의 의미를 글자 그대로의 의미로 해석하여 '창조하다'라는 뜻으로 본다. 그는 이기이물(理氣二物)이니까 '생(生)'이라 했으며, 또한 '이기이물(理氣二物)'이니까 주염계(周濂溪)가 『태극도설』에서 '합(合)'이라는 글자를 사용했다는 것이다. 그리고 '합(合)'이 있다면 반드시 '합(合)' 이전은 양자 별물(別物)일 수밖에 없다는 것이다. 이와같이 해석하게 되면 결국 '이생기(理生氣)'를 긍정하게 되고, '이(理)'의 초월적 실체와 이동(理動)을 긍정할 수밖에 없다.

퇴계는 '이기이물(理氣二物)'이므로 『주역』에서 '도(道)'를 '형이상(形而上)'에 분속시키고 '기(氣)'를 '형이하(形而下)'로 분속시켰다고 주장하며, 정명도 또한 '기즉도(器則道)'라 하지 않고 '기역도(器亦道)'라고 하였다는 것이다. 다만 기(器)를 따라서 도(道)를 탐구할 수밖에 없기 때문에 '기역도(器亦道)'라고 했으며, 도(道) 밖에 기(器)가 존재하지 않기 때문에 '도역기(道亦器)'라고 했다는 것이다.[11]

특히 퇴계는 주자가 "이(理)에 동정이 있기 때문에 기(氣)에도 동정이 있다. 만약 이(理)에 동정이 없다면 기(氣)가 어찌 스스로 동정할 수 있겠는가? 理有動靜 故氣有動靜 若理無動靜 氣何自而有動靜乎"라는 말을 논거로 '태극이 음양을 낳는다 太極生陰陽'라는 것을 변증한다.[12] 오히려 기(氣)운동에 선행해서 이(理)의 운동이 있다는 것이다. 퇴계는 '이(理)'가 스스로 작용하므로 '양(陽)'을 생하고 '음(陰)'을 생한다라고 주장한다.[13]

퇴계의 입장에서 보면, 그에게 있어서의 '이(理)'는 모든 존재자의 근원으로서 존재자를 초월하여 실재하는 동시에 존재자의 존재법칙으로서 존재자에 내재한다. 또한 그는 '생(生)'자의 의미를 문자 그대로 해석함으로써 '이생기(理生氣)' 내지 '이동

(理動)'과 '이발(理發)'을 결과적으로 주장하였다.

그런데 율곡의 입장은 퇴계와 전혀 다르다. 비록 '이(理)'를 기(氣)와 분별하여 충막무짐(冲漠無朕)한 것이라고 말할 수 있다고 하더라도 실제로 '이(理)'가 '기(氣)'를 초월하여 실재할 수 없다는 입장이다.[14] '이(理)'는 결코 '음양기(陰陽氣)'를 초월하여 실재할 수 없다는 것이다. '이생기(理生氣)'가 있을 수 없으며, '태극즉리(太極則理)'와 '음양기(陰陽氣)'가 호동(互動)한다는 것은 모순이라는 것이다. 율곡의 주장에 따르면, 나정암은 이기일물(理氣一物)의 병에 걸렸으며 퇴계는 '이기호발설(理氣互發說)'과 '이발기수설(理發氣隨說)'을 주장하는 허물을 가졌으며, 서화담은 '기(氣)'를 '이(理)'로 잘못 본 병에 걸렸다는 말이다.[15]

이러한 논거에서 볼 때 율곡은 '이기(理氣)'를 나정암과 같이 하나로 처리하지는 않았다. 그러나 율곡은 '이기호발(理氣互發)'을 긍정하는 퇴계처럼 '이기(理氣)'를 두 가지로 나눌 수 없다고 주장한 것이다. 그러면 인간을 포함하는 모든 자연존재자의 존재를 가능케 하는 '이기묘합(理氣妙合)'의 원리는 무엇인가? 물론 여기에 있어서 우리는 율곡이 '이(理)와 기(氣)는 하나이면서 둘이고 둘이면서 하나이다'라는 원리에 입각하고 있다고 본다.

율곡은 앞에서 말한 '생(生)'자의 의미를 글자 그대로의 의미로 해석하기를 거부한다. '태극이 양의를 낳는다 太極是生兩儀'는 말은 태극이 음양의 근본이 됨을 말한 것에 불과하다는 것이다. 오히려 '생(生)'자라는 글자의 의미를 글자 그대로 해석하여 '기(氣)'가 생기기 이전에 '이(理)'가 있었다고 보는 것은 일대 착오라는 것이다. 이렇게 율곡은 이미 퇴계를 암암리에 비판하면서 주자 정통에 은연중 도전하고 있다. 율곡은 '이기(理氣)'를 이물(二物)로 구분하고자 하는 자는 '도(道)'를 제대로 알지 못하는 자라고 하면서 퇴계를 비판한 것이다.[16]

율곡은 이와같이 '음양기(陰陽氣)'를 초월한 '이(理)' 그 자체만의 독자적 실재를 집요하게 부정하면서 '이생기(理生氣)'를 반대하고 있다. 그는 "이(理)와 기(氣)의 유행이 모두 이미 그러한 것일 뿐이지 어찌 '미연(未然)'의 때가 있겠는가 理氣之流行 皆已然而已 安有未然之時乎"[17]라고 하여 초월적 실체를 근본적으로 부정한다. 존재하는 것은 오직 '이기묘합(理氣妙合)'에 의해 전개되고 있는 그대로인 사실의 세계뿐이라고 본다.

그런데 이러한 비판의 논리는 나정암에 있어서도 찾아볼 수 있다. 나정암은 '이(理)'를 '기의 이[氣之理]'로 규정하여 '이(理)'가 '기(氣)'와 독립하여 실재할 수 있는 것으로 보지 않는다. 더욱이 나정암은 "이(理)라고 하는 것은 처음부터 별도의 존재로 있는 것이 아니라 기(氣)에 의지하여 비로소 설 수 있다 是卽所謂理也 初非別有一物 依於氣而立"[18]라고 말하면서 주자가 끝내 '이기(理氣)'를 두 가지로 보는 잘못을 했다는 것이다. 율곡과 나정암은 '생(生)'자가 가지는 글자 그대로의 의미를 부정하는 데에 있어서 동일한 관점에 서 있다고 할 수 있다. 오히려 우담 정시한(丁時翰, 1625~1707)이, 율곡은 충실한 나정암의 조술자(祖述者)[19]라고 할 만큼 율곡에게 있어서 정암의 영향은 크다고 하지 않을 수 없다.

그렇다면 인간을 포함한 모든 존재자에 있어서 이기(理氣)가 '하나이면서 둘이고 둘이면서 하나'로 묘합되어 있는 원리를 어떻게 논리적으로 이해해야 할 것인가? 이것은 분명히 사고의 자명한 공리인 동일율을 위배하고 있다. 율곡은 '이(理)

와 기(氣)는 하나이면서 둘이고 둘이면서 하나이다'라는 원리를 변증하여, "이(理)는 기(氣)의 근저이며, 기(氣)는 이(理)가 머무르는 바의 곳이다. 존재자의 원리로서 '이기(理氣)'는 불상리(不相離)이므로 두 가지의 물(物)이 아니며, 불상잡(不相雜)이기 때문에 하나의 물(物)도 아니므로 '이(理)와 기(氣)는 하나이면서 둘이고, 둘이면서 하나이다'"라고 말한다.[20]

'이(理)와 기(氣)는 하나이면서 둘이고, 둘이면서 하나이다'라는 율곡성리학의 제1원리를 확증하는 율곡의 논거는 바로 '이(理)와 기(氣)는 서로 떨어질 수도 없고 섞일 수도 없다'라는 법칙이다. '이(理)와 기(氣)는 서로 떨어질 수도 없고 섞일 수도 없다'라는 법칙은 퇴계를 비판하는 척도인 동시에 주자로써 주자를 비판하는 무기가 되기도 했다. 그러면 이러한 법칙에 입각하여 율곡이 퇴계를 어떻게 비판하면서 자기의 이기(理氣)철학체계를 전개해 나가는지 분석해보기로 하자.

3. 이기(理氣) 불상리(不相離)의 법칙

율곡은 '이기(理氣)'가 서로 떨어진다면, 정자(程子)가 '음양에는 시작이 없다 陰陽無始'라는 말을 할 수가 없다고 주장한다.[21] 비록 '이(理)는 스스로 이(理)고, 기(氣)는 스스로 기(氣)'이지만 '이기(理氣)'는 혼륜무간(渾淪無間)하며 무선후(無先後)이며 또한 무이합(無離合)이므로 두 가지의 물(物)이 아니라는 것이다. 그는 주장하기를 "비록 '이(理)'는 스스로 '이(理)'가 되고 '기(氣)'는 스스로 '기(氣)'가 되지만, 이 둘 사이에는 아무런 간격이 없고 '선후(先後)'와 '이합(離合)'도 없으니 두 사물이 된다고 볼 수 없으며, 그러므로 두 사물이 아니다. 이런고로 '동정(動靜)'에 단서가 없고 '음양(陰陽)'에 시작이 없으며 '이(理)'에도 시작이 없기 때문에 '기(氣)'에 또한 시작이 없다 雖理自理 氣自氣 而渾淪無閒 無先後 無離合 不見其爲二物 故非二物也 是故動靜無端 陰陽無始 理無始 故氣亦無始也"[22]라고 하였다. '이기(理氣)'가 둘이 아니므로 동·정(動靜)에 단서[端]가 없으며 음양에는 시작이 없다. '기(氣)'를 떠나 실재할 수 없는 '이(理)'가 바로 '시작이 없기[無始]' 때문에 '기(氣)' 또한 '시작이 없다'라고 율곡은 주장하는 것이다. 더욱이 '이기(理氣)'가 혼륜하여 서로 떨어질 수 없는데 하물며 '이기(理氣)'가 상대적으로 호발(互發)한다는 것은 있을 수 없는 것이라고 본다.[23]

만일 주자가 참으로 '이기호발(理氣互發)'을 주장하는 뜻에서 '이(理)에서 발하고, 기(氣)에서 발한다 發於理 發於氣'라는 것을 주장했다면, 주자도 역시 큰 착오를 범했다고 율곡은 본다.[24] 율곡의 관점에서는 '이기(理氣)'가 서로 떨어질 수 없으므로 그 발용(發用)이 한 가지일 뿐이지 결코 '호발(互發)'이 있을 수 없다고 한다. 만일 퇴계와 같이 '호발(互發)'을 긍정하고 보면 '이기(理氣)'에 선후(先後)와 이합(離合) 그리고 동·정에 '단서'와 음양에 '시작'을 긍정하는 일대 착오를 범하게 된다는 것이다.

율곡은 정명도가 '기(器) 또한 도(道)이고, 도(道) 또한 기(器)이다 器亦道 道亦器'라고 한 것은 '이(理)와 기(氣)가 서로 떨어질 수 없다 理氣不相挾雜'라는 것을 의미하는 것이며, 주자가 '이(理)와 기(氣)는 결코 두 가지가 아니다 理氣決是二物'라고 한 것은 '이(理)와 기(氣)는 서로 협잡할 수 없다 理氣不相挾雜'라는 것을 의미하는 것으로 해석한다.[25] 그런데 율곡은 퇴계가 주장한 '이(理)가 발하고 기(氣)가 따른다 理發氣隨之'에는 바로 '이선기후(理先氣後)'의 잘못이 있다고 비판한다.[26] 퇴계가 주장한 '이(理)가 발하고 기(氣)가 따른다'라는 설은 '이(理)와 기(氣)는 서로 섞일 수 없다 理氣不相雜'라는 법칙에 위배된다고 본 셈이다. '태극이 동하여 양을 낳는다 太極動而生陽'라는 주염계의 말은 태극, 즉 '이(理)'가 '음양기(陰陽氣)'의 추뉴(樞紐)가 된다는 의미이지, 결코 '이(理)'가 '무(無)'에서 '음양기(陰陽氣)'를 생성한다는 뜻이 아니라는 것이다.[27] 말하자면 '이기(理氣)'가 뒤섞이어 원래 서로 떨어질 수 없으므로 음양(陰陽)의 시작이란 존재할 수 없다는 뜻이다.[28]

율곡에게 있어서 존재자의 세계는 처음과 끝이 없이 끊임없이 생생하며 변화하는 자연적 사실의 세계일 뿐이다. '이(理)와 기(氣)는 서로 떨어질 수도 없고 뒤섞일 수도 없다'는 법칙을 벗어난 어떠한 실체, 어떠한 본원(本源), 어떠한 시원(始原)도 존재하지 않는다. 오로지 존재하는 것은 '이(理)와 기(氣)는 서로 떨어질 수 없다'는 법칙에 따라 전개되는 유행(流行)의 세계일 뿐이다. 본원에서나 현상에서나 심정(心情)에서나 '이(理)와 기(氣)는 서로 떨어질 수도 없고 섞일 수도 없다'는 법칙을 예외 없이 적용하는 데서 그는 퇴계와 이해를 달리한다.[29]

'이(理)'의 근원이 '하나'이면 '기(氣)'의 근원도 '하나'이다. 왜냐하면 '이(理)와 기(氣)가 서로 떨어질 수 없으니까' 그러하다.[30] 여기에서 율곡은 '이일분수(理一分殊)'설을 주장한다. '이일(理一)'은 '이(理)'의 체(體)며 '이분수(理分殊)'는 곧 '이(理)'의 용(用)이다. '이(理)'에 '분수(分殊)'가 있는 것은 '이(理)와 기(氣)가 서로 떨어질 수 없어서' 기유행(氣流行)에 '이(理)'가

승기유행(乘氣流行)하니까 '이분수(理分殊)'라고 한다. 특히 율곡은 '이(理)'가 '기(氣)'를 타고 운행하며 한결같지 않음을 물과 그릇의 관계를 가지고 비유해서 말한다.[31] 그는 '이(理)와 기(氣)는 서로 떨어질 수도 없고 서로 섞일 수도 없다'는 법칙에 따라 현상세계를 설명한다.

율곡은 나정암과 마찬가지로 '이(理)'를 떠난 '기(氣)'의 실재화도 반대하는 동시에 '기(氣)'를 떠난 '이(理)'의 실재화나 존엄성도 반대한다.[32] 여기에서 마침내 율곡 자신의 독자적인 성리학이론을 구성하고자 노력하였다.

그런데 퇴계의 '호발(互發)'을 비판하는 준거로써 율곡이 전제로 하는 또 하나의 법칙은 '이(理)에는 형상과 활동이 없으나 기(氣)에는 형상과 활동이 있다 理無形無爲 而氣有形有爲'라는 법칙이다. 그러면 다시 '이(理)에는 형상과 활동이 없지만 기(氣)에는 형상과 활동이 있다'라는 법칙을 전제로 하여 퇴계의 '호발(互發)'을 비판하는 율곡의 논증을 분석해 보도록 하자

4. 기(氣)의 유형유위의 법칙

"무형무위(無形無爲)이면서 유형유위(有形有爲)의 주(主)가 되는 것은 이(理)며, '유형유위(有形有爲)'이면서 '무형무위(無形無爲)'의 기(器)가 되는 것이 기(氣)라는 말은 이기(理氣)를 연구하는 큰 단서가 된다"라고 율곡은 주장한다.[33] 다시 말하면 '이(理)에는 형상과 활동이 없으나, 기(氣)에는 형상과 활동이 있다 理無形無爲 而氣有形有爲'라는 법칙은 율곡이 자신의 독자적인 학설을 주장할 수 있는 근거가 된 동시에 퇴계의 '호발설(互

發說)'을 비판할 수밖에 없었던 또 하나의 논거가 되었다.
 이(理)에는 형상이 없으나 기(氣)에는 형상이 있으므로 이통기위(理通氣爲)이며, 이(理)에는 활동이 없으나 기(氣)에는 활동이 있으므로 기(氣)가 발하고 이(理)는 그것에 탈 뿐이다라는 주장을 바탕으로 하여 율곡은 퇴계의 호발설과는 달리 '기발이이승일도설 氣發而理乘一途說'을 주장하였다.[34]
 우리는 여기서 '이(理)에는 형상과 활동이 없지만 기(氣)에는 형상과 활동이 있다'라는 법칙을 '이(理)에는 형상이 없으나 기(氣)에는 형상이 있다'라는 것과 '이(理)에는 활동이 없으나 기(氣)에는 활동이 있다'라는 두 법칙으로 편의상 구분하여 분석해보자. 이것을 위해 우리는 먼저 '무형(無形)'의 '이(理)'와 '유형(有形)'의 '기(氣)'가 묘합해 있는 원리는 무엇인가 하는 문제부터 검토하자.
 율곡은 '이기(理氣)'가 묘합해 있는 관계를 설명하여 "무형은 유형에 있다 無形在有形"라고도 하며 "이(理)는 기 가운데에 있다 理在氣中"라고도 한다.[35] 물론 이러한 그의 주장이 주자 정통에 따르는 것으로 그는 확신한다. 따라서 율곡은 주자의 말 "태극은 단지 음양기 안에 있다 太極者只是在陰陽裏"를 근거로 해서 이(理)가 음양기 안에 내재한다고 하며 "지금의 사람들은 음양 위에 별도로 한 개의 무형 무영의 태극이 있다고 하는데 그렇지 않다 今人說陰陽上面別有一箇無形無影底是太極非也"[36]라고 주장한다. 태극은 원래 음양기(陰陽氣)와 함께 존재하므로 결코 음양의 위에 다시 별도로 무형의 근본이 존재하지 않는다고 말한다. 그래서 율곡은 '이(理)에는 형태가 없으나 기(氣)에는 형태가 있다'는 법칙을 대전제로 율곡 자신의 용어인 '이통기국(理通氣局)'의 설을 주장한다.

그러면 '이통(理通)'이란 무엇을 의미하는가? 율곡에 의하면, '이(理)'가 '기(氣)'를 타고 유행하여 한결같지 않기 때문에 여러 갈래로 갈라지지만, '이(理)'의 '본연지묘(本然之妙)'는 '기(氣)'의 편전(偏全)과 청탁수박(淸濁粹駁)에도 그 '하나'의 보편성을 잃지 않으니, 이것이 바로 '이통(理通)'이다.

　그렇다면 '기국(氣局)'이란 무엇인가? 율곡에 의하면, '기(氣)'가 이미 형체화되면서 본말(本末)이 있게 되고 선후(先後)가 있게 되면, 승강비양(升降飛揚)의 작용으로 인해 '기(氣)'의 본연을 잃게 되는 것이 허다할 뿐만 아니라, 편전청탁(偏全淸濁) 등으로 한결같지 아니하여 각양각색인 모습이 되니 이것이 바로 '기국(氣局)'이다. 그래서 '기국(氣局)'에 있어서 '이(理)'는 '개개사물에 따라 만 가지 이(理)로 나누어진다 理之萬殊'라고 한다.[37]

　율곡이 말하는 '이통(理通)'이란 천지만물은 '동일한 이[同一理]'를 가지며, '기국(氣局)'이란 천지만물의 기(氣)는 개개사물의 '기(氣)'로 된다는 것이다. '이일분수(理一分殊)'란, '이(理)'는 본래 '하나'이지만 '기(氣)'로 인해서 한결같지 않게 되어 그것의 거하는 바에 따라서 각각의 '이(理)', 조리(條理)의 이(理)로 된다는 말이다.[38] '이일(理一)'이므로 '이통(理通)'이며, 만물이 각각 하나의 '기(氣)'이므로 '기국(氣局)'이다라는 말이다. '기국(氣局) 경우의 이(理)'는 다양한 개물(個物)의 조리로 분화된다는 의미다. 그래서 율곡은 "이(理)가 비록 하나이지만 기를 타게 되니 만 가지로 나뉘어지게 된다 理雖一而旣乘於氣 則其分萬殊"[39]라고 한다.

　율곡은 '이(理)에는 형체가 없으나 기(氣)에는 형체가 있다'는 법칙에서 '이통기국설(理通氣局說)'을 끌어내었고, '이통기국설(理通氣局說)'의 변증에서는 '이와 기(氣)가 서로 떨어질 수 없다 理氣不相離'라는 법칙에서 그랬던 것처럼 '이일분수설(理一分殊說)'을 전개한다. 여기에 불교의 화엄(華嚴)철학의 영향을 생각하지 않을 수 없다. '이(理)와 기(氣)는 서로 떨어질 수 없다'는 법칙에 따라서 볼 때, '이일(理一)'에 '기지원일(氣之源一)'을 긍정하면 '이만수(理萬殊)'에 '기만수(氣萬殊)'를 긍정하는 논리로 비약할 수도 있다. 오히려 율곡의 사색도 나정암과 마찬가지로 '이일분수(理一分殊)'와 '기일분수(氣一分殊)'가 하나로 통일되어 있다고 볼 수도 있다.[40] '이일(理一)'에 '이통(理通)'이면 '기일(氣一)'에 '기통(氣通)'이며, 기유행(氣流行)하여 기국(氣局)이면 '이승기유행(理乘氣流行)'하니 또한 '이국(理局)'이라 할 수 있다. 그렇지만 율곡은 '통(通)'을 '이(理)'의 '무형(無形)'에만 돌리고 '국(局)'을 '기(氣)'의 '유형(有形)'에만 분속시키는 관점에서 퇴계를 비판한 것이다.

율곡은 '이통기국설(理通氣局說)'이 본체(本體)상에서나 유행하는 현상계에서나 일관된다고 보고서 말하기를 "본체 가운데 유행이 갖추어져 있으며 유행 가운데에 본체가 갖추어져 있다. 이것으로부터 유추해서 알 수 있는 사실은 바로 이통기국(理通氣局)의 법칙이 어느 한 곳에만 적용되는 것이 아니라는 사실이다 本體之中流行具焉 流行之中本體存焉 由是推之 理通氣局 果落一邊乎"[41]라고 한다. 본체 가운데 유행의 현상이 갖추어져 있으며, 유행 가운데 본체가 존재한다는 것이다.

아래에 계속해서 '이(理)에는 작용이 없으나 기(氣)에는 작용이 있다 理無爲而氣有爲'라고 하는 법칙을 시비판단의 기준으로 해서 전개되는 율곡의 퇴계 비판의 논증과 이것에 준해서 말하는 그의 독자적 학설 등을 분석해 보겠다.

퇴계는 '이(理)'의 작용을 긍정함으로써 '이(理)와 기(氣)는 서로 작용을 가진다 理氣互有發用'라는 것을 주장한다.[42] 율곡은 '이(理)'에는 결코 운동이 있을 수 없고 작위가 있을 수 없다고 보며 또한 그는 주자의 천도유행(天道流行)이라는 말도 오직 '이(理)'가 '기(氣)'를 타는 것을 가리켜 말한 것이라고 한다. 율곡은 한결같지 아니한 현상의 동적(動的) 변화는 기(氣)의 작용 때문이라고 본다. 다만 그 '기(氣)'를 타고 한결같지 아니한 원인이 되는 것은 '이(理)'라는 것이다.

다시 말하면 "발하는 것 자체는 기(氣)이고, 발하게 하는 원인은 이(理)다 發之者氣也 所以發者理也"라고 말하고, 이 말은 성인이 다시 이세상에 태어나도 바꿀 수 없는 말이라고 율곡은 주장한다.[43] 이와같이 '이(理)에는 작용이 없으나 기(氣)에는 작용이 있다'는 법칙은 율곡의 이기론(理氣論)를 성립시키는 절대적인 법칙이다. 발(發)하는 것은 오로지 '기(氣)'일 뿐이며, '이(理)'는 어디까지나 그 발하는 것을 타는 것으로서 발하는 것의 원인일 뿐이다.

그는 말하기를 "기(氣)가 발하여 이(理)가 그것을 탄다 氣發而理乘"라고 한다.[44] '이(理)에는 작용이 없으나 기(氣)에는 작용이 있기 때문에' '이(理)와 기(氣)는 서로 떨어질 수 없으며 또한 서로 뒤섞일 수도 없다'는 법칙에 따라 '기발(氣發)'에 '이(理)'가 탈(乘) 뿐이라고 율곡은 확신한다. 물론 '기(氣)가 발하여 이(理)가 그것에 탄다'라고 하는 것은 '기(氣)'가 '이(理)'에 앞선다는 것을 의미하는 것은 아니며, 단지 '기(氣)에는 작용이 있으나 이(理)에는 작용이 없기 때문에' 율곡은 부득이 그렇게 말할 뿐이라는 것이다.[45]

바꾸어 말하면 태극과 음양이 함께 '동(動)'할 수 없는데, '이기(理氣)'가 함께 '발(發)'한다는 것은 오류라는 것이다.[46] '이(理)에는 작용이 없으므로' 이(理)와 기(氣)가 함께 '동(動)'할 수 없으며 함께 '동(動)'할 수 없으니까 '오직 기(氣)가 발하여 이(理)가 그것을 탈 뿐'이라는 것이다. 그렇다면 '기(氣)가 발하고 이(理)가 그것을 탄다'는 말의 진의는 무엇인가?

율곡에게는 결코 '기(氣)'를 운동시키는 타자(他者)가 존재하지 않는다. '기(氣)'의 작용은 '기자이(機自爾)'일 뿐이다. 그 의미는 기(氣)에 있는 세력이 스스로 동정(動靜)한다는 말이다. 오히려 율곡이 말하는 '이(理)'는 '기(氣)' 운동의 자기법칙으로서 '기(氣)'에 내재하는 내재율이라고 하겠다. '양(陽)'의 '동(動)'에 '이(理)'가 타는 것이지 결코 '이(理)' 자체가 움직이는 것은 아니라는 것이다.

율곡은 또한 자기 주장의 근거로서 주자 말을 인용하여, 음양기(陰陽氣)는 '기자이(機自爾)'일 뿐이며 이(理)는 음양의 소이(所以)라고 한다. 주염계가 '태극동이생양(太極動而生陽)'이라고 말한 것도 아직 존재하지 아니하는 미연(未然)의 세계에 있어서 이기(理氣)관계를 말한 것이라고 보고, 존재하는 사실의 세계는 오로지 '동정기자이(動靜機自爾)'에 '태극(太極)'이 올라 타 있는 이미 존재하는 '이연(已然)'의 세계라고 본다.

율곡의 이러한 주장은 천지의 조화 뿐만 아니라 '내 마음의 작용[吾心之發]'에도 일관된다. '발(發)'하는 것은 오로지 '기(氣)'일 뿐이라는 대전제에서 '이(理)에는 작용이 없으나 기(氣)에는 작용이 있다'라고 하는 법칙에 준해서 율곡은 "오직 기(氣)가 발하여 이(理)가 이것을 탈 뿐이다"라고 한다. 이러한 주장은 자연과 인간과 그리고 심성정(心性情) 및 윤리적 가치에 이르기까지 일관된다.

더욱이 율곡은 '내 마음[吾心]'의 발용(發用)과 천지의 조화는 같다고 보고 천지의 조화에 두 개의 근본이 없으며, '내 마음(吾心)'의 발용에도 두 개의 근본이 있을 수 없다고 하였다. '발(發)'하는 것은 '기(氣)'이며 '발(發)'하게 하는 것은 '이(理)'이며 이기(理氣)에는 선·후와 이합(離合)'이 있을 수 없다. 그러므로 '이기(理氣)는 결코 호발(互發) 할 수 없다'는 것이다.[47]

따라서 율곡은 인간적 가치를 체득함에 있어서 순선(純善)으로 모든 존재자에게 통해 있는 '무형무위(無形無爲)'의 '이(理)'를 수학(修學)할 수는 없다고 본다. 순선무악(純善無惡)한 '이(理)'가 '기(氣)'로 인해서 엄폐되어버린다는 것이다. 그래서 '기(氣)'의 수학(修學)을 율곡은 강조하여 호연지기(浩然之氣)를 말한다. 이제 '기(氣)'의 수학을 강조하고 퇴계의 '호발설(互發說)'을 비판하는 율곡은 어떻게 인간의 심성정문제와 인간적 가치를 이해하였는가를 검토해 보자.

5. 인간적 가치와 심성정론(心性情論) 분석

인간만이 가질 수 있는 동시에 인간을 인간적일 수 있게 하는 특성 또는 성품이 있다면, 그것을 우리는 인간적 가치라고 하겠다. 그러면 인간을 인간적일 수 있게 하는 가치를 어디에서 찾을 것인가?

율곡은 오직 인간만이 수양할 수 있는 유일한 존재이며, 인간만이 수양의 효과가 또한 가능하다고 본다.[48] 인간만이 수양 가능한 도덕적 존재라는 것이다. 인간만이 도덕적 존재일 수 있다고 확신하는 점에서 보면 퇴계도 마찬가지다. 최고의 도덕적 존재로서 성인(聖人)이 되고자 노력하는 것을 인생의 소임으로 보며, 위학(爲學)의 궁극적인 목표로 보는 것은 주자학의 정신이다. 율곡은 『성학집요・입지장(聖學輯要立志章)』에서 먼저 주자의 말 "무릇 인간은 성현이 되는 것을 자기 소임으로 해야 한다 凡人須以聖賢爲己任"라는 것을 인용 강조한다.[49] 수양의 효과는 인간만이 있으니 인간은 수양의 효과를 극대화하여 마침내 천지를 위하고 만물을 기르는 데에 이르러서야 필생의 소임을 다하는 것이다.

인간 필생의 목표는 바로 천지(天地)의 덕(德)과 합치하는 성인(聖人)의 경지에 도달하는 것이다.[50] 율곡에 있어서도 퇴계와 마찬가지로 성인은 인생의 최고 목표이며 위학(爲學)의 최고 목표다.[51] 여기에 또한 인간은 모두 노력만 하면 순(舜)임금과 같은 성인이 될 수 있다는 주자의 말이 전제된다.[52] 주자나 퇴계와 마찬가지로 율곡도 분명히 인간이 자연적 존재로부터 벗어나 윤리적 존재일 수 있다는 점에서 인간적 가치를 추구한다.

최고의 도덕적 존재인 성인은 그 기질이 맑고 순수하여 오성(五性)의 도덕법 전체를 완전히 실현한다. 그래서 성인에게 있어서 '인심(人心)'이 또한 '도심(道心)'이라고 율곡은 말한다.[53] 그러나 과연 인간에게 성인이 될 수 있는 근거가 있는가? 다시 말해서 왜 인간만이 수양 가능한 도덕적 존재일 수 있는가? 천지만물은 그 '기(氣)'가 편벽되고 막혀서 수양 자체가 전혀 불가능하다. 단지 인간만이 '기(氣)'의 정(正)과 통함[通]을 얻어서 수양이 가능하다고 율곡은 말한다.[54]

수양의 결정적인 계기는 '심(心)'에 있다. 인간의 '심(心)'이 허령(虛靈)하고 통철(洞徹)하여 만 가지 '이(理)'를 갖추고 있어서 인간으로 하여금 탁박(濁駁)한 기질도 맑고 순수한 기질로 변

화시켜 성인이 될 수 있게 한다는 것이다.[55]

다시 말하면 인간은 탁박한 기질도 수양하여 맑고 순수한 본연의 기질로 변화시킬 수 있게 하는 '심(心)'을 가진 존재라는 말이다. 인간으로 하여금 성인과 같은 윤리적 존재일 수 있게 하는 결정적 요소는 바로 '심(心)'이다고 그는 주장한다. 그렇다면 '마음 다스리는 치심(治心)'의 방법이 문제되지 않을 수 없다. 여기에서 우리는 먼저 율곡이 말하는 '심(心)' 그 자체에 대하여 분석해 보자.

율곡은 '심(心)'을 '기(氣)'라고 주장한다. 퇴계가 '심은 진실로 이기(理氣)의 합(合)이다'[56]라는 입장에서 '이기호발(理氣互發)'을 변증했다면, 율곡은 '심이 기이다 心是氣'라는 입장에서 퇴계의 '호발(互發)'을 비판했다. 율곡은 '심(心)'을 오직 기(氣)라고 주장하며, '심(心)'이 발한 결과가 경우에 따라 성명(性命)의 도덕법을 위한 것도 있고 형기(形氣)의 식색(食色)을 위한 것도 있다. 그래서 '도심(道心)'과 '인심(人心)'의 두 가지 이름도 있다고 본다. 그러나 원래 심(心)은 '일심(一心)'이며[57] 그것은 '기(氣)'다. 즉, 율곡의 주장은 "마음의 허령과 지각은 하나일 뿐이다 心之虛靈知覺一而已矣"라고 한 주자의 말을 중요한 논거로 삼는다.[58] 이러한 그의 관점은 '사단칠정설(四端七情說)'에도 일관된다. 율곡은 "지각은 하나이므로 인심과 도심도 두 가지 마음이 아니다. 인심·도심이 두 가지 마음이 아니므로 사단과 칠정 또한 두 가지 '정(情)'이 아니다 知覺則一也 故曰人心道心非二心也 人心道心非二心 則四端七情亦非二情也"[59]라고 말한다. '인심(人心)'과 '도심(道心)'은 두 가지 마음이 아니며, '사단(四端)'과 '칠정(七情)'도 두 가지 '정(情)'이 아니다. 다만 '사단칠정(四端七情)'을 말할 때는 '심(心)'이 발하는 시초가 되는 '정

(情)'에 대한 입론(立論)이며, '인심도심(人心道心)'을 말할 때는 '심(心)'이 이미 발(發)한 정의(情意)에 대한 입론으로 율곡은 본다.[60] '인심도심(人心道心)'은 바로 '정의(情意)'를 통칭해서 입론한 것이다.

'인심도심(人心道心)'에 대한 주자의 '혹원혹생론(或原或生論)'은 바로 '심(心)'이 이미 발(發)한 결과를 보고 입론한 것으로 본 주장이다.[61] '정(情)'에는 '기발이승일도(氣發理乘一途)'만을 주장하는 율곡이 '인심도심설'에 있어서는 '주리주기론(主理主氣論)'[62]과 시종설(始終說)[63]을 주장한다. 그는 결코 퇴계와 같이 '이발(理發)'은 '도심(道心)'으로 '기발(氣發)'은 '인심(人心)'으로 분속할 수는 없다고 본다. 따라서 율곡은 주자가 '인심도심(人心道心)'을 '혹원혹생(或原或生)'으로 해명한 것이 퇴계의 호발설(互發說)과는 다르다고 말한다.

이러한 논점의 근거로써 율곡은 '심(心)'의 체용설(體用說)을 주장한다. 율곡에 의하면 '심(心)'의 본체는 '심(心)'의 '이(理)'로서 성(性)이며 '심(心)'의 작용은 정・의・지(情意志)다.[64] 여기에서 정(情)은 성(性)에 근원하며, 의(意)와 지(志)는 심(心) 그 자체의 작용이다.[65] 또한 '심(心)'그 자체가 발하는 것인 한 '기(氣)'일 수밖에 없다.

여기에 심・성・정(心性情)의 삼자(三者)관계가 문제된다. 율곡은 앞에서 언급한 바와 같이 '하나의 지각자[知覺者一]'를 전제해서 '하나의 심[心一]'을 주장하고 '하나의 심[心一]'을 전제해서 다시 '하나의 정[情一]'을 주장하였다. 또한 그는 '하나의 성[性一]'을 주장하고 이것을 전제로 해서 '하나의 정[情一]'을 주장한다.[66]

율곡은 성정(性情)에는 본래 '이기호발(理氣互發)'의 이치가 있을 수 없으며, 주자의 '성(性)이 발하여 정(情)이 된다 性發爲情'라는 말도 단지 '기(氣)가 발하고 이(理)가 그것을 타서 정(情)이 된다 氣發而理乘而爲情'는 것을 의미한 것이라고 본다.[67] '이(理)에는 형체도 작용도 없으며 기(氣)에는 형체와 작용이 있다'는 법칙에 준해서 율곡은 성정(性情)문제를 분석한다. 따라서 그에게 있어서 성(性)은 '심(心)'의 '이(理)'이며, '성(性)'에 근원한 '심발(心發)'은 정(情)이며, '심이 발하여 정이 된' 연후에 이것을 사려(思慮)하는 것은 '의(意)'며, 그리고 정발(情發) 이후 결의(決意)하는 능력은 '지(志)'라는 것이다.[68]

그러면 '심(心)'의 본체인 성(性)은 왜 일(一)인가? '이(理)'는 능히 홀로 독립해서 실재할 수 없다. '이(理)'가 반드시 '기(氣)'를 만난 연후에 '성(性)'이 된다고 율곡은 본다. 따라서 율곡은 "이(理)는 홀로 독립할 수 없으며, 기(氣)에 머무른 후에야 성(性)이 있게 된다 但理不能獨立 必寓於氣然後爲性"[69]라고 주장한다. 그렇다면 '성(性)'에 본연지성과 기질지성을 구분하는 기준은 무엇인가? 율곡은 본연지성과 기질지성은 결코 두 개의 다른 성(性)이 아니라고 본다. 그는 기질지성이란 본연지성이 기질 속에 있는 것이라는 주자의 관점을 철저히 하였다.[70] 성(性)은 '이기합(理氣合)'이니 '이(理)'가 '기(氣)' 중에 있게 된 연후에 '성(性)'이 된다[71]라는 말이다.

이상과 같은 이유로 해서 율곡은 정명도(程明道)가 주장한 "성(性)은 곧 기(氣)이며, 기(氣)는 곧 성(性)이니 '생(生)'을 일컫는 것이다 性卽氣 氣卽性 生之謂也"라는 것을 전제로 해서 본연지성이란 바로 기질지성 가운데 그 이(理)만을 가리켜 말한 것일 뿐이며, 실재하는 것은 오직 '이기합(理氣合)'의 기질지성 하나 뿐이라는 것이다.[72] 이러한 입장에서 그는 퇴계를 비판하여

"성(性)은 '하나'이다. 그런데 정(情)이 됨에 이발기발(理發氣發)의 다름이 있다고 한다면 '성(性)'을 가히 안다고 할 수 있겠는가"[73]라고 한다. 퇴계는 '이와 기(氣)가 서로 떨어질 수 없다'라는 이치를 깊이 알지 못했다고 비판한다.[74]

한마디로 말해서 율곡은 '칠정(七情)'만이 실재한다고 본다. '이기(理氣)합'의 '하나의 성(性)'을 전제로 해서 '사단(四端)'을 포함한 '칠정(七情)'만이 존재한다는 것이다.[75] 말하자면 '칠정(七情)'은 '이기(理氣)'를 겸하고 선악을 합쳐 가진다[76]고 본다. 율곡에 의하면 '사단(四端)'은 '칠정(七情)' 가운데 그 '이(理)'만을 말한 것으로 '칠정(七情)'의 선(善)의 측면만을 의미하는 것이며 따라서 '선정(善情)'의 별명에 불과하다는 것이다.[77]

'칠정(七情)' 중 '선정(善情)'이 바로 '사단(四端)'인데, '사단(四端)' 밖에 '사단(四端)'과 다른 '선정(善情)'이 있다고 한다면 '인심(人心)'에 두 개의 '근원지성(根源之性)'이 있다는 말이 되니 타당치 못한 논리라고 율곡은 퇴계를 비판한다.[78] 그리고 그는 "사단은 이(理)가 발하고 기(氣)가 그것을 따르는 것이며, 칠정은 기(氣)가 발하고 이(理)가 그것을 타는 것이다"라고 하는 퇴계의 주장은 '이기(理氣)'를 두 가지로 갈라서 '심(心)'의 본체에 혹선혹후(或先或後)하는 두 개의 '정(情)'의 근원을 긍정하는 결과가 되므로 부당하다고 본다.[79]

실제로 퇴계의 호발설(互發說)을 보면 '이(理)가 발하고 기(氣)가 따르는' 사단(四端)의 선(善)함과 '기(氣)가 발하고 이(理)가 그것을 타서 인의(仁義)에 적중한 선(善)함으로 나누는 결과가 된다.[80] 율곡은 이와같이 그 근원이 다른 두 개의 '선정(善情)'이란 있을 수 없다는 것이다. 인간의 '심(心)'에 두 근본이 있다고 보는 것은 일대 착오라는 것이 율곡의 입장이다.[81]

'인심(人心)'과 '도심(道心)'도 물론 모두 기질의 성(性)에서 발한 것으로 율곡은 이해한다.[82]

이와같은 관점에서 율곡은 퇴계설을 비판하여, '인심(人心)'과 '도심(道心)'의 근원은 기질지성 하나뿐인데 퇴계는 그 근원을 본연지성과 기질지성 둘로 나누는 잘못을 범했다고 비판한 것이다. '사단(四端)'과 '칠정(七情)'의 문제도 마찬가지다. '사단(四端)'은 '칠정(七情)'에 포함되고 그 근원은 기질지성뿐이며, 다만 기질지성이 발할 때, 그 발(發)에 '이(理)'가 타는 '기발이승일도(氣發理乘一途)'뿐이라고 그는 말한다. 다시 말하면 사단칠정이 모두 '기발이승일도(氣發理乘一途)'뿐이라고 주장한다.[83]

이 문제는 퇴계와 기고봉(奇高峯) 사이에 이미 일어난 논쟁이기도 하다. 퇴계는 '사단(四端)'의 근원을 본연지성으로 보고 '칠정(七情)'의 근원을 기질지성으로 보고서 본연지성과 기질지성을 대립시켜 '호발(互發)'을 주장했다면, 기고봉은 '이와 기(氣)가 서로 떨어질 수 없다'는 법칙을 앞세워 '사단(四端)'을 '칠정(七情)'에 포함시키는 동시에 본연지성을 기질지성에 포함시켜 그 근원이 하나라고 보았다.[84] 이 점에 있어서 퇴계와 고봉 양인은 서로 합치할 수 없는 근본적인 관점의 차이를 가졌다고 하겠다. 물론 율곡은 기고봉의 입장에 서 있다.[85]

그러나 율곡에 있어서 수양방법의 문제는 아직도 미해결로 남아 있다. 그러면 다시 처음의 문제로 돌아가자. 지금까지 우리는 성일(性一), 정일(情一), 심일(心一), 심기(心氣)를 주장하는 율곡이론의 근거를 밝혀 보았다. '기(心)'의 구조가 그런 것이라면, 이제 다시 '마음을 다스리는 치심(治心)'의 원리에 대한 율곡의 관점을 분석해 보자.

어떻게 하면 심발(心發)에 성(性)의 도덕법이 '기(氣)'에 엄폐되지 않고서 '도심(道心)'이 되게 할 것인가? 그는 말하기를 "인심과 도심은 모두 '기(氣)'가 발한 것이니, '기(氣)'가 본연의 '이(理)'에 순응하는 것이 곧 본연의 '기(氣)'이다. 그러므로 '이(理)'가 본연의 '기(氣)'를 타고서 '도심(道心)'이 되었다 人心道心俱是氣發 而氣有順乎本然之理者 則本然之氣也 故理乘其本然之氣而爲道心"[86]라고 한다. 바로 '인심(人心)'이나 '도심(道心)'이 모두 기발(氣發)이라는 것이다. 그러나 '기발(氣發)'에 있어서 그 '기(氣)'가 본연지성(本然之性)에 순(順)하는 '기(氣)'를 율곡은 본연지기(本然之氣)라고 한다. 환언하면 '이(理)'가 '본연지기(本然之氣)'를 타서 '도심(道心)'이 된다는 것이다. 결국 퇴계를 비판하던 율곡은 기(氣)에 본연지기를 말하여 두 개의 기로 나누는 논리를 편다.

선악의 문제도 이러한 관점에서 해결된다. '선(善)'의 실현인 '도심(道心)'은 곧 맑고 순수한 '본연지기(本然之氣)'에 의해서만 이루어지며, 선악은 '기(氣)'의 청탁(淸濁)에 연유한다고 본다.[87] 특히 그는 선악문제를 이발(理發)과 기발(氣發)로 분속시키는 일은 '이(理)와 기(氣)를 서로 분리시키는' 잘못을 범하는 처리라고 퇴계의 관점을 비판한다.[88] 율곡에 있어서 '선(善)'은 맑은 '기(氣)'의 발(發)이며, '악(惡)'은 탁한 '기(氣)'의 발(發)이다.[89]

그런데 인심도심론에서 율곡은 또 말하기를 "인의예지의 정(正)에서 바로 나온 것 直出於仁義禮智之正"이므로 '선(善)'에 분속시켜 '사단(四端)'이라 하고, '인심(人心)'은 구체(口體)에 연유하므로 인욕에 흘러서 '악(惡)'이 되기 쉽다[90]라고 하여 앞뒤 맥락이 잘 맞지 않는 말을 한다. 다만 '선(善)'을 택하여

이것을 실천하기만을 고집(固執)하는 것을 인간의 당위로 보는 주자의 입장에 율곡도 서 있다.[91]

그렇다면 또 다시 우리는 '선(善)'의 '도심(道心)'을 실현할 수 있는 수양의 방법을 묻지 않을 수 없다. 율곡은 '이(理)' 그 자체는 본래 순선(純善)하므로 '이(理)'의 수양이란 있을 수 없다고 본다. 수양은 오직 '기(氣)'를 검속해서 '기(氣)'의 본연(本然)을 회복하는 것이다.[92] '기(氣)'의 본연이란 바로 맑고 순수한 '호연지기(浩然之氣)'로서 담일청허(湛一淸虛)한 '기(氣)'를 말한다.[93]

이처럼 율곡은 '기(氣)'를 '본연지기(本然之氣)'와 '본연(本然)'을 상실한 변기(變氣)로 나눈다. '기(氣)'의 근원은 '일(一)'로서 그것은 '담일청허(湛一淸虛)'한 본연지기다. 그러나 그것은 끊임없는 승강비양(升降飛揚)의 작용으로 유행하는 가운데 그 본연을 잃어버려서 탁박(濁駁)한 변기(變氣)가 되어버린 것도 많다.[94] 관점을 바꾸어 말하면, 본연지기인 원기(元氣)가 형체에 간섭하여 형체화가 되면 마침내 본말(本末)이 있고 선후(先後)가 있는 '제한된[局]' '기(氣)'가 된다는 것이다.[95]

'기(氣)'는 '기(氣)'의 근원으로서 본연지기인 맑고 순수한 호연지기와 '본말(本末)'이 있고 '선후(先後)'가 있는 다양한 '유행지기(流行之氣)'로 나누어진다. 그러므로 탁박(濁駁)한 변기(變氣)를 어떻게 수양하여 맑고 순수한 본연지기로 회복할 것인가가 율곡의 문제였다. 참으로 어떻게 하면 '인심(人心)'이 또한 맑고 순수한 '기(氣)'를 얻어서 '도심(道心)'으로 되어 천지와 더불어 덕에 합할 것인가?

인간 중에 최고의 이상적 인간인 성인(聖人)은 홀로 '지극히 통하고 지극히 바르며[至通至正] 지극히 맑고 지극히 순수한[至

淸至粹] 기(氣)'를 얻어서 천지와 더불어 '덕(德)'에 합한다는 것이다.[96] 율곡도 '마음이 하고자 하는 대로 하더라도[從心所欲] 도심(道心)을 실현하는 성인의 경지에 도달하는 것이야말로 인간 필생의 소임'으로 보았다. 또 그는 인간의 수양이란 바로 성인을 표준으로 하여, 성인이 이미 만들어 놓은 법도를 통찰하여 따르는 것이라고 퇴계와 같이 주장한다. 그도 이처럼 성인이야말로 당위의 궁극적인 목적이며 수양의 표준이며 학문하는 최고의 목적으로 확신한다.

다시 말해서 인간을 인간적이게 할 수 있는 인간적 가치는 호연지기를 얻어서 '도심(道心)'을 실현하여 성현의 법도를 따르는 데에 있다는 말이다. '도심(道心)'이 확충되기만 하면 '도심(道心)'으로써 또한 '인심(人心)'을 절제시켜 '인심(人心)'으로 하여금 '도심(道心)'의 명령에 언제나 따르게 하여, 인심 또한 도심이 되게끔 하는 것이 율곡에 있어서 '치심(治心)'의 원리다.[97]

특히 율곡은 사람들이 '도(道)'에 나아가면 성인도 되고 현인도 되며, 물러나면 '아주 어리석은 자[下愚]'도 되고 불초자(不肖者)도 되는 것은 모두 인간 스스로의 소행인 줄을 사람들은 모른다고 주장한다.[98] 율곡은 공자의 '도에 뜻을 둔다[志於道]'라는 말을 전제로 해 수기(修己)의 제1조(第一條)를 입지(立志)로 삼았다.[99] '택선고집(擇善固執)'하여 성인이 되고자 할 것인가 아닌가를 결의하는 '입지(立志)'야말로 성인으로 가는 제1조로 그는 보았다. 인간적 가치의 실현은 바로 '입지(立志)'에서 출발해야 한다는 관점에 그는 서 있다.

위와 같은 율곡의 주기론적 성리학이론에 전혀 문제가 없는 것은 아니다. 여기에서 우리는 문제점 가운데서도 가장 중요한 것 몇 개를 그의 원리와 법칙 및 논증을 중심으로 검토해봄으로써 조선조에서 주자학이 어떻게 발달했는지를 살펴보자. 과연 율곡이 그의 사상을 체계화하고자 함에 있어서 내세우는 '이(理)와 기(氣)는 하나이면서 둘이고 둘이면서 하나이다'라는 원리나 '이(理)와 기(氣)는 서로 떨어질 수 없으며 서로 섞일 수도 없다'라는 법칙 및 '이(理)에는 형체도 없고 작용도 없으며, 기(氣)에는 형체도 있고 작용도 있다'라는 법칙에는 모순이 없다고 할 수 있을까?

6. 율곡의 주장에 대한 검토

율곡의 성리학체계를 구축하고 있는 '이(理)'와 '기(氣)'는 어디까지나 '하나이면서 둘이고 둘이면서 하나인' 그러한 '이기(理氣)'다. 다시 말하면 율곡에 있어서 '이기묘합(理氣妙合)'의 원리는 '이(理)와 기(氣)가 하나이면서도 둘이고 둘이면서도 하나인' 원리다. 따라서 '이(理)와 기(氣)가 하나이면서 둘이고 둘이면서 하나인' 원리를 벗어난 어떠한 존재자도 율곡에게는 존재하지 않는다. 존재하는 것은 일체 '하나이면서 둘이고 둘이면서 하나인' 이기(理氣)의 원리에 따른다. 그러나 이러한 원리는 『주자어류』에서 가져 온 것이다. 주자의 사상은 바로 율곡성리학의 골격을 이룬다.

율곡 자신은 '이(理)와 기(氣)는 하나이면서 둘이고 둘이면서 하나인' 원리를 주장할 수밖에 없는 논거로서, 정명도(程明道)의 '기(器) 또한 도(道)이고, 도(道) 또한 기(器)이다 器亦道 道亦器'라는 주장과 주자의 '이(理)는 스스로 이(理)고, 기(氣)는 스스로 기며, 둘은 서로 섞이지 않는다'라는 주장을 앞세운다.

여기에 '기(器) 또한 도(道)이고, 도(道) 또한 기(器)이다'라는 정명도의 말과 같이 율곡에게 있어서도 '이(理)와 기(氣)는 서로 떨어질 수 없다'라는 것으로 해석된 것이다. 이렇게 되면 결국 '이(理)와 기(氣)는 하나이면서 둘이고 둘이면서 하나인' 원리는 율곡 이기론(理氣論)의 독자적 원리는 아니며, '이(理)와 기(氣)는 서로 떨어질 수도 없고 서로 섞일 수도 없다'라는 법칙을 말만 바꾸어서 주장한 것에 불과하다. 따라서 율곡 이기론(理氣論)의 근간을 이루는 것은 바로 '이(理)와 기(氣)는 서로 떨어질 수도 없고 섞일 수도 없다' 및 '이(理)에는 형체도 없고 작용도 없지만 기(氣)에는 형체도 있고 작용도 있다'라는 두 법칙이라고 하겠다.

그러면 먼저 '이(理)와 기(氣)는 서로 떨어질 수도 없고 섞일 수도 없다'라는 법칙을 검토해보자. 실제로 율곡이 자신의 철학적 사색을 전개해 나가는 추리의 전제가 되는 '이(理)와 기(氣)는 서로 떨어질 수도 없고 섞일 수도 없다'라는 법칙은 두 개의 '선언지(選言肢)'를 가진 선언판단(選言判斷)의 일종으로 이용될 수도 있다.

만일 그렇지 않고서 정언판단(定言判斷)이라면 동일율(同一律)에 위배된다. 물론 우리는 이것을 동일율의 범주를 넘어선 형이상학적 원리 내지는 형식논리의 한계를 넘어선 체험적인 '이(理)'로 해석할 수도 있다. 그러나 호발(互發)의 시비논쟁에서 이 주장은 '두 뿔'을 가진 선언판단으로서 딜레마dilemma의 전제로 이용되고 있음을 볼 수 있다.

율곡은 '이(理)와 기(氣)는 서로 떨어질 수도 없고 섞일 수도 없다'라는 것을 절대적인 법칙으로 보면서도 퇴계의 '호발(互發)'을 비판하는 구체적인 논증에 있어서는 언제나 '이(理)와 기

(氣)는 서로 떨어질 수 없다'라는 법칙 하나만을 앞세운다. 그는 앞에서 말한 바와 같이 '이(理)와 기(氣)는 서로 섞일 수 없으므로' 본연지성은 기질지성에 포함되며, '사단(四端)'은 '칠정(七情)'에 포함되며 따라서 '이기호발(理氣互發)'이 부당하다는 관점에 선다.

　율곡의 이러한 관점은 바로 기고봉의 입장이다. 기고봉이 '호발불가(互發不可)'의 전제로서 주자설을 인용하여 '이(理)와 기(氣)는 서로 떨어질 수 없다'라는 원리를 주장하게 되자 이에 대해 퇴계는 '이(理)와 기(氣)는 서로 뒤섞일 수 없다'라는 원리를 강조함으로써 답한다. 퇴계는 '서로 떨어질 수 없다'라는 원리를 앞세우는 기고봉에 대해 반박한다. 기고봉이 '서로 떨어질 수 없다'라는 주자의 입장을 앞세우지만 퇴계에 의하면 주자는 '서로 떨어질 수 없다'라는 입장을 견지하면서도 또한 '서로 뒤섞일 수 없다'라는 것을 말했다는 것이다. 기고봉이 '이(理)와 기(氣)는 서로 떨어질 수 없다'라는 원리를 앞세워 '호발(互發)'을 반대하지만, '합하여 하나이면서 실은 서로 뒤섞일 수 없으니'[100] 어찌 분리하여 '호발(互發)'을 말할 수 없겠는가라는 관점에 퇴계는 서 있다.

　'호발시비(互發是非)'의 논쟁은 논자들의 본의는 아니겠지만 논리적으로는 두 입장이 모두 딜레마dilemma에 빠진 감을 준다. 다만 명백히 할 수 있는 점은 이러한 논쟁의 배후에 우주와 인간과 가치를 해석하는 관점의 차이가 있었다고 본다. 성리학을 연구함에 있어서 퇴계가 관념론적인 종교적 경지로 접근하고자 했다면, 율곡은 경험론적인 논리적 접근을 하고자 했다고 볼 수 있다.

　이러한 태도의 차이 때문에 조선조의 성리학은 '주리파(主理

派)'와 '주기파(主氣派)'의 학풍 차이로도 이어졌다.[101] 다같은 주자학파로 자처하면서 주리파와 주기파의 대립을 보이는 것은 주자의 '이(理)'에 대한 이해의 차이에서 기인된다고 볼 수도 있다.

만물의 근원을 더 소급해 올라가면, 정명도는 "한 번 음하고 한 번 양하는 것을 일러 '도(道)'라 한다. 음양 또한 '형이하(形而下)'이다 一陰一陽之謂道 陰陽亦形而下者也"라고 주장하고 정이천은 "음양의 원인은 '도(道)'이고, 음양 자체는 '기(氣)'이다 所以陰陽者是道也 陰陽氣也"라고 주장하였다.[102]

'형이하(形而下)'의 음양 그 자체에서 도(道)를 긍정하는 정명도에서 율곡학풍이 연원을 하고 있다면, 음양기 위에 다시 그 '소이(所以)'를 추구하는 정이천에서 주자학과 퇴계사상의 연원을 찾을 수 있다.

그러면 이제 '이(理)에는 형체도 없고 작용도 없으나, 기(氣)에는 형체도 있고 작용도 있다'는 법칙을 검토해 보자. 율곡은 '이(理)에는 형체도 없고 작용도 없기 때문에' '이통기국(理通氣局)'이라고 한다. 그러나 그가 '기(氣)'의 근원을 '일(一)'이라고 하였는데, '일(一)'이라면 그것은 곧 보편성을 의미하고 보편성인 한 그것은 통(通)일 수밖에 없다. 그렇다면 '기(氣)'에도 '통(通)'을 긍정하지 않을 수 없는 모순점이 있다.[103] 오히려 율곡의 담일청허(湛一淸虛)한 '기(氣)'는 '무형무위(無形無爲)'의 '이(理)'와 동실이명(同實異名)인 듯한 느낌을 준다[104]고 하는 견해에 공감이 간다. 이러한 관점에서 볼 때 율곡의 '이통기국(理通氣局)' 문제는 오히려 화엄철학의 논리로 이해하는 것이 좋을 듯하다.[105]

그러면 다시 '이(理)에는 작용이 없으나, 기(氣)에는 작용이 있다'는 법칙을 검토해 보자. 율곡은 '이(理)에는 작용이 없으나, 기(氣)에는 작용이 있기 때문에' '오직 기(氣)가 발하고 이(理)가 여기에 탈 뿐이다'라고 하였다. 여기에 또한 '이(理)와 기(氣)는 서로 떨어질 수 없다'라는 법칙이 이미 전제되어 있다. 즉, '오직 기(氣)가 발하고 이(理)가 여기에 탈 뿐이다'라는 것은 모든 존재현상에 일관되는 원리로서 이 원리의 한계를 넘어서서 율곡은 어떠한 존재자도 현상도 긍정하지 않는다. 인간의 심성정(心性情)현상도 예외가 아니다. 그러므로 퇴계의 '호발설(互發說)'은 일대 착오라고 그는 보며, 주자가 '호발(互發)'의 의미로 '발어리(發於理)라고 하고 발어기(發於氣)라고 했다면 주자 또한 오류라고 말한다. 결코 주자의 의도는 '호발(互發)'의 의미가 아니며, 칠정(七情) 중의 '사단(四端)'만을 가리킨 것에 불과하다고 율곡은 본다.[106] '성(性)이 발하여 정(情)이 된다'라는 것도 결국 '이(理)는 내재하고 오직 기(氣)가 발하여 정(情)이 된다'라는 의미로 주장된다.[107] 따라서 이동(理動)을 주장하는 모든 철학체계를 율곡은 부당한 것으로 거부한다. 그런데 그가 '인심·도심'을 구별하여 '주기·주리'로 분속시키는 문제는 시종설(始終說)을 가지고 옴으로써 '호발설(互發說)'이라는 비판은 면할 수 있게 된다.

그러나 어떻게 하면 인간적 가치로서 '도심(道心)'을 실현하여 성인의 경지에 도달할 것인가? 여기에 있어서 율곡은 '악(惡)'의 근거를 '기(氣)'의 탁박(濁駁) 및 과(過)·불급(不及)에 둔다. 그는 담일청허한 본연지기와 탁박한 변기(變氣)로 '기(氣)'의 개념을 둘로 파악한다. 본연지기(本然之氣)가 승강비양(升降飛揚)하여 유행하게 됨에 그 본연을 잃고 '시(始)'와 '종(終)'이 있는 형적(形跡)에 간섭하여 '변기(變氣)'가 된 것이 많다는 것이다. 이러한 탁박한 변기(變氣)에 '이(理)'가 올라 타기는 하지만 가리워져 '악(惡)'이 된다는 것이다. 그러므로 '기(氣)'를 검속하여 '기(氣)'의 본연을 회복하는 것이 인간성을 회복하는 것이며 인간적 가치를 실현하는 것이라고 그는 확신한다.

그런데 이러한 율곡의 논증이 가지는 하나의 문제점은 과연 '이동(理動)'이 불가한가라는 점이다. 그러나 '이동(理動)'이라는 이 명제 자체는 검증 가능한 명제가 아니므로 진위(眞僞)문제로 논평할 수가 없다. 다만 자연과 인간과 가치를 해석하는 태도의 차이에 있어서 우리에게 보다 당위적인 지혜를 주는 것은 어느 것인가라는 문제가 남을 뿐이다.

다시 말하면 율곡이 퇴계의 '호발(互發)'을 비판하는 결정적인 논쟁점은 '이동(理動)'을 긍정하는 퇴계의 논점이다. 퇴계는 '본원(本源)'에 있어서와 '심(心)'에 있어서 '이동(理動)'을 긍정할 수 있는 논거를 주자 속에서 찾았다. 우리는 실제로 '이동(理動)'의 진위를 판단할 수는 없다. 왜냐하면 '이동(理動)'이라는 주장은 검증가능의 명제가 아니고 해석상의 문제이며 또한 해석은 생활 속의 체험을 통해 확증될 수 있는 태도의 문제이기 때문이다. 호발(互發)에 대한 해석의 차이는 주자로써 주자를 비판하는 모순을 일으키는 격이 되었지만 결국 인생을 살아가는 두 사람의 태도를 다르게 했다.

주

1) 『栗谷全書』一, (서울:成均館大學校 大東文化硏究院, 1971) 202쪽 참조.
2) 같은 책, 249쪽.
3) 같은 책, 197쪽.
4) 全斗河, "Heidegger의 〈存在〉와 율곡의 〈理氣〉와의 비교", 『哲學硏究』 제2집(哲學硏究會編, 1967), 39쪽 참조.
5) 『栗谷全書』一, 200쪽 참조.
6) 같은 책, 184쪽 참조.
7) 같은 책, 205쪽 참조.
8) 같은 책, 456쪽 참조.
9) 『周易・繫辭上』.
10) 『栗谷全書』一, 455쪽.
11) 『退溪集』卷四十, 雜著, 非理氣爲一物辯證.
12) 『退溪集』卷二十五, '答鄭子中別紙' 및 『退溪集』書六, '答李浩問目' 참조.
13) 『退溪集』書六, '答李浩問目':"理自有用故自然而生陽生陰也".
14) 『栗谷全書』一, 183쪽(卷九, 書一, 答朴和叔):"且所謂冲漠無朕者指理而言就理上求氣則冲漠無朕而萬象森然就氣上求理則一陰一陽之謂道言雖如此實無理獨立而冲漠無陰陽之時也".
15) 『栗谷全書』一, 214~215쪽 참조.
16) 『栗谷全書』一, 207쪽:"欲以理氣二之物者皆非知道者".
17) 『栗谷全書』一, 209쪽.
18) 錢穆, 『宋明理學槪述』(二), (台北:中和文化出版事業委員會, 中華民國 44), 217쪽에서 재인용.
19) 劉明鍾, "羅整菴 氣哲學의 影響", 『哲學硏究』제20집, (韓國哲學硏究會, 1975), 69~70쪽 참조.
20) 『栗谷全書』二, 197쪽.
21) 『栗谷全書』二, 201쪽.
22) 『栗谷全書』二, 197쪽.
23) 『栗谷全書』二, 202쪽.
24) 『栗谷全書』二, 202쪽.

25) 『栗谷全書』二, 200쪽.
26) 『栗谷全書』二, 200쪽.
27) 『栗谷全書』二, 215쪽: "與吾兄論太極動而生陽余曰此是樞紐根抵之說非謂陰陽自無而生也兄亦卽可余心自幸矣".
28) 『栗谷全書』二, 184쪽 및 455쪽 참조.
29) 李俊浩 編譯, 『栗谷의 思想』, (서울: 玄岩社, 1973), 32쪽 참조.
30) 『栗谷全書』一, 204~205쪽: "夫理之源一而已矣 氣之源亦一而已矣 氣流行而參差不齊 理亦流行而參差不齊 氣不離理理不離氣" 참조.
31) 『栗谷全書』一, 207쪽.
32) 劉明鍾, "任鍒門의 唯氣說과 羅整菴의 氣哲學", 『철학연구』17집, (한국철학연구회, 1973)) 79쪽 참조.
33) 『栗谷全書』一, 457쪽: "無形無爲而爲有形有爲之主者理也有形有爲而爲無形無爲之器者氣也此是窮理氣之大端也".
34) 『栗谷全書』一, 456~457쪽.
35) 『栗谷全書』一, 207쪽.
36) 『栗谷全書』一, 446쪽.
37) 『栗谷全書』一, 216쪽: "氣之一本者理之通故也 理之萬殊者氣之局故也".
38) 『栗谷全書』一, 457쪽: "理通者天地萬物同一理也氣局者天地萬物各一氣也 所謂理一分殊者理本一矣而由氣之不齊故隨所寓而各爲一理此所以分殊也 非理本不一也" 참조.
39) 『栗谷全書』一, 197쪽.
40) 『栗谷全書』, 79쪽 참조.
41) 『栗谷全書』一, 216쪽.
42) 『退溪集』卷十六, 答奇明彦論四端七情 第二書 改本: "蓋人之一身理與氣合而生故二者互有發用而其發又相須也" 및 本稿 註21 참조.
43) 『栗谷全書』一, 198쪽.
44) 『栗谷全書』一, 457쪽.
45) 『栗谷全書』一, 209쪽: "所謂氣發理乘者非氣先於理也氣有爲而理無爲則其言不得不爾也".
46) 『栗谷全書』一, 455쪽.
47) 『栗谷全書』一, 198쪽.

48) 『栗谷全書』一, 197쪽.
49) 『栗谷全書』一, 429쪽.
50) 『栗谷全書』一, 197쪽: "修爲之功獨在於人而修學爲之極至於位天地育萬物然後吾人之能事畢矣於人之中有聖人者獨得至通至正至淸至粹之氣而與天地合德" 참조.
51) 『栗谷全書』一, 189쪽: "是聖人之能事而其實不過學問之極功耳" 참조.
52) 『栗谷全書』, 429쪽.
53) 『栗谷全書』, 203쪽: "聖人氣質淸粹性全其體無一毫人欲之私故其發也從心所欲不踰矩而人心亦道心也" 참조.
54) 『栗谷全書』一, 197쪽 참조.
55) 『栗谷全書』一, 197쪽: "天地萬物更無修爲之術惟人也得氣之正且通者而淸濁粹駁有萬不同非天地之純一矣但心之爲物虛靈洞徹萬理具備濁者可變而之淸駁者可變而之粹故修爲之功獨在於人" 참조.
56) 『退溪全書』一, (서울: 成均館大學校 大東文化硏究院, 1971), p. 412.
57) 『栗谷全書』一, 198, 282쪽 참조.
58) 『栗谷全書』一, 198쪽.
59) 『栗谷全書』一, 250쪽.
60) 『栗谷全書』一, 456쪽 참조.
61) 『栗谷全書』一, 198쪽 참조.
62) 『栗谷全書』一, 200쪽, '栗谷 自註'에 "人心道心 可作主理主氣之說 四端七情則不可 如此說以四端在七情中而七情兼理氣故也"라는 말을 참조.
63) 『栗谷全書』, 192쪽.
64) 『栗谷全書』, 193, 210, 455, 456쪽 참조.
65) 『栗谷全書』一, 454~456쪽 참조.
66) 『栗谷全書』一, 192, 207, 210쪽 참조.
67) 『栗谷全書』一, 210쪽 참조.
68) 『栗谷全書』一, 210쪽 참조.
69) 『栗谷全書』一, 249쪽.
70) 『栗谷全書』一, 210쪽: "朱子不云乎氣質之性只是此性 此性字本然之性也 墮在氣質之中故隨氣質而自爲一性 此性字氣質之性" 참조.
71) 『栗谷全書』一, 207쪽: "性者理氣之合也 蓋理在氣中然後爲性" 참조.

72) 『栗谷全書』一, 210쪽 참조.
73) 『栗谷全書』一, 207쪽: "性旣一而乃以爲情有理發氣之殊則可謂知性乎"
74) 『栗谷全書』一, 210쪽 참조.
75) 『栗谷全書』, 192쪽(卷九, 書一, 答成浩原 壬申): "七情則兼四端" 등 참조.
76) 『栗谷全書』, 193쪽(卷九, 書一, 答成浩原 壬申): "其發直出於正理而氣不用事則道心也七情之善一邊也發之際氣已用事則人心也七情之合善惡也" 및 p.200 (卷十, 書二, 答成浩原 壬申): "七情包理氣而言非主氣也" 등 참조.
77) 『栗谷全書』, 250쪽(卷二, 書四, 答成浩原 壬申): "四端則就七情中擇其善一邊而言也" 및 198~199쪽(卷十, 書二, 答成浩原 壬申) 등 참조.
78) 『栗谷全書』, 192쪽(卷九, 書一, 答成浩原 壬申): "安有不本於仁義禮智而爲善情者乎 善情旣有四端而又於四端之外有善情則是人心有二本也 其可乎" 등 참조.
79) 『栗谷全書』. 193쪽(卷九, 書一, 答成浩原 壬申): "今若曰四端理發而氣隨之七情氣發而理乘之則是理氣二物或先或後相對爲兩岐各出來矣人心豈非二本乎" 참조.
80) 金鍾文, "退溪의 道德哲學原理에 對한 硏究", 97쪽.
81) 『栗谷全書』一, 198쪽(卷十, 書二, 答成浩原 壬申) 참조.
82) 『栗谷全書』, 193쪽(卷九, 書二, 答成浩原 壬申): "人心道心皆發於性而爲氣所揜者爲人心不爲氣所揜者爲道心".
83) 『栗谷全書』, 198쪽(卷十, 書二, 答成浩原 壬申): "所爲氣發而理乘之者可也非特七情爲四端亦是氣發而理乘之也".
84) 李相殷, 『退溪의 生涯와 學問』(瑞文堂, 1973), 237~238쪽 참조.
85) 『栗谷全書』一, 296쪽(卷十四, 雜著一, 論心性情).
86) 『栗谷全書』, 210쪽(卷十, 書二, 答成浩原).
87) 『栗谷全書』, 293쪽(卷十四, 雜著一, 人心道心說): "今之學者不知善惡由於氣之淸濁" 참조.
88) 『栗谷全書』, 283쪽(卷十四, 雜著一, 人心道心說).
89) 『栗谷全書』, 283쪽(卷十四, 雜著一, 人心道心說).
90) 『栗谷全書』, 282쪽(卷十四, 雜著一, 人心道心說) 참조.
91) 『栗谷全書』, 464쪽(卷二十一, 成學輯要三, 誠實章) 참조.
92) 『栗谷全書』, 209쪽(卷十, 書二, 答成浩原): "夫理上不可加一字不可加一

毫修爲之力理本善也何可修爲乎聖賢之千言萬言只使人檢束其氣使復其氣之然而已氣之本然者浩然之氣也".

93)『栗谷全書』, 209쪽(書二, 答成浩原):"氣之本則湛一淸虛而已".
94)『栗谷全書』, 209쪽(卷十, 書二, 答成浩原) 참조.
95)『栗谷全書』, 209쪽(卷十, 書二, 答成浩原) 참조.
96)『栗谷全書』, 197쪽(卷十, 書二, 答成浩原 壬申), 註85 참조.
97)『栗谷全書』, 282~283쪽(卷十四, 雜一, 人心道心說):"治心者於一念之發知其爲道心則擴而充之知其爲人心則精而察之必以道心節制而人心常聽命於道心則人心亦爲道心矣".
98)『栗谷全書』, 431쪽(卷二十, 聖學輯要二, 立志章):"殊不知進則爲聖爲賢退則爲愚爲不肖皆所自爲也".
99)『栗谷全書』, 428쪽(卷二十, 聖學輯要二):"臣按學莫先於立志未有志不立而能成功者故修己條目以立志爲先".
100)『退溪全書』一, 412쪽.
101) 阿部吉雄,『日本朱子學と朝鮮』, 528~533쪽 참조.
102) 金公亮,『中國哲學史』(台北:正中書局, 中華民國 41), 146~147쪽.
103) 劉明鍾, "羅整菴 氣哲學의 影響", 73쪽 참조.
104) 金敬琢,『栗谷의 硏究』(한국연구도서관, 1960), 134쪽 참조.
105) 李丙燾,『栗谷의 生涯와 思想』(瑞文堂, 1974), 67~71쪽 참조.
106)『栗谷全書』一, 198쪽(卷十, 書二, 答成浩原).
107)『栗谷全書』一, 210쪽(卷十, 書二, 答成浩原).

제8장

박서계의 반주자학적 사상

서계(西溪) 박세당(朴世堂, 1629~1703)은 백호(白湖) 윤휴(尹鑴, 1617~1680)와 함께 17세기 후반 반주자적(反朱子的) 성리학(性理學)의 입장에서 활동한 진보적 철학자이자 농학자이다. 그는 이조판서(吏曹判書)·지중추부사(知中樞府事) 등의 벼슬까지 임명받았으나, 말년에는 주로 학문 연구에만 몰두하였다.

서계의 학문적 태도는 귀납적 방법론[下學而上達]과 실용적 경향성으로 특징지워진다. 귀납적인 방법론은 그의 저작인『신주도덕경(新註道德經)』과 『남화경주해산보(南華經註解刪補)』,『사변록(思辨錄)』[1] 등에 잘 나타나고 있으며, 실용적 경향성은 농사방법에 대해 논한 『색경(穡經)』에서 잘 표현된다.[2] 주자성리학 외의 일체 학문에 대해 이단시하던 당시 상황에서『도덕경』이나『남화경』을 주석한 자체에서 벌써 그의 학문에서의 독자적 태도를 알 수 있다. 더욱이 그는 『사변록』에서 『사서(四書; 『論語』・『孟子』・『中庸』・『大學』)』에 대한 주석을 고쳐 쓰며 특히 『대학』과 『중용』에 이르러서는 그 장구(章句)의 편차마저 뜯어 고치는 과감성을 보이고 있다.3)

우리는 『사변록』의 구성과 사상사적 위치, 서계의 생애와 그 시대적 배경4)을 이해하며, 그리고 『사변록』 중에서도 가장 문제가 되었던 『대학』과 『중용』에 대한 서계의 주해를 주자의 주해와 비교해봄으로써 그의 반주자학적인 학풍과 사상 전반에 대한 흐름을 살펴보려 한다.

1. 사변록(思辨錄)의 구성과 그 시대적 배경

1.1 사변록의 구성과 사상사적 위치

서계의 여러 저작 중에서도 가장 대표적인 것이 『사변록』(일명 『通說』)임은 두말할 나위가 없다. 그의 학문적인 특징이 가장 뚜렷하게 나타날 뿐 아니라, 그 유명한 사문난적(斯文亂賊)의 풍파를 일으킨 대표저서가 바로 『사변록』이다.

서계는 40세를 전후하여 (정확히 말하면 41세 이후부터) 벼슬에 뜻을 버리고 수락산(水落山) 아래에 있는 석천동(石泉洞)5)으로 자주 퇴거하면서 강학(講學)과 고전연구에만 몰두하였다. 그 구체적인 연구결과가 바로 52세(숙종 6년, 1680)경부터 65세(숙종 19년, 1693) 사이에 나타났다.

『사변록』 또한 이 기간에 이루어진 작품이다. 총분량 14책(冊)에 달하는 『사변록』의 구성과 각 권의 저작연대를 살펴보면 다음과 같다.6)

『대학』(1책:52세, 숙종 6년, 1680년):제1책
『중용』(1책:59세, 숙종 13년, 1687년):제2책
『논어』(1책:60세, 숙종 14년, 1688년):제3책
『맹자』(2책:61세, 숙종 15년, 1689년):제4,5책
『상서』(4책:63세, 숙종 17년, 1691년):제6, 7, 8, 9책
『시경』(5책:65세, 숙종 19년, 1693년):제10, 11, 12, 13, 14 책

  이로 미루어 보아도 짐작이 되겠지만『사변록』의 내용은 바로『사서(四書)』와『상서(尙書)』,『시경(詩經)』을 서계 나름으로 주해한 것이다. 그의 이러한 주해가 매우 독특한 견해를 피력하고 있기에 많은 사람들의 주목을 끌게 된 것이다.
  사실『사변록』에 나타난 서계의 경전해석을 현대적 시각으로 볼 때에는 별달리 문제 삼을 바 없지만, 당시로 보아서는 그 정도도 유례를 찾기 어려울 정도로 과감한 시도였다. 그는 경전에 대한 종래의 어떠한 기존 개념에도 구애받지 않으려 한다. 이러한 그의 태도는 특히『대학』과『중용』의 경우에 두드러진다. 그는 대부분의 고경(古經)들이 진시황의 '분서갱유(焚書坑儒)'의 화(禍)를 겪은 후에 다시 복원되지 않을 수 없었던 사정으로 인해 이미 정자(程子)와 주자(朱子) 이전부터 의미와 맥락이 통하지 않는 착간처(錯間處)가 있어 왔고, 정·주(程朱) 이후에도 그러한 곳이 많이 있다고 생각하였다. 그래서 서계는 나름대로 각 의미와 문맥을 비롯하여 장절(章節)의 편차(編次)에 이르기까지 모든 측면에서 새로운 해석을 내리고자 하였던 것이다. 이러한 그의 태도가 심지어 당시 학계로부터 거의 절대시되던 정·주의 견해까지도 비판을 가하도록 한 것이다. 비록 경전에 대한 완전한 재해석을 그가 의도한 대로 완

성하지 못했다는 점에서⁷⁾(『주역』은 착수도 못하였고, 『시경』은 미완성임) 일말의 안타까운 점도 있지만, 이미 완성된 것들만으로도 충분히 반주자학적 성리학으로서 한국사상사에서 차지하는 『사변록』의 지위는 공고하다 할 것이다.⁸⁾

1.2 박세당의 생애

서계는 인조 7년(己巳年, 1629년) 8월 19일에 당시 남원부사(南原府使)였던 '정(炡; 혹은 燈으로도 알려짐)'과 양주(楊州) 윤씨(尹氏)부인 사이에서 넷째 아들로 태어났다. 출생지는 남원부사의 관저이다. 그는 조상 대대로 벼슬을 지낸 전형적인 양반가문의 출신이다. 그러나 부친과 맏형을 일찍 여읜 관계로 인해 어린 시절을 매우 불우하게 보냈다. 그러니 자연 글도 늦게 배우기 시작했다. 그러나 문장의 뜻을 파악함이 남보다 뛰어나 스승을 놀라게 했다는 기록이 보이니⁹⁾ 총명한 두뇌를 가진 듯하다.

17세가 되어서야 비로소 결혼을 했으나 경제적으로 자립할 능력이 없어서 10년 간 부인은 친정살이를 해야 했다.

이로 인해 서계는 처가를 왕래하며 학문을 닦게 되었는데, 특히 처남 남구만(南九萬)과 처숙부 남이성(南二星) 등은 학문수행의 좋은 상대가 되었다.¹⁰⁾ 이러한 인척관계가 뒷날 그의 정파(政派)계보를 서인(西人), 그 중에서도 소론(少論)에 속하게 된 결정적 계기가 된 듯하다.¹¹⁾

20세에 첫아들(泰維)을 얻었고, 26세 때에는 둘째 아들(泰輔)을 얻었으니, 이들은 모두 꿋꿋한 절개와 지조로 이름이 높았던 사람들이다.

서계의 관료생활은 32세 때에 늦은 과거급제로 시작된다. 관리생활 중 주목할 것의 하나로는 그가 36세(현종 5년, 1664년) 때, 즉 병조정랑(兵曹正郎)·홍문관교리(弘文館校理)·경연시독관(經筵侍讀官)을 지낼 때 청(淸)나라 사신에 대한 영접사건으로 말미암아 송시열(宋時烈, 1607~1689) 등으로부터 비난받았던 일이다.

원래 정묘(丁卯)·병자호란(丙子胡亂) 이후에 그 피해가족으로 관직에 있던 사람들은 청나라의 사신이 올 때 해직(解職)을 청원하여 청나라 사신을 피하던 것이 통례였다. 그래서 당시 교리(校理) 김만균(金萬均)도 피해가족이었으므로 청나라 사신이 오게 되자 이를 피하려 면직을 소청(疏請)하였다. 그러나 도승지(都承旨) 서필원(徐必遠)이 그의 소(疏)를 물리치고 파직시켜버렸다. 이때 대부분의 신하들이 서필원을 탄핵하였으나 서계는 오히려 서필원을 옹호하고 나섰다. 그 이유는 청나라 사람들이 아무리 원수같다 할지라도 이미 임금이 그들을 영접하는 이상, 이러한 자리를 피한다는 것은 신하된 도리가 아니라고 생각했기 때문이다.[12] 이 일로 인하여 서계는 대청(對淸)정책에 있어서 '온건론자'로 간주되었고, 송시열을 비롯한 '숭명배청론자(崇明排淸論者)'들로부터 '오사(五邪; 朴世堂·趙遠期·朴增輝·吳始壽·尹深)' 중의 하나라는 치욕적인 비난을 받게 되었다.[13]

서계와 우암(尤菴) 송시열의 사이는 이미 이때부터 반목이 생겼다 할 것이며, 이후 서로의 감정의 앙금은 평생 동안 가라앉지 않는다.

39세 때에 부인 남씨를 잃고서, 이때를 기점으로 하여 관직생활과 퇴거생활을 번갈아 하게 된다. 관직을 버리는 이유에 대하여 서계는 스스로, "능력이 부족하여 세상에 유익한 일을 행할 수 없을 뿐만 아니라, 세상 또한 날로 퇴폐해져서 바로잡아 구할 수 없기 때문이다"14)라고 하나, 연보(年譜)에 의할 것 같으면 사실은 청나라 사신의 영접사건 이후부터 빚어진 당시의 실력자 송시열과의 관계가 그 주된 요인이 된 것 같다.15)

서계는 40세 10월에 동지사서장관(冬至使書狀官)으로 연경(燕京)에 가서 이듬해 3월에 돌아오는데, 이때의 경험이 그에게는 대륙의 새로운 변모를 보고 느낄 수 있는 좋은 기회가 되었고, 또한 알게 모르게 실용적이며 현실적인 그의 사상을 형성하는 데에 많은 도움을 주었으리라 추측된다.

그 후로도 벼슬의 임명과 사양이 계속되던 중, 52~65세(숙종 6년~19년, 1680~1693) 사이의 14년 동안 그의 생애에 있어서 가장 많은 노력을 기울인 사업이 진행되고 있었다. '고전'에 대한 연구가 바로 그것이다. 이미 석천동으로 퇴거한 직후부터 연구가 시작되었다고는 하지만, 적어도 그 직접적인 연구결과는 바로 이 기간에 나왔다.『사변록』을 비롯하여『도덕경』과『남화경』의 주해서까지 이 기간에 나왔다. 이로 인해 명재(明齋) 윤증(尹拯, 1629~1714)같은 학자로부터 그 학문태도에 대한 지적까지 받기도 하였으나, 어쨌든 이 당시에는『사변록』에 대한 별다른 이의는 없었다는 점에 주목해 두자.16)

그가 74세되던 해(숙종 28년, 1702)에 그야말로 서계의 인생을 완전히 뒤바꿔 버리는 사건이 일어난다. 즉, '백헌(白軒) 이경석(李景奭)의 비문(碑文)〔領議政白軒李公神道碑銘〕'이 바로 그것이다. 이것을 계기로 하여 이미 10년 전에 저술했던 그의『사변록』이 새로이 문제가 되었다. 즉,『사변록』의 반주자학적인 태도가 새삼스레 사문난적의 죄목으로 지탄받게 되었던 것이다. 이때부터 그의 생애는 이제와는 정반대의 국면으로 접어들게 되니, 정치적인 대박해에 의하여 마침내 비극적인 종말을 맞게 된다.
 백헌 이경석(1595~1671)은 병자호란 때 부제학(副提學)으로 '삼전도(三田渡)의 비문(碑文)'을 지은 것으로 유명하다. 이러한 백헌의 후손으로부터 비문(碑文)의 찬저(撰著) 청탁을 받은 서계가 백헌의 행적과 인품을 논하던 곳에서 백헌과 우암의 관계를 말하며 은연중에 우암을 신랄하게 비판했던 것이다. 이 비문은 마침내 당시의 노론(老論)계열의 당인(黨人)들의 감정을 자극하게 되었다. 우암은 이미 기사환국(己巳換局) 때에 죽었으나, 당시 우암계인 노론이 대부분의 세력을 차지하고 있던 때라 비문에 대한 반발은 대단했다. 다음 해(서계 75세, 숙종 29년, 1703)에 관학유생(館學儒生) 및 김창협(金昌協)·김창흡(金昌翕) 형제를 위시한 많은 이들의 상소가 있었고, 급기야는 그의 주저인 『사변록』까지 소급하여 문제거리로 삼게 되었다. 그는 '주자를 모욕하였다'는 죄명을 얻어서 삭탈관직되고 옥과(玉果)에 유배당하는 명까지 받았다. 이에 그의 제자들인 이단(李坦)·이익명(李翼明) 등과 판윤(判尹) 이인엽(李寅燁)이 서계를 비난하는 사람들의 비난의 원인이 오직 '백헌 이경석의 비문' 몇 구절에만 있음을 강조하고, 특히 서계의 40여 년에 가까운 휴퇴지절(休退之節)과 70여 세의 고령 및 노환, 그리고 둘째 아들 태보(泰輔)의 충절을 들어 유배만은 거둘 것을 소청하였다. 이러한 소청이 주효하여 석천동으로 다시 돌아왔다가 그 해(1703년, 숙종29년) 8월 21일 세상을 떠났다. 서계는 그야말로 파란만장한 삶을 살았으며, 일생을 통해서 고루하고 진부한 전통에 대항하여 나름대로 반성적, 자각적 삶을 살다간 지조 있는 선비라 하겠다.

1.3 시대적 배경과 박세당의 대응

조선 중기의 왜·호(倭胡) 양란(兩亂)이라는 민족의 대수난기를 뼈저리게 겪은 이후, 위정자 간에도 현실문제를 중심으로 하여 새로운 개선책과 개혁이 강구되거나 실시되고 있었지만 학계와 사상계의 한 모퉁이에서도 자각적인 학풍이 싹트고 있었다. 즉, 실학파와 반주자학적 태도를 가진 학자가 이즈음에 일어났던 것이다. 실학파의 비조(鼻祖)로 알려진 반계(磻溪) 유형원(柳馨遠, 1622~1673)과 반주자학적 사상가로 알려진 백호 윤휴와 서계 박세당의 출현이 바로 그것이다.[17]

이 시기는 내외적으로 매우 혼란했던 시기였다. 외적으로 왜란을 겪은 뒤 얼마 안 되어 2차에 걸친 호란을 겪게 되었고, 그 후로는 내적으로 숱한 당파싸움으로 인한 혼란이 가중되었으니[18] 그야말로 태조(太祖) 이성계(李成桂)의 조선 창건 이후 최대의 혼란기라 해도 과언이 아닐 것이다.

이러한 혼탁한 시대상황 아래에서도 서계는 나름대로의 뚜렷한 가치관을 가지고 있었다. 이러한 점은 당시에 첨예하게 대립하였던 시사(時事)문제에 대한 서계의 반응에서 잘 드러나고 있다.

당시는 예(禮)에 대한 존경의 정도와 또한 그에 대한 합당한 이론이 정권을 좌우하리만큼 가히 '예'에 대한 신앙시대라고까지 할 만하였다.[19] 이러한 상황 속에서 서계는 대담하게도 예송(禮訟) 자체를 비난하고 나왔다.

> 그런즉 복제(服制; 服喪)의 융쇄(隆殺; 輕重 혹은 長短) 그 자체가 종통(宗統)의 실제 사실을 더하거나 뺄 수 있겠는가?[20]

즉, 이 말은 외면적인 형식이 실제의 내용을 바꿀 수 없다는 것으로서 예송(禮訟)을 떠들어대는 사람들은 공연히 명분과 이론만을 빌어서 다른 개인적 욕망을 채우려는 것에 지나지 않는다고 통박하는 것이니, 그의 '외형보다 내실을 중시하는 정신'이 바로 여기에 잘 나타나는 것이다.

이와같은 사상은 소인(小人)과 군자(君子)를 논함에 있어서도 마찬가지이다. 당시에는 '소인'과 '군자'의 구별이야말로 당쟁(黨爭)에 이용되는 인간 평가의 기준이었다.[21] 그렇지만 서계는 외형적으로만 군자와 소인을 구별하는 일이 어리석다고 주장하였다. 그에 의하면 '소인이라 하든 군자라 하든 타인의 지칭은 개의할 바 못되며 다만 실제 사실이 문제일 뿐'이라고 한다.

> 말[言]의 귀중한 점은 그 내용[實]과 부합됨에 있을 뿐이다.[22]

서계의 이러한 내실(內實) 위주의 사고는 국내정치뿐만 아니라 대외정책에 있어서도 그 진가를 발휘하였다. 그가 살았던 시대는 명·청 교체기였고, 이로 인해 두 차례에 걸친 호란으로 인하여 청나라로부터 굴욕적인 수모를 당한 뒤에도 여전히 명나라에 대한 존중의식은 줄어들지 않고 존재하였다. 그러한 상황 속에서 서계는 이미 언급했듯이 청나라에 대한 온건정책을 주장하여 명나라에 대한 사대(事大)의식이 여전히 남아 있던 당시의 위정자들에 의해 배척받았다.

서계의 청나라에 대한 온건론은 무엇보다도 연호(年號)문제에서 발견된다. 당시의 대청(對淸)강경론자들은 이미 망하여 없어진 명나라의 연호인 숭정(崇禎)을 계속하여 사용하기를 고집한 반면에, 서계는 청의 연호인 강희(康熙)를 사용함으로써 청의 요구도 들어주고 이로 인한 국제적 분규도 없애자고 하였다. 그에 의하면 연호란 예로부터 시대의 흐름에 따라서 변해 오는 것이므로 그것이 '강희'든 '숭정'이든 간에 연대의 흐름을 차례로 기록하는 이름에 지나지 않으며, 연호 자체가 실제 역사를 좌우하는 것은 아니라고 한다. 따라서 '강희'시대로 바뀐 지금 구태여 '숭정'의 이름으로 '강희'의 연수(年數)를 계승할 필요가 있는 것이냐고 반문하는 것이다. 그리고 명이 멸망한 후에도 명과 조선을 종주국(宗主國)과 속국(屬國)의 관계로 생각하는 숭명론자(崇明論者)들을 심히 안타까이 여겼다.[23]

역사 이래로 망한 뒤까지 그 나라의 연호를 사용하여 신하가 되는 일은 없다.[24]

정치에 대한 이와같은 서계의 태도는 학문 방면에 있어서도 예외일 수는 없다. 서계가 활동하던 17세기 후반의 조선학계는 주자학 일변도의 풍토였음은 누구나 다 아는 사실이다. 관계와 정계 역시 주자학을 교조적으로 신봉하던 '주자학절대주의(朱子學絶對主義)'시대였다고 해도 과언이 아니다. 그러한 상황 속에서 서계는 친구의 만류를 뿌리치면서까지 당시 이단으로 취급받던 노장(老莊)사상의 연구에 몰두하고 일련의 『사변록』저술을 통하여 주자학 비판을 감행하고 나선다. 그는 백호 윤휴 이상으로 주자학을 비난, 배척함으로 주자학 극복이라는 새로운 사조를 모색해내고 있다.[25]

2. 사변록에 있는 대학편의 특징

『사변록·대학편』의 구성을 보면 '본문'·'대학석경고본(大學石經古本)'·'대학고본(大學古本)'·'대학장구지의(大學章句識疑)'로 되어 있다. 여기서 '대학장구지의'란 본문이 쓰여지기 7년 전(1674년, 서계 46세)에 『대학』의 편차에 대하여 서계 스스로 정리한 것이다.[26)]

우리가 주로 살펴보려 하는 것은 편차(編次)에 대한 고정(考訂)이 아니라 그 내용상의 특이함에 있기 때문에 '전(傳)'에 대한 부분은 생략하고 '경(經)'을 이루고 있는 몇 부분만 살펴보도록 하겠다.[27)]

● 大學之道 在明明德 在新民 在止於至善
[주자]以明德新民至善三者 爲一書之綱領
　명명덕(明明德)·신민(新民)·지어지선(止於至善), 이 세 가지는 모두 『대학』의 강령이다.
[서계]在止於至善 言明德新民 皆必求至於至善然後乃已 學之道在是 其苟焉者與中道而廢者 非止於至善者也 不得謂之學也 …… 且有綱必有目 未有無其目而獨有其綱 …… 故此書爲明德之目五 爲新民之目三 而及求其爲止至善之目者 則終不可以得 以此知此書之爲綱者二而已 若夫止至者 乃所以致明德新民之功 則其不可離之 使別爲一綱領明矣
　'지선(至善)에 머무르는 데 있다'라고 하는 것은 '명덕(明德)을 밝히는 것'과 '백성을 새롭게 하는 것'이 모두 '지선'에 이르기를 구해야만 비로소 도달할 수 있다는 말이다. 학문의 도가 바로 여기에 있으니 구차스럽게 여기는 자와 중도에서 폐지하는 자는 '지선'에 머무르는 자가 아니므로 진정한 학문을 한다 할 수 없을 것이다. …… 강령이 있으면 반드시 조목이 있기 마련인데, 조목도 없으면서 홀로 그 강령만 있는 것은 있을 수 없다. …… 그러므로 『대학』에

명덕을 밝히는 조목이 다섯이 있고, 백성을 새롭게 하는 조목이 셋이 있으나 '지선에 머무른다'는 조목은 마침내 찾아볼 길이 없으니, 이로 미루어 보더라도 이 책의 강령이 둘 뿐인 것을 알겠다. '지선에 그친다'는 것은 곧 '명덕'을 밝히고 백성을 새롭게 하는 공효(功效)를 이루는 것이니, 그것을 분리해서 별도로 하나의 강령을 만들지 못하는 것은 명백하다.

≪도표 1≫
강령Ⅰ(조목 5개)＋강령Ⅱ(조목 3개)→최후 목적

大學의 道→⌈강령Ⅰ:明明德(格物·致知·誠意·正心·修身):修己＝內聖⌉→止於至善
　　　　　⌊강령Ⅱ:新　民(齊家·治國·平天下)　　　　:治人＝外王⌋

● 知止而後有定 定而後能靜 靜而後能安 安而後能慮 慮而後能得
[서계]此一節 開示學者至明切 …… 此一節之意 蓋如有人居窮北 而欲避冱寒則就暖 其所當爲也欲就暖 當向南 向南 當止於洛 洛者 寒暖之中 旣知宜向南而當止於洛則其志便定 無欲東欲西欲趙欲魏止計 此心自覺安帖 乃有以思度其獎齎輕出 旣思度 乃得其獎齎多小堂幾何 經由先後堂何從矣 由是而言 避寒就暖者爲學之謂也 向南者 明德新民之謂也 止洛者 止至善之謂也 如此則其所以開發初學者 不已明白親切而無疑晦難曉之憂乎

이 한 구절은 사람들에게 가르치는 바가 매우 명백하고 친절하다. …… 이 한 구절의 뜻은 이러하다. 만약 어떤 사람이 북극에 살면서 심한 추위를 피하려고 한다면 따뜻한 곳으로 나아가는 것이 당연한 일이다. 따뜻한 곳으로 나아가려 한다면 당연히 남쪽을 향해 갈 것이요, 남쪽을 향해 간다면 당연히 낙수(洛水)에 이르게 될 것이다. 낙수는 추운 곳과 더운 곳의 중간지점이다. 이미 남쪽을 향해 가서 당연히 그칠 줄을 알게 되면, 그 뜻이 확고히 정해지게 되어서 또다시 동쪽으로 가려 하거나 서쪽으로 가려 하거나 아니면 조(趙)나라로 가려 하거나 위(魏)나라로 가려 하는 계획은 없어질 것이다. 이러하면 마음은 저절로 편안함을 얻게 될 것이고 그제서야 그 행장(行獎)을 꾸릴 것과 경유할 데를 생각하게 된다. 이미 생각하게 되면 그제서야 행장은 얼마나 꾸려야 되며, 경유할 곳은 어디를 먼저 가고 어디를 뒤에 가야 될 것인가를 알아내게 된다.

　이것은 곧 추운 곳을 피하고 따뜻한 곳에 나아가는 것은 학문을 하는 것에 비유해서 말할 수 있을 것이며, 남쪽을 향해 간다는 것은 명덕(明德)을 밝히고 백성을 새롭게 하는 것을 말하는 것이며, 낙수에 이르러 그친다는 것은 '지선'에서 그치는 것을 말한다. 이와같이 되면 처음 배우는 자를 가르쳐 이해시키는 것은 너무나 명백하고 친절하여, 의심이 나서 이해하기 어렵게 되는 걱정은 없을 것 아닌가?

　이 구절에 대한 서계의 설명은 주자의 집주(集註)에 대한 이론 내지는 반박이 아니라, 주자가 그냥 넘어가버린 부분을 자기 나름대로 예를 들어서 알기 쉽게 풀어쓴 것이다. 이것 또한 간결한 도표로 만들어 보자.

≪도표 2≫

①	知止而後有定	머물 데를 알아야만 정(定)함이 있게 된다(남쪽을 향해 가서 낙수에서 그칠 줄을 알게 되면, 그 뜻이 확고히 정해지게 됨)
②	定而後能靜	정해진 뒤에야 고요할 수 있다(그 뜻이 정해지게 되면 이리 저리 가려 하던 마음의 상태가 고요해진다)
③	靜而後能安	고요한 뒤에야 편안할 수 있다(마음의 상태가 고요해져야 평안함을 얻게 될 것이다)
④	安而後能慮	편안한 뒤에야 생각할 수 있다(마음이 편안해지면 그제야 무엇을 준비해야 할까, 어디를 거쳐서 낙수에 갈까하는 생각을 하게 된다)
⑤	慮而後能得	생각한 뒤에야 얻을 수 있다(생각한 뒤에는 무엇을 얼마나 꾸려 가야 되며, 어디를 먼저 가고 어디를 뒤에 가야 될 것인가를 알게 된다)

≪도표 3≫

학문을 수행함	明明德・新民	止於至善
추운 곳을 피해 따뜻한 곳으로 감	남쪽을 향해 감	낙수에 이르러 멈춤

● 物有本末 事有終始 則近道矣
[주자] 以明德新民爲本末
　　명덕(明德)은 본(本)이 되고 신민(新民)은 말(末)이 된다.
[서계] 又當知物之本末事之終始　以何者爲本始而宜先　何者爲末終而宜後　然後能行之有序　不倍於道　不然則顚倒謬亂而失其所以爲學矣　物者如下文曰天下曰國曰家曰身曰心曰意曰知曰物　是也　事者　如其曰平曰治曰齊曰修曰正曰誠曰致曰格　是也 …… 註　又以明德新民爲本末　如是　明德新民未免於混而爲物　恐非經之本旨　蓋在明德新民則德與民爲物　而明與新爲事　理有不容混而爲者
　　사물의 근본과 말단, 일[事]의 시초와 종말을 알되, 어느 것은 근본과 시초가 되므로 마땅히 먼저 해야 하고, 또 어느 것은 말단과 종말이 되므로 마땅히 뒤에 해야 한다는 것을 알아야 한다. 그런 뒤에 행해야만 질서가 있게 되어서 도에 어긋나지 않을 것이다. 그렇지 않으면 차례가 바뀌어지고 본말이 서로 어긋나서 학문하는 표준을 잃게 된다. 물(物)이란 것은 아랫글의 천하(天下)・국(國)・가(家)・신(身)・심(心)・의(意)・지(知)・물(物)이라 하는 것이요, 일[事]이란 것은 평(平)・치(治)・제(齊)・수(修)・정(正)・성(誠)・치(致)・격(格)이라 하는 것이다. …… 만일 주자의 말대로 '명덕'은 '본(本)'이 되고 '신민'은 '말(末)'이 된다면 명덕을 밝히는 것과 백성을 새롭게 하는 것은 서로 혼동되어 물(物)이 되는 것을 면치 못할 것이니, 이것은 아마도 경(經)의 본 뜻이 아닐 것이다. '명명덕'과 '신민'에 있어서는, 덕(德)과 백성[民]은 물(物)이 되고, 밝히는 것과 새롭게 하는 것은 일[事]이 되어야만 이치에 합당할 것이다.

≪도표 4[28)]≫

物	天下・國・家・身・心・意・知・物
事	平・治・齊・修・正・誠・致・格

● 古之欲明明德於天下者 先治其國 欲治其國者 先齊其家 欲齊其家者 先修其身 欲修其身者 先正其心 欲正其心者 先誠其意 欲誠其意者 先致其知 治知 在格物

[주자] ・격(格) : 지(至) 혹은 궁지(窮至)의 뜻
　　　・물(物) : 사(事 : 혹은 事物)
　　　・격물(格物) : 사물의 이치를 궁구해서 도달함 窮至事物之理
　　　・치지(致知) : 지극한 곳에 이르게 함 欲其極處 無不到也
　　　・격물치지(格物致知) : 사물의 이치를 궁구해 이르러 그 지극한 곳에 이르게 함 窮至事物之理 欲其極處 無不到也

[서계] ・격(格) : 칙(則) 혹은 정(正)의 뜻
　　　・치(致) : '구해서 이르다[求而至]'는 뜻
　　　・격물(格物) : 그 법칙을 구하여 바른 것을 얻도록 하는것 所以求其則而期得乎正也
　　　・치지(致知) : 내가 아는 것을 사물의 당연한 법칙에 이르게 하여 거기에 대응할 수 있게 하는 것 欲使吾之知 能至乎是事之所當 而處之無不盡也

　격물치지(格物致知)에 대한 이러한 서계의 설(說)을 살펴보면 흡사 양명설(陽明說)[29)]과 주자설(朱子說)의 합작품과 같이 여겨진다. 즉, '격(格)'에 '정(正)'의 뜻이 있다고 생각한 서계의 견해는 양명설과 비슷하며, 또한 '사물의 법칙을 구한다' 혹은 '심색(尋索)한다'는 것은 마치 주자의 '궁지사물지리(窮至事物之理)'라는 주장과 흡사하다.[30)]

- 物格而後 知至 知至而後 意誠 意誠而後 心正 心正而後 身修 身修而後 家齊 家齊而後 國治 國治而後 天下平

[주자]物格者 物理知極處 無不到也 知至者 吾心之所知 無不盡也 知旣盡則意可得而實矣

　'물격(物格)'이란 것은 사물 이치의 지극한 곳까지 이르는 것이요, '지지(知至)'란 것은 내 마음의 아는 바를 다하는 것이다. 앎을 이미 다하면 뜻이 성실해질 수 있다.

至於用力之久 而一朝豁然貫通焉 則衆物之表裏精粗無不到 而吾心之 全體大用無不明矣.(『四書集註・大學』'補亡章')

　오랫동안 힘쓰고 나서 하루아침에 환하게 통하여 도를 깨닫는 경지에 이르게 되면 모든 사물의 표면과 이면, 정밀한 면과 대략적인 면에 도달하지 않는 것이 없게 되고 내 마음의 온전한 실체와 커다란 작용이 밝혀지지 않는 것이 없게 될 것이다(이것이 곧 物格이요, 이것이 곧 知至이다).

[서계]若如此旨 其所謂誠者 乃盡性盡物可以贊化 育而與天地參矣 夫理無不到知無不盡 而誠能盡性盡物贊化育參天地 則此聖人之極功而學 之能事畢矣 又何事乎正心修身 又何論乎齊家治國 …… 故行遠自邇升高 自卑及柯則不遠之喩 …… 況此大學 乃爲初學入德之門

　물격(物格)과 지지(知至)가 만약 이러한 뜻이라면, 이른바 성(誠)이란 것은 사람의 성(性)을 다하고 사물의 성(性)을 다하여 조화를 도와 천지와 같은 위치에 참여하게 될 것이다. 대저 이(理)가 도달하지 않는 곳이 없고 앎을 다하지 않는 것이 없어서 진실로 능히 사람의 '성'을 다하고 사물의 '성'을 다하여 천지를 도와 천지와 같은 위치에 참여하게 된다면, 이것은 성인의 지극한 공(功)이고 학문의 할 일을 다 마친 것이니, 그렇다면 어찌 그 다음의 정심・수신・제가・치국・〈평천하〉의 수양 단계가 있을 수 있으랴 …… 〈유교의 수양 순서가〉 '낮은 곳으로부터 높은 곳으로', '가까운 곳에서 먼곳으로' 점차적으로 나아가는 방법을 택하고 있으며, …… 또한 『대학』이라는 책도 초학자의 입덕(入德)의 문에 불과한 것이거늘 〈주자는 단번에 멀고 높은 곳으로

뛰어 오르는 길만을 말하고 있으니, 이것은 잘못되었다 하겠다.〉

3. 사변록에 있는 중용편의 특징

『사변록·중용편』은 '본문'·'주자중화구설서(朱子中和舊說序)'·'중용장구질의(中庸章句質疑)'로 되어 있다. '중용장구질의' 또한 '대학장구질의'와 마찬가지로 『중용』의 편차에 대해 서계 스스로가 정리한 것이다.[31]

이제 『사변록·중용』 '본문' 중 서계의 특징적인 학설들을 간추려 주자의 입장과 비교해 보도록 하자.

- 중용[32]이라는 명칭에 관하여
 [정자]不偏之謂中 不易之謂庸 中者天下之正道 庸者天下之定理
  어느 한쪽으로도 치우치지 아니함을 중(中)이라 하고, 바꾸어 고칠수 없음을 용(庸)이라 한다. '중'은 천하의 바른 도리이며, '용'은 천하의 정한 이치이다.
 [주자]中:不偏不倚 無過不及之名
     庸:平常也, 혹은 依本分 不爲怪異之事
  평상시와 같음이라, 혹은 본분에 의거해 괴이한 일을 저지르지 않음이다.

'중용'의 명칭에 관한 정자(程子; 伊川을 말함)와 주자의 해석은 어구상(語句上)의 차이만 있을 뿐, 근본적인 내용은 같다. 이러한 정자와 주자의 설명에 대하여 서계는 스스로 그 뜻이 분명치 않다고 생각하여 자신의 독창적인 견해를 제시한다.

[서계]窃嘗慨然反覆以求乎此 庸之爲義 有不在於前兩說者 假如前兩說 是庸爲中之釋訓 非所以備其未全之義也 夫中固爲天下不易之定理矣 又豈有或非平常而爲怪爲異者乎 然則此言中 果已足矣 抑何所爲而 又必曰庸 雖不言 似乎可歟 嗚呼似乎可以不言 而顧不得不言 其必有不 可不言者存焉耳 苟求其所以不可不言之故 庸之爲說也 無難知者矣 今按庸 恒也 其曰中庸者 旣欲事得其中 尤欲恒持於此而無暫時之或失也 蓋人於一事一物 有處之能得其中 此固善矣 然苟不能於事事物物 恒苟乎其 中而不失 則雖有一時之善 亦山蹊之介然者耳 至於日夜滋蔓之茅交窒而並塞 亦無如之何 卽終於下愚而已 故聖人立此爲訓 以覺萬世 在於書則 精一之義 與此表裏 精爲中 一爲庸 在於此書則首章所云道不可離者 已揭而示之 道者 卽中也 不可離者 卽庸也 學者果能執此名物 以察其理而求其實 亦可以識夫一篇所說 無非此義 其庶幾不失矣

내가 일찍이 여기에 개연한 바 있어 생각하기를 되풀이하여 이 용(庸)의 뜻을 구해보아 앞의 두 가지 설에 없던 것을 알아 내었다. 가령 앞의 두 가지 설과 같다면 '용'은 중(中)의 〈보조〉해석이 되어 버린다. 그렇지만 〈中의〉 뜻이 온전하지 못해서 그 미비한 것을 갖추었다는 것은 아니다. 대개 '중'은 진실로 천하에서 바꿀 수 없는 정리(定理)가 된다면 또 어찌 혹 '평상(平常)'이 아니고 괴이한 것이 되겠는가? 그렇다면 이는 다만 '중'만 말해도 족할 것인데 무엇 때문에 또한 '용'을 말해야만 했겠는가? 비록 '용'을 말하지 않아도 될 듯하지 않은가? 아! 말하지 않아도 될 듯한데도 말하지 않을 수 없었던 것은 반드시 말하지 않을 수 없는 까닭이 있기 때문이다. 진실로 그 말하지 않을 수 없었던 까닭을 구한다면 '용'의 뜻을 아는 데에 어려움이 없을 것이다. 지금 살펴보건대, '용'이란 항상 '변함없이 잘 유지해 나가는 것'이다. 즉, '중용'이란 것은 이미 일에 그 '중'을 얻고자 하고 더욱 '중'을 항상 유지하되 잠시라도 혹 잃지 않고자 하는 것이다. 대개 사람들이 한 가지 사물을 처리함에 있어서는 그 '중'을 지키는 것이 진실로 좋은 것이다. 그러나 진실로 사물마다 항상 그 '중'을 얻어서 보존하지 못한다면 비록 한때에 '중'을 얻을 수가 있더라도 역시 산길이 잠깐 동안 트인 것과 같을 뿐이다. 밤낮으로 자라나는 띠풀이 이리저리 막아서 길이 막혀버린다면 또한 어찌할 수 없는 것이니, 곧 어리석은 사람이 될 뿐이다. 그러므로 성인(聖人)은 이 '중용'이란 말을 만들고 훈계로 삼아 만세(萬世)를 깨우쳤다.『서경(書經)』의 '정일(精一)'의 뜻과 서로 일치가 되었으니 정(精)은 중(中)이 되고 일(一)은 용(庸)이 되며, 이 책(『중용』)의 맨 첫장에 이른바 도(道)는 곧 중(中)이니 '잠시도 떠날 수 없다'는 것은 곧 용(庸)이다. 학자들이 과연 능히 이 '중용'이라는 것에 대하여 그 이치를 살피고 그 실(實)을 구한다면 이 한 권의『중용』에서 말한 것이 이러한 '중용'의 뜻 아닌 것이 없음을 알아도 거의 틀림이 없을 것이다.

여기에서 서계가 말하고 있는 '항(恒)'이나 정자나 주자의 용(庸)에 대한 설명이 비록 비슷하긴 하지만, '중'과 '용'을 연결하여 '중(中)을 항지(恒持)하는 것'이 참된 '중용'의 의미임을 설파한 서계의 생각은 가히 독창적이라 하겠다. 또한 구체적으로『서경』의 '유정유일(唯精唯一)'과『중용』의 '도야자불가수유이야(道也者不可須臾離也)'라는 말을 '중용'이라는 단어에 결부시켜 풀고 있는 것도 특징적이라 하겠다.

≪도표 5≫

中	庸
唯精	唯一
道也者	不可須臾離也

'중(中)을 항지(恒持)하는 것'이 진정한 '중용'의 의미임을 설파한 서계의 말에서 우리가 좀더 부연해본다면,

어느 한쪽으로도 치우침이 없으며 평범 속에 들어 있는 천하의 정리(定理)인 '중'을 잠시라도 잃어버리지 않게 잘 유지해 나가는 것.

이것이 세계에 있어서 진정한 중용의 의미임을 알 수가 있다.

『중용』수장(首章)에 대하여
● 天命之謂性 率性之謂道 修道之謂教
〔주자〕人物各循其性之自然爲道
　　사람과 사물이 각각 그 자연스런 성(性)을 따르는 것이 도(道)이다.
〔서계〕雖物亦有性 但其爲性也 與人不類 …… 中庸言人而不言物 夫中庸之爲書也 以敎人而非以敎乎物 人可敎也 物不可敎 人能之道 物不能知道也
　　〈사람과 사물을 함께 거론한 것은 잘못되었다.〉 사물에도 성(性)이 있지만 인성(人性)과 물성(物性)은 구별되어야 한다.[33] …… 『중용』은 사람만 말하고 사물은 말하지 아니하였다. 대저 『중용』은 사람을 가르치기 위한 것이지 사물을 가르치기 위한 것은 아니다. 왜냐하면 사람은 가르칠 수 있으나 사물은 가르칠 수 없으며, 또한 사람은 도를 알 수 있으나 사물은 도를 알 수 없기 때문이다.

● 道也者不可須臾離也 可離非道也
〔주자〕道者 日用事物當行之理 皆姓之德而具於心無物不有無時不然 所以不可須臾離也.
　　'도'란 것은 일용사물의 마땅히 행해야 될 이치인데, 모두 성(性)의 덕으로서 마음에 갖추어져 사물마다 있지 않는 것이 없고, 때마다 그렇지 않는 것이 없으니, 이것이 잠깐 동안이라도 떠날 수 없는 까닭이다.
〔서계〕上之言道曰 循天性之自然 則日用之間 莫不各有當行之路 此之言道曰 性之德而具於心 是前與後之說異 而不得其一也 …… 夫道之所以爲名爲其循性 以行猶大路也 而若謂之性之德 而具於心則

卽非循也 又非行也 固不可以復有乎道之名也 …… 且道旣爲性之德
而具於心 雖欲離之其可得乎
　〈주자가 도에 대해서 말하기를〉일용·사물의 마땅히 행해야 될
도리라고 하면서, 또한 모두 성(性)의 덕으로서 마음에 갖추어져
있는 것이라고 하니 앞뒤 두 말이 서로 일치하지 않는다 …… 대저
도란 명칭이 생긴 것은 사람이 인성에 따라 행하는 것이 마치 길
[道]과 같기 때문에 이렇게 부르는 것인데, 이제 또한 '성의 덕으로
서 마음에 갖추어져 있는 것'을 '도'라고 한다면, 그것은 '따름[徇]'
도 아니고 '행함[行]'도 아니니, 어찌 이러한 것에 '도'란 명칭을 붙
일 수 있겠는가? …… 성(性)을 따라서 사물에 행하는 '도'가 심중
에 갖추어져 있다면 비록 떠날래도 떠날 수 없을 것이다.

　즉, 서계는 주자의 '도' 개념이 두 가지 의미로 쓰이고 있음을
지적하고 있다. 첫째는 길[道]과 같은 의미로서, 우리가 마땅히
따라가야 할 이치·도리라는 의미요, 둘째는 우리 마음에 본래
갖추고 있는 내재적인 성(性)과 같은 의미이다. 서계는 이 두 개
념이 서로 모순적이어서 양립할 수 없다고 보고서, 그 중 후자
(둘째)의 개념을 부정한다. 그 이유는, 『중용』의 솔성(率性)의 도
를 강조하고 있는 것은 사람들이 때때로 '도'에서 이탈한다는 것
을 전제로 하고 있기 때문인데, 만약 '도'가 원래 사람들의 마음
가운데 갖추어져 있는 것이라고 한다면(둘째 의미), 수도(修道)
자체가 무용해지는 것이 아니냐는 까닭이다.

12장(西溪章句 5장)에 대하여
● 君子之道 費而隱
　[주자] · 費 : '用之廣'의 의미. (『중용』본문의 예) : '夫婦之愚 可以與
　　　　　知焉及其至也 雖聖人亦有所不知焉 夫婦之不肖可以能行
　　　　　焉 及其至也 雖聖人 亦有所不能焉 天地之大也 人猶有所不

憾 故君子語大 天下莫能載焉 語小 天下莫能破焉'
- 隱:'體之微'의 의미. (『중용』본문의 예):'其理之所以然 則隱而莫之見也'

[서계] · 費:'淺近'의 뜻. (『중용』본문의 예):'夫婦之愚 可以與知焉'
- 隱:'高遠'의 뜻. (『중용』본문의 예):'雖聖人亦有所不知焉'
  :심원(深遠)한 일의 예
- '語大天下莫能載 語小天下莫能破':'도'의 가장 심원한 경지를 말함.

주자는 비(費)와 은(隱)의 의미를 형이상학적 개념인 체(體)와 용(用)으로 파악한 데 반해서 서계는 좀더 현실적으로 '비'를 '낮고 가까움'으로, '은'을 '높고 심원함'으로 풀었다. 즉, 서계는 군자(君子)의 도가 처음에는 천근(賤近)한 데에 지나지 못하지만, 그 극치에 이르러서는 성인도 알지 못하는 바가 있을 만큼 심원하다는 것이다. 그러나 이러한 심원한 경지도 결코 천근함을 떠나서 존재하는 별개의 도가 아니라, 천근함에 즉해서만이 얻을 수 있는 것이라고 한다.[34]

22장(西溪章句 13장)에 대하여
- 能盡其性 則能盡人之性 能盡人之性 則能盡物之性

[주자] 人物之性 亦我之性

사람과 사물의 성(性)이 또한 나의 성(性)이라 — 공통하여 다름이 없다.

[서계] 人性固無彼我之殊 若物之性 安得同於人 以孟子所言觀之 亦明其不然 孟子曰然則犬之性猶牛之性 牛之性猶人之性歟 又曰凡同類者 擧相似也 何獨至於人而疑之 聖人與我同類者 又曰其性與人殊 若犬馬之 與我不同類也 則天下何嗜從易牙

사람의 성(性)은 진실로 저 사람과 나와의 차이가 없지만 사물의 성은 어찌 사람과 같을 수 있겠는가? 맹자가 말한 것을 보더라도 또한 그렇지 않은 것이 분명하다. "개[犬]의 성이 소[牛]의 성과 같을 수 있으며, 또한 소의 성이 사람의 성과 같을 수 있겠는가?"[35] "무릇 종류가 같으면 서로 같은 것인데, 어찌 홀로 사람에게 있어서만 그렇지 않다고 의심하겠는가? 성인(聖人)도 또한 나와 동류이다."[36] "그 성(性)이 남과 다르기가 개와 말이 나와 종류가 다른 것과 같다면, 천하 사람이 어찌 즐기는 것을 모두 역아(易牙; 요리에 능했다고 하는 전설적인 인물)를 따라 할 수 있겠느냐?"[37]

이러한 입장에서 서계는 위 22장(西溪章句 13장)을 다음과 같이 풀이하고 있다.

盡性 謂性之所得 無不盡也 人與我 性皆同 旣盡吾之性則其敎之所被 亦可使人而莫不盡其性之所得 物之與人 其性雖異而其理則有可推者 吾心旣明乎理 亦可推類以知 使夫動植之物 亦莫不各盡其性之所得

성(性)을 다한다는 것은 성의 타고난 바를 다하지 않는 것이 없다는 것을 말한 것이다. 남과 나의 성이 모두 같으니 이미 나의 성을 다하면 그 가르침을 입히는 바도 역시 남으로 하여금 그 성의 타고난 바를 다하지 못하게 하는 것이 없을 것이다. 사물과 사람은 그 성이 비록 다르나, 그 이치는 종류로 미루어 알 수 있는 것인데, 내 마음이 이미 이(理)에 밝아지면 또한 종류로 미루어 알아서 동물과 식물로 하여금 역시 각각 그 성의 타고난 바를 다하지 않을 수 없게 할 수 있다.

『사변록・대학편』과『사변록・중용편』에서 이제까지 보아 온 바로는 주자의 해석과 서계의 해석이 그렇게 상반된 것이라고는 생각되지 않는다. 그럼에도 불구하고 서계가 자신의 주장을 강도있게 펼쳐나가는 이유는 관념적・형이상학적인 주자의 해석

에 대한 반발로 보여진다. 즉, 서계는『사변록』에서 좀더 현실적
이고도 좀더 실감나는 해석을 독자들에게 전해주고자 한 것 같다.

――――― … ―――――

역사에 기록되고 있는(주로『肅宗實錄』) 서계의 인간적인 면모
는 대부분 부정적이다. 물론 당시의 혼탁했던 당파싸움으로 인
한 정적(政敵)들의 비난을 위한 비난이 대부분이겠지만, 개중엔
자파(自派)의 공격도 포함되어 있음은 주목하지 않을 수 없겠다.
이 점은 바로 서계가 그 당시의 가치기준과 구속적인 여건에만
얽매여서 이를 맹종하려든 여타의 몰지각한 정객들과는 달리 비
록 자파의 사람들이라 할지라도 잘못된 점이 발견된다면 서슴없
이 비판했다는 점을 잘 나타내주고 있다. 이미 앞에서도 언급했
듯이, 서인(西人)계열이면서도 오히려 남인(南人)인 이경석의 비
문을 쓰기도 하였고, 또한 이 비문에서 같은 서인인 송시열을 비
난하기도 하였다. 역사서(歷史書)에 나타나고 있는 서계에 대한
기록 몇몇을 인용해보도록 하자.[38]

　　박세당이 죽었는데, 나이가 75세이다. 박세당은 젊었을 때 일찍
이 국구(國舅; 임금의 장인) 김우명(金佑明)의 집 잔치에 참석하여
일어나 춤을 추기까지 했으므로, 선비들의 여론이 이를 못마땅하게
여겨 뒷날〈서계의〉전랑(詮郎) 추천에 제동을 걸었다. 후에 다시
임명되기는 하였으나 공론(公論)은 이를 끝내 불쾌하게 여겼다. 박
세당은 전랑 추천을 저지한 의론이 송시열에게서 나온 것으로 의심
하여 원한이 매우 깊어서 드디어 벼슬을 버리고 시골로 내려가서
조정에 나오지 않고 그대로 머물러 살았다. 사람됨이 치우치고 어

굿나며, 〈자기가 옳다 생각하는 것에〉 깊이 천착해버리는 병이 있으며 일찍이 장주(莊周)의 글을 주해(註解)하기도 하였다.[39]
〈박세당이 일찍이 그 형과 더불어 어떤 비문이 내[川]의 남쪽에 있는가, 아니면 북쪽에 있는가를 가지고 논쟁하게 되었는데〉 그 판결은 〈둘이 다같이〉 말을 타고 직접 가보고서 명백해졌는데도 〈서계는〉 말을 하기를 "어제 내[川] 북쪽에 있던 돌이 어찌하여 오늘은 내 남쪽으로 건너왔는가"라고 하였으니, 그 그릇된 것에 집착하는 것이 심하지 아니한가? …… 이미 그 마음이 넓지도 밝지도 못하며, 고집불통하여 단지 남을 꼬집는 재주를 부리기만 좋아하고, 때로는 흐릿한 검은 그림자 사이로 한 줄기의 빛만을 겨우 엿보고는 마치 큰 별이라도 본 양하고, 장님이 코끼리 몸의 일부를 만져보고서는 마치 코끼리 전부를 알고 있는 양하는 것과 같다. 그 알아낸 것을 놀란듯이 기특하게 여겨서 예전 사람이 미처 도달하지 못한 바라고 여기지만, 그 실상은 전대(前代)의 사람이 초고(初稿)할 때에 이미 버린지 오래된 울타리 가의 물건인데도 사사로이 비밀히 간직하여 천금(千金)의 보화인 양 여기는 것은 무슨 까닭인가?[40]
박세당은 벼슬이 낮을 때부터 성(城) 동쪽 교외에 살면서 벼슬에 생각을 끊고 후생(後生)들을 가르쳤으며, 『사서(四書)』를 주석하여 『사변록』이라고 일컬었다. 그가 주장하는 말들은 대개 주자의 훈화와 다른 것이 많으므로 배척하는 자들은 이를 지목하여 이단(異端)이라 하였다. 그러나 박세당은 한갓 문사(文辭)에만 깊었으니 이단이라고 할 수는 없다.[41]

위의 기록들보다는 한층 객관적인 입장에 섰던 것으로 보이는 구절이 동일한 문헌(『숙종실록』)에 나타나 있다.

박세당은 벼슬길에 오른 지 얼마 안 되어 용감하게 물러난 절개 있는 선비였다. 문장에 능하며 경(經)을 연구하고 널리 배워 기존의 장구(章句)에만 얽매이지 않았다. 그러나 성품이 그릇된 것에 집착하는 것이 심하고 신기함을 숭상하기 때문에, 스스로 지은 경설(經說)은 말을 억지로 꾸며댄 것이 많으며, 스스로 이를 귀중하게 여기기를 '닳아빠진 빗자루[弊箒; 자기가 가진 것은 무엇이든지 소중하게 여긴다는 말]'처럼 하였다. 자기 주장이 너무 지나쳐서 주자의 주석을 언급함에 있어서 더러 공손하지 못한 점이 있는 것은 비난받아 마땅하지만, 그가 단지 송시열과 배치되었다는 이유 때문에 평소 당인(黨人)들로부터 미움을 받은 점도 있다. 즉, 이때에도 〈서계의 학설을 평하여 주자의 설과〉 어긋나 괴이하다고 할 뿐만 아니라, 그 글을 불 태우고 〈서계를〉 처벌하기를 상소한 것은 바로 당론의 배척하고 모함하는 버릇 때문이니 이를 식자(識者)들은 못마땅하게 여겼다.42)

우리는 위 인용문으로부터 비록 편파적이긴 하나 사실에 가까운 몇 가지 공통점을 도출해낼 수 있겠다. 첫째, 서계는 자기가 옳다고 생각하는 바는 결코 굽히지 않는 용감하고 절개 있는 선비였으며 둘째, 서계는 비록 계보상 서인에 소속되어 있었지만 실제로는 당론(黨論)을 무조건적으로 따르기만 하던 당시의 정치인들과는 그 사고방식 및 행동양식이 달라 자파(自派)세력에게까지도 미움을 받았다는 사실이며, 마지막으로『사변록』에 대한 지탄과 서계에 대한 사문난적(斯文亂賊)의 비난이 순수히 학문적인 차원이라기 보다는 오히려 감정이 깊숙이 뒤엉킨 정치적인 차원에서 생겨났다는 사실이다.43) 그렇지만 우리는 한편으로는 서계 박세당이 당시 정주학적(程朱學的) 학풍과 사상으로 통일된 학계, 사상계에 있어서 될 수 있으면 그 주어진 테두리에서 벗어나 좀더 실증적이고 자유로운 태도로 고전연구에 임하여 공맹학(孔孟學)의 본지를 찾아보려고 노력했던 사실 또한 간과해서는 안 될 것이다. 고경(古經)에 대한 이러한 서계의 견해와 해석이 주자의 주해보다 얼마나 더 발전된 것인지, 아닌지에 대한 평가는 보류하더라도 최소한 학문의 자유를 부르짖고 옛틀을 벗어나려 한 진보적이고도 계몽적인 그 사상적 태도는 높이 평가할 만하다 하겠다. 이제 글을 맺으며 서계 자신이 쓴 『사변록』 서문을 인용해 보자.

> 오늘날 『육경(六經)』을 연구하는 이는 모두가 그 얕고 가까운 것을 뛰어넘어 깊고 먼 것으로 달려가며, 그 거칠고 소략한 것은 소홀히 하고서 정세하고 완전한 것만을 엿보고 있으니, 그들이 어둡고 어려워지고 빠지고 넘어져서 아무런 소득도 없는 것은 이상할 게 없다. 저들은 다만 그 깊고 멀고 정세하고 완전한 것을 얻지 못할 뿐만 아니라, 그 얕고 가깝고 거칠고 소략한 것마저 모두 잃게 될 것이다. 아, 슬프다! 그 또한 심히 미혹한 것이 아니겠는가? 대체로 가까운 것은 미치기 쉽고, 얕은 것은 재기 쉽고, 거친 것은 알기 쉬운 것이다. 그가 도달한 것을 근거로 해서 차츰 멀리 나아가, 멀리 가고 또 멀리 간다면 그 먼 곳을 다 갈 수 있을 것이다. 그가 재어 헤아린 것을 근거로 해서 차츰 깊게 들어가, 깊고 또 깊게 들어간다면 그 깊은 데를 다 들어갈 수 있을 것이다. 그가 얻은 것을 근거로 해서 점점 더욱 구비하고, 그가 아는 것을 근거로 해서 점점 정묘한 것을 더하여, 정묘한 것은 더욱 정묘하게 하고, 구비한 것은 더욱 구비하게 한다면 그 구비함을 다하게 되고, 그 정세함을 다하게 될 것이다. 그렇게 된다면 어찌 어둡고 어지럽고 빠지고 넘어지는 걱정이 있겠는가? …… 반드시 많은 장점을 널리 모으고 작은 선(善)도 버리지 아니해야만 거칠고 소략한 것도 빠뜨리지 않고, 얕고 가까운 것도 누락시키지 아니하여, 깊고 멀고 정세하여 완비된 체계가 비로소 완전하게 되는 것이다. [44]

|주|

1) '思辨'이라는 제목 두 글자는 『中庸』의 '愼思之, 明辨之'에서 따온 듯하다.

2) 이러한 실용적인 경향성 때문에 西溪를 실학자 또는 실학사상의 선구자로 보는 이도 있다. 그렇지만 그의 사상에 실용적인 특성이 있기 때문에 '실학자'(단순히 실용적인 학풍을 가진 학자라는 의미에서)로 부를 수도 있겠지만, 엄밀히 따지면 요즈음 우리가 실학파라는 범주에 집어 넣는 일련의 학자들과는 구별되어야 한다. 즉, 실학파에 속하는 학자들은 대부분이 불우한 南人출신의 사람들로서 신분만 양반이었지, 실제 생활에서는 일반 서민들과 거의 동등한 삶을 살았다. 그렇기 때문에 이들과 西溪를 연관 지워 그 사상적인 면에서 공통점을 도출해내려거나 그 학파의 연계성에 천착하는 것은 무리인 듯하다(서계는 대부분의 벼슬 임명을 비록 사양하기는 했지만, 그는 어디까지나 당시 집권층이었던 西人계열이었음에 주목하자).
3) 정성철, 『조선철학사(2)』, (서울:이성과 현실, 1988), 272쪽 참조.
4) 西溪에 대한 연구는 아직까지도 미흡한 상태이다. 다만, 李丙燾의 "朴西溪와 反朱子學的 思想", (成均館大學校 大東文化研究院, 『大同文化研究(3輯)』, 1966)과 尹絲淳의 "朴世堂의 實學思想에 관한 연구"(『韓國儒學論究』, 서울:玄岩社, 1985)가 참고할 만하다.
5) 원래 이 곳은 西溪 39세(현종 8년, 1667년)에 첫부인 南氏를 장사 지낸 곳인데, 그 후 서계는 이 곳에 정착해 살며 講學과 고전연구에만 몰두하였다. 서계가 첫부인 남씨를 잃은 때를 기점으로 하여 退居생활에 들어간 것은 여러 가지 이유가 작용했을 것이다. 우선 10년 넘게 친정살이를 해 가면서 갖은 고생을 다하던 부인의 죽음 앞에서 세상 부귀영화의 덧없음과 인생살이에 대한 환멸을 느끼기에 충분했을 것이며, 또한 무엇보다도 이미 싹트고 있던 '송시열'계와의 갈등과 反目의 폭이 점점 더 커졌기 때문이리라.
6) 이중 詩經篇은 65세 이후 거듭된 질병으로 인해 미완성으로 그침('小雅·采綠篇'에서 중단함). 그리고 『사변록』 서문은 서계 61세 때, 즉 「맹자편」을 쓸 당시에 이루어졌다.
7) 비록 미완성이긴 하지만 고경 전반에 대한 체계적인 주석작업은 한국 유학사에 있어선 陽村 權近의 『五經淺見錄』 이후 처음이다.
8) 尹絲淳, 『韓國儒學論究』, (서울:玄岩社, 1985), 390~391쪽 참조.
9) 朴世堂, 『西溪全書(上)』, (서울:太學社, 1972(영인본)) '西溪先生集',

卷二十二, 年譜:'先生十四歲' 하단의 기사를 참조할 것, 440쪽. 이 글에서 인용하는 모든 西溪 문헌의 기본 자료는 위 책으로 한다. 이후『西溪全書』로 약칭한다.
10)『西溪全書(上)』, 年譜:'先生十七歲 ……' 하단의 기사를 참조, 441쪽.
11) 尹絲淳,『韓國儒學論究』, 196쪽 참조.
12)『西溪全書(上)』, 年譜:'先生三十六歲 ……' 하단의 기사를 참조, 443쪽.
13)『顯宗實錄』卷八, 五年, 甲辰 閏六月條 참조.
14)『西溪全書(上)』, '西溪先生集' 卷之十四, '西溪樵叟墓表', 296쪽:"自見才力短弱 不足有爲於世 世又日頹不可以救正也"
15)『西溪全書(上)』, (年譜:'先生四十歲 ……' 하단의 기사를 참조할 것) 445~446쪽 참조.
16)『사변록』이 처음 세상에 나온 것은 서계 52세(숙종 6년, 1680)이며, 미완성으로 끝을 맺게 되는 것은 서계 65세(숙종 19년, 1693)이다. 그렇지만 이것이 조정에서 정식으로 언급되어 나타나는 것은 서계 75세(숙종 29년, 1703) 3월 7일(壬子)의『肅宗實錄』에서이며, 이것을 문제 삼아 그를 처벌하기를 주장하는 첫상소는 그 해 4월 17일(壬辰)의 官學儒生 洪啓迪 등의 疏請이다.
17) 李丙燾, "朴西溪와 反朱子學的 思想", (成均館大學校 大東文化硏究院,『大同文化硏究(3輯)』, 1966), 1쪽 참조.
18) 內的 혼란으로 대표되어질 수 있는 사건은 몇 차례에 걸친 '訟論'論難과 '許堅의 謀逆사건'을 계기로 한 庚申換局, 그리고 숙종 때 '元子定號'에 관한 분규로 인하여 일어난 己巳換局, 또한 인현왕후의 복위를 둘러싸고 일어난 甲戌換局을 들 수 있겠다. 이 사건들은 모두 서계 생전에 겪은 일이다.
19)『韓國人物大系』卷四, '李朝의 인물2', (서울:박우사, 1972), 305쪽 참조.
20)『西溪全書(上)』, '西溪先生集' 卷七, 辨論(禮頌辨) 135쪽:"然則服之隆殺 其果有增貶於宗統之重乎"
21)『韓國人物大系』卷四, '李朝의 人物2', 305쪽.
22)『西溪全書(上)』, '西溪先生集'卷七, '書:答和叔書', 129쪽:"蓋言之所貴者 在當其實而已"
23)『韓國人物大系』卷四, 307쪽 참조.

24) 『西溪全書(上)』, '西溪先生集'卷七, '辨論:辨和叔論紀年示兒姪', 138쪽
   : "然自三代以來 未聞有引年於旣沒之後以爲臣子"
25) 여기서 혼동해서는 안 될 사실이 하나 있다. 여태까지의 글을 따라 읽어 보면 논지의 초점이 혼란스러워질 수도 있겠다. 즉, 한편으로는 주자학에 반발하여 이를 극복하고자한 새로운 思潮의 시도자로서 서계의 모습을 조명해내고 있으면서, 동시에 다른 한편으로는 『사변록』 자체가 정통 유가의 입장에서 볼 때에 하등의 논란의 요지가 없으며, 심지어는 '주자학'과의 비교에서도 근본적으로 대동소이(大同小異)하다고 주장하는 것이 얼핏 보기에는 서로 모순처럼 들릴지도 모르겠다. 그렇지만 전혀 문제될 것이 없다. 이것은 서계의 삶의 태도와 그 실제적인 사상내용에 대한 차이를 분명히 인식하면 쉽게 해결될 수 있을 것이다. 즉, 前者(삶의 태도)에서 말해본다면, 당시로서는 과히 파격적이며 보통 사람들의 용기로는 감히 엄두 조차 내어볼 수 없는 과감한 시도라는 점에서 서계의 평가가 대단해지는 것이고, 後者(실제적인 사상내용)에서 살펴본다면 그 말한 내용이란 것이 당시의 여러 제약적인 여건-여기에는 물론 사상적으로 주자의 입장을 완전히 탈피하거나 극복할 수 있는 지적 분위기의 성숙 및 외부사상의 도움이 잘 이루어지지 않았다는 이유도 포함된다-때문이긴 하지만 사실상 주자의 입장과 별 차이가 없다는 것이다. 그렇기 때문에 그 사상적 차이 내지는 이단성 때문에 배척을 받았다기보다는 오히려 각종 정치적 압력 때문에 빚어진 일이라고 보는 것이 더 타당할 것이다(이 점은 당시의 사람들도 잘 알고 있었다.: '金昌翕이 서계의 문인들에게 보내는 편지'나 서계 문인 '李坦의 上疏文' 중에서 잘 나타난다). 바로 이러한 입장(後者)에서 볼 때에 서계의 평가는 前者보다 줄어들지 않을 수가 없는 것이다. 그렇지만 이러한 평가는 오늘날의 기준이고, 당시로서는 이 자체만으로도 대단한 파문이 될 수 있었다.
26) '大學章句識疑'는 『大學』 원문에 대한 교정을 다룬 것으로 주자의 『集註』에 대한 西溪 자신의 이론을 제기하고 자기 나름대로 순서를 새롭게 정리한 것이다. 西溪의 反朱子學的인 학문성의 일단을 엿볼 수는 있으나, 그 큰 줄거리에 있어서는 '大學章句識疑'의 '서문'에 있는 서계 자신의 말처럼 주자의 뜻과 일치한다 "然究其大本 終不失朱子之旨云."

27) 『사변록・대학편』 본문은 '經'에서는 朱子註에 대한 내용상의 반박을 하고 있고, '傳'에서는 그 編次에 대한 考訂을 하고 있다. 그렇기 때문에 經에 대한 연구만으로도 『사변록・대학편』의 내용에 대한 분석이 가능한 것이다.
28) 物과 事에 대한 영어식 표현은 金凡夫와 李丙燾의 두 가지 입장이 있다. 金凡夫:物(Thing)・事(Affair), 李丙燾:物(Things)・事(working). 이 두 가지 설명 중에서 西溪의 견해와 좀더 부합하는 것은 李丙燾의 견해라고 생각된다.
29) (陽明) 格:正, 物:事, 格物致知:事爲의 不正을 바르게 함으로써 자신의 良知를 나타냄.
30) 李丙燾, "朴西溪의 反朱子學的 思想", 8쪽 참조.
31) 『中庸』과 『大學』 중 編次문제에 있어서 좀더 혁신적인 것은 『사변록・중용편』이다. 『사변록・대학편』에서는 '經'一章・'傳'十章이라는 朱子章句의 주어진 틀 속에서 고정되지만, 『사변록・중용편』에 있어서는 기존의 朱子章句 三十三章을 허물어버리고 二十章으로 새롭게 재구성해 내고 있다.
32) 『四書』의 하나인 書名으로서의 中庸과 思想으로서의 中庸을 구별해야 할 필요가 있다. 여기서는 前者를 『中庸』, 後者를 中庸으로 표시하여 구별하도록 하겠다.
33) 이 문제는 '二十二章(西溪章句 十三章)'에서 상세히 재론된다.
34) 李丙燾, "朴西溪와 反朱子學的 思想", 10쪽 참조.
35) 『孟子・告子上』.
36) 같은 책, 같은 곳.
37) 같은 책, 같은 곳.
38) 여기서 말하는 역사서란 대부분이 『肅宗實錄』을 말한다. 당시 정치변화에 따라 실록을 기록했던 史官들의 政派마저 변했던 관계로 기록들이 공정성을 잃은 경우가 많고 또한 평가기준도 우왕좌왕한다. 그렇지만 그런 가운데서도 얼핏얼핏 중요한 사실들이 내비치고 있으니 간과할 수도 없다. 역사기록 자체는 西溪思想을 연구하는 데에 별 관련이 없더라도, 그 속에 드러난 사상적인 배경은 西溪學연구에 있어서 필수적인 선결요소라 하겠다.

39)『肅宗實錄』29년 4월, '癸卯'條.
40)『肅宗實錄』29년 4월, '壬辰'條:處士 金昌翕이 西溪門人에게 보내는 편지 중에서.
41)『肅宗實錄』卷三十四(下), '補闕正誤'.
42)『肅宗實錄』卷三十八(上), '補闕正誤'.
43) 이 사실에 대한 근거로는『사변록』이 문제로 삼아진 연대가 책을 저술한 지 무려 십 년이나 뒤라는 역사적 사실, 그리고 金昌翕의 상소문 중, "〈서계가〉 자신이 알아낸 것을 놀란 듯이 기특하게 여겨서 예전 사람들이 미처 도달하지 못한 바이라고 하지만, 그 실상은 前時代의 사람들이 草稿할 때에 이미 버린 지 오래되는 울타리 가의 물건에 지나지 않는다"라고 하는 것과, 또한 西溪의 문인 李坦의 상소문 중 "아! 경전을 허물어뜨리고 성인(주자)을 업신여겼다고 하는 〈서계의〉 죄가 몇 해 전의 〈『사변록』〉 저술에 있는 것이 아니라, 오히려 최근 〈백헌 이경석의〉 비문을 지은 데 있습니다"라고 한 사실만 살펴봐도 충분할 것이다.
44)『思辨錄・序』:"今之所求於六經 率皆躐其淺邇而深遠馳 忽其粗略而精備 是規 無怪乎其鶩眩驚迷亂沈溺顚躓而莫之有得 彼非但不得乎其深遠精備而已 併與其淺邇粗略而盡失之矣 噫嘻悲夫 其亦惑之甚乎 夫邇者易及淺者易測略者易得粗者易識 因其所及而稍遠之 遠之又遠 可以極其遠矣 因其所測而稍深之 深之又深 可以極其深矣 因其所得而漸加備 因其所識而漸加精 使精者益精備者益備 可以極其備極其精矣 又何有眩鶩迷亂沈溺顚躓之患哉……必待乎博集衆長 不廢小善 然後粗略無所遺 淺邇無所漏. 深遠精備之體乃得以全"

제9장

실학과 정다산의 사상

1. 실학이란 무엇인가?

　영·정조(英正祖)시대를 전후하여 주자학(朱子學)에 대한 비판정신이 일어나면서 원시유학(原始儒學)의 정신을 새롭게 해석하는 학풍이 일어났으니, 이것이 바로 '실학(實學)'이다. 조선의 주자학은 공리공담(空理空談)에 빠져 그 '실(實)'을 잃어버렸다고 주장하는 실학자들은 '실사구시(實事求是)', '이용후생(利用厚生)', '경세치용(經世致用)', '국리민복(國利民福)'을 추구하며 광범위한 영역에 대한 연구를 시도했다.
　본래 '실학'이란 말은 고려말(高麗末)에 있어서, 출세간적(出世間的)인 비합리주의(非合理主義的) 경향을 띤 불교를 배척하고 새로운 민족주의를 중흥시키고자 합리주의적 구국정신을 일으킨 '주자학(朱子學)'을 일컬었다. 그러나 효제(孝悌)의 순수사랑을 인생과 국가와 우주의 원리로 체계화한 주자학이 조선사회의 생활 속에 뿌리를 내리면서 그 부작용 또한 심각했다.

　충서(忠恕), 사단(四端)의 마음, 명명덕(明明德), 친민(親民), 지어지선(止於至善), 격물(格物), 치지(致知), 성의(誠意), 정심(正心), 수신(修身), 제가(齊家), 치국(治國), 평천하(平天下) 등을 실천하여 인간의 존엄성과 가족의 행복과 국가의 번영 및 인류의 안녕을 이 땅에 이루고자 하던 주자학이 정치권력투쟁의 도구가 되고 탐관오리들의 전략술책으로 이용되어 그 실(實)을 잃고 헛된 공리적(空理的) 논쟁만을 일삼게 되었다. 국민생활이 도탄에 빠져도 주자학은 탐관오리들의 수탈의 수단과 명분으로 변질되어 그 본래의 정신을 잃었다. 백성을 친애(親愛)하는 무한한 사랑의 심정으로 천·지·인(天地人)이 합일되는 그런 윤리의 나라를 실현할 수 있는 힘으로서의 주자학은 그 힘을 잃어버렸다. 즉, 백성을 착취하는 탐관오리들의 생활수단 내지 출세수단이 되었던 것이다.

　바로 이러한 상황에서 실학자들은 유학의 근본정신을 다시금 유학고전에서 찾고자 했으며, 유학이 가지고 있는 그 실(實)을 다시 회복하여 민생을 도탄에서 구하고자 하였다. 그 사상적 계보를 보면 유형원(柳馨遠, 磻溪, 1622~1673), 이익(李瀷, 星湖, 1682~1764), 박제가(朴齊家, 楚亭, 1750~1805)로부터 시작하여 정약용(丁若鏞, 茶山, 1762~1836)의 목민사상(牧民思想)으로 꽃 피우게 되었다. 그리고 그러한 실학운동은 박지원(朴趾源, 燕巖, 1737~1805)의 신(新)문예운동 내지 계몽운동과 함께 국민생활 속에 깊이 파고 들어가게 되었으며 또한 사회개량주의사상 내지 실용주의사조를 일으켰다. 이들의 학문적 탐구는 실증주의적 방법을 취하였다. 따라서 이들에 의하여 서양의 과학사상과 천주교가 소개되고, 국토의 풍물(風物)과 민생(民生)의 고난이 중요한 문제로 부각되었다.

우리는 이제, 실학의 집대성자로 평가받는 다산 정약용의 생애와 사상을 중심으로 하여 실학의 특성을 좀더 분명히 이해하고자 한다.

2. 다산의 생애

다산 정약용을 모르는 사람은 거의 없다. 국내 뿐 아니라 이웃 일본을 비롯 국제적으로도 그의 이름은 널리 알려져 있다. 한때는 구소련 등 사회주의권 국가에서도 다산을 주목했다. 그를 초기 공산주의이론가로 높이 평가하여 깊이 있게 연구한 것이다. 또 베트남의 호치민(胡志明)도 관리의 부정을 막기 위해 다산의『목민심서(牧民心書)』를 애독했다고 한다.

다산에 대한 국내 학자들의 평가는 일부 부정적인 측면이 없지 않으나 대부분 극찬이 주류를 이루고 있다. 그 중 가장 자주 등장하는 표현이 '실학의 집대성자'이다. 다산이 실학을 집대성했다고 하는 이유는 정치·경제·사회·역사·지리·교육·천문·역학·의학·과학기술·언어 등 관심을 갖지 않은 분야가 없었기 때문이다. 그래서 다산을 아는 것이 조선 후기의 사회와 사상을 이해하는 지름길이라 하겠다.

다산은 1762년(영조38년) 경기도 광주군(廣州郡) 마재(馬峴; 지금은 양주 땅으로 되어 있음)에서 진주목사 정재원(丁載遠)의 넷째 아들로 태어났으며 75세를 일기로 1836년(헌종2년)에 세상을 떠났다. 다산의 생애는 1801년 신유사옥으로 인한 유배를 기준으로 유배 이전의 '전기'와 유배 이후의 '후기'로 나눌 수 있다.

다산은 61세 때 지은『자찬묘지명(自撰墓誌銘)』에서 스스로 정리하고 있듯이 방대한 저작으로도 유명하다. 대략 5백 권으로 '경집'과 '문집'으로 나누어진다. 위당 정인보가 "한자(漢字)가 생긴 이래 가장 방대한 저서를 남겼다"고 말한 이유가 짐작된다. 따라서 다산을 제대로 이해하려면 이 저서들을 모두 소화하지 않으면 안 된다. 그러나 웬만한 연구자라도 5백 여 권에 이르는 저술을 모두 읽고 평가하기는 어렵다. 결국 다산학(茶山學)의 개요와 윤곽만을 더듬을 뿐이다.

다산이 5백 여 권에 이르는 방대한 저서를 남길 수 있었던 것은 18년 간의 유배생활 때문이다. 만약 그가 유배를 당하지 않고 중앙관리로서 길을 계속 걸었다면 그처럼 많은 저작을 남길 수 없었을 것이라는 게 일반적인 관측이다. 특히 그가 유배당해서, 말기적 증세를 보이고 있던 조선조 후기의 사회현실을 있는 그대로 볼 수 있었던 것도 실학자인 그에게는 어쩌면 다행이었다.

3. 다산의 사회와 경제사상

그렇다면 다산이 느낀 당시의 사회현실은 어떠했는가.

다산이 남긴 '산문'에도 당시의 사회상이 나타나 있지만, 그의 '시(詩)'는 참담한 현실을 더욱 생생히 묘사하고 있다. 대표적인 시를 통해 관리들의 수탈에 신음하던 민중의 생활상을 짐작해보자.

"승냥이여, 이리여!/우리 소를 잡아 갔으니/우리 양일랑 그만 두어라./장 안에 저고리도 없다. 옷걸이에 치마도 없다./항아리에 남은 장도 없다./병 안에 남은 쌀도 없다./무쇠솥, 가마솥을

다 앗아가고 /숟가락, 젓가락도 모두 가져갔다. /도적도 아니고 원수도 아닌데 /어째서 이다지도 착하지 못한가!(『전간기사』)"

시아버지 죽어서 이미 상복을 입었고 /갓난 아이 배냇물도 안 말랐는데 /삼대의 이름이 군적에 실리다니…… /남편 문득 칼을 갈아 방안으로 뛰어들자 /붉은 피 자리에 낭자하구나 /스스로 한탄하네, 아이 낳은 죄로구나.(『애절양』)

위 두 시는 모두 관리들의 혹심한 수탈과 피폐해진 백성의 생활상을 애절히 표현하고 있다. 특히 '애절양(哀絶陽)'은 군포(軍布)에 시달리다 못한 남편이 자신의 생식기를 자르는 눈물겨운 정경을 묘사하고 있다. 이에 다산은 『경세유표(經世遺表)』, 『목민심서(牧民心書)』, 『흠흠신서(欽欽新書)』 등 '1표 2서'와 그 외 수많은 저작을 통해 국가개혁방안을 제시한다. 이중에서 그의 '전론(田論)'과 '탕론(湯論)'은 봉건왕조시대에서는 생각할 수 없는 사상이어서 주목된다. 그는 '탕론'에서 부덕한 제왕이나 군주는 언제나 방벌(放伐)할 수 있다는 맹자의 역성혁명(易姓革命)이론에 근거하여 정치혁명의 타당성을 주장하고 있다. 이와 관련하여 일부 학자들은 "다산이 원시민주제 형식의 틀을 빌려서 아래로부터 권력을 창출해 나가는 방식을 생각하고 있다"면서, "'탕론' 등에서 다산은 분명 왕권신수설(王權神授說)을 부정하고 있다"고 해석한다.

다산은 정전제(井田制)와 공동경작과 공동분배를 내용으로 하는 여전제(閭田制)를 주창, 토지개혁에도 관심을 보였다. 정전제는 『경세유표』에서, 여전제는 『전론(田論)』에서 전개한다. '여전제'는, 소극적인 토지개혁으로는 당시 농촌에서 유리(遊離)되고 있는 수많은 농민들의 처지가 개선될 수 없다는 사상적 전환에서 창안된 것이며 토지가 없는 농민의 이해(利害)를 보다 근본적으로 대변하는 사상이다. 여전제에 입각한 토지개혁안은 결코 공상적인 것이 아니며 마을단위의 협동농장을 의미했던 것으로 볼 수 있다. 즉, 다산은 두레농법에 의한 두레농장을 만들려고 했던 것으로 보인다.

　다산은 또 당시 청소년들이 『동몽선습(童蒙先習)』과 『통감절요(通鑑節要)』를 통해 중국역사를 먼저 배우는 교육방식의 잘못을 지적했고 과거(科擧)과목에도 우리 역사가 빠져 있는 현실을 비판했다. 그리고 다산은 지구가 둥글기 때문에 천하의 중심이 중국일 수 없다는 논리를 전개하여 전통적인 화이(華夷)의식을 날카롭게 비판하였다.

　다산이 살았던 조선사회, 즉 18세기 말에서 19세기 초 사이는 우리 나라 중세사회 해체 말기에 해당하는 극심한 사회변동기였다. 경제적으로는 이미 광업분야 등에서 자본주의적 생산관계가 발생했고 일부 선진적 수공업분야는 매뉴팩처 단계까지 이르러 사회적 분업이 정착해가고 있었다. 사회적으로는 국가 자체가 공노비(公奴婢)를 해방하는 등 신분제의 해체가 이제 막을 수 없는 대세였다. 정치・경제・사회적 변화에 대한 지배계층의 대응으로서 탕평정치, 세도정치가 행해지던 시기였다. 또 대외적으로는 청(淸)나라의 중원(中原) 정복 이후 지속되어 온 동아시아의 오랜 평화가 서구의 침략에 의해 무너지고 있었다. 다산은 이러한 극심한 사회변동과 대외정세변화의 와중에서 여러 가지 현실문제를 철저히 인식하고 체계적인 개혁안을 제시하였다. 그러나 정치적 소외세력으로서 강진(康津)이라는 남도(南道)의 외딴 곳에 유배되어 있었던 다산으로서는 이러한 혁신적인 사상을 실현할 수 있는 현실적 계기를 얻지 못하였다.

4. 다산의 과학과 기술사상

다산 정약용이 18년 간 전라도 강진으로 유배된 것은 그의 가계(家系)가 바로 기호(畿湖) 남인(南人)이었던 탓도 있지만 서교(西敎; 천주교)를 믿은 것이 결정적 계기였다. '서교'가 날카로운 정치문제로 부각된 것은 정조시대부터이다. 당시 서양종교로서의 '서교'와 과학기술로서의 서학(西學)은 구별되지 않았다. 이 때문에 서교에 대한 배척과 탄압이 서학에까지 미치게 되었다. 특히 1801년의 신유사옥 이후 서교에 대한 대대적인 탄압이 시작되면서 서학은 그 발전이 위축되고 두절될 수밖에 없었다.

서학 발전의 좌절은 남인 실학파의 정치적 실각만을 의미하는 것은 아니었다. 서양의 과학기술을 수용해 근대화로 나아가야 할 시점에 1880년대까지 80여 년 간 서양연구의 공백시대를 맞은 것이다. 따라서 신유사옥은 우리 나라의 근대화를 가로막은 커다란 사건이라고 할 수 있다. 이것을 이웃 일본과 대비해보면 신유사옥이 끼친 악영향이 보다 확연히 드러난다.

일본의 강호막부(江戶幕府, 1603~1867)는 서양에 대해 쇄국을 하면서도 네덜란드(和蘭)에 대해서만은 북구주(北九州)와 장기(長崎)를 개항, 무역을 허가했다. 이때, 물품거래는 허가됐으나 서양서적의 수입은 엄금했다. 이것이 바로 1630년의 금서령(禁書令)이다. 그러나 1720년 일본은 서교와 서학을 구별해 기독교 서적을 제외한 과학기술서적의 금서를 해제했다. 뿐만 아니라 막부는 1740년 일련의 유학자들에게 난학(蘭學, 네덜란드어와 그 학문)의 연구를 지시했다. 이러한 배경 속에서 1774년 마에노 요시자와(前野良澤) 등 세 사람이 네덜란드 해부학원서를 번역, 『해체신서(解體新書)』를 발간했다. 마에노(前野)는 이후에도 계속 병서(兵書)인 『네덜란드 축성서(和蘭築城書)』와 지리서(地理書)인 『러시아본기』를 번역하였다.

이처럼 일본은 서양과학기술서적의 금서를 해제하고 난학연구를 장려한 결과 병기와 병법, 의학을 비롯한 과학기술에서 비약적인 발전을 이룩했다. 서교와 서학을 구분 없이 배척하던 우리와는 날이 갈수록 그 격차가 심하게 벌어졌다.

다산은 1784년 23세 때 큰 형수의 제사를 지내고 서울로 돌아가던 길에 이벽(李蘗)을 통하여 처음으로 서교(천주교)를 접했다. 다산은 이후 4,5년 동안 천주교에 몰입했으나 1791년 진산(珍山)사건(윤지충과 권상연이 제사를 폐지하고 신주를 불태운 사건)이 일어난 뒤 천주교에 대한 금교령이 내려지면서 절의(絶義)했다고 『자찬묘지명』에서 밝히고 있다. 그러나 일부에서는, 다산이 일시적으로 배교(背敎)의 길을 걸었지만 귀양에서 풀려난 뒤 다시 천주교에 귀의했다고 주장한다.(달레,『한국천주교회사』를 참고할 것)

한편 사학계에서는 이와 다른 견해를 밝히고 있다. 즉, 다산이 천주교를 믿었다고 확정할 만한 다산의 저술이나 공식문헌을 찾아볼 수 없다는 것이다. 그래서 이우성(李佑成)교수와 같은 이는 "젊은 시절 천주교서적을 많이 읽었고 또 믿었기 때문에 다산의 사상형성에 천주교가 영향을 준 것은 인정한다"고 하면서도 "율곡(栗谷)이 불교에 귀의한 적이 있고 그의 학설이 불교의 영향을 받았다고 해서 율곡을 불교신자로 볼 수 없는 것과 마찬가지로 다산도 천주교신자로 볼 수 없다"고 주장한다. 신용하(愼鏞廈)교수 또한 이에 동조하여 "다산이 귀양가서 유학경전에 대한 연구 주해서를 상당히 많이 지었고 환갑 때는 아들에게 상례(喪禮)를 어떻게 할 것인가에 대해 정밀한 유교적 지침을 주고 있는 것으로 미루어 천주교에 귀의한 것으로 보기 어렵다"고 말했다.

그러나 다산사상의 핵심을 이루고 있는 경학사상에 천주교의 영향이 미쳤다는 점은 학계에서도 대체로 인정하고 있다. 예를 들면, 음양오행설의 부정 등이 천주교의 영향이라는 것이다. 이에 대해 금장태(琴章泰)교수는 "다산의 경학사상이 지닌 기본 특징은 유교이념을 천주교 교리의 구조와 더불어 재해석, 유교사상에 새로운 영역을 열어주었다"며, "다산의 개인적 신앙이 무엇이었느냐가 중요한 게 아니라 그의 사상이 오늘에 어떤 의미를 지니느냐가 보다 중요하다"고 말했다.

다른 한편에서는, "다산이 서교에 대해 불철저했고 배교(背敎) 문제도 있었으나 서학 수용은 긍정적인 자세로 일관하고 있었다"(姜在彦교수의 입장)며, 다산의 과학정신을 높이 평가하고 있다. 즉, 수원성 축조공사에서 정조가 내려준『기기도설(奇器圖說)』을 참조하여 다산이 기중기를 고안, 4만 냥의 경비를 절약한 것을 대표적인 예로 들고 있다. 다산이 서양의 과학과 기술개발에 대한 관심을 보인 대목은 이밖에도 많다. 다산은 기술도입과 국내보급을 전문적으로 관할하는 '이용감(利用監)'의 신설을 제안했으며, 또한 기술개발의 기초를 '수리(數理)'에 두어야 한다고 주장했다.

강재언교수는, "다산의 이같은 과학적 견해는 우리 나라의 과학기술을 자립 발전의 길로 나아가게 하는 코페르니쿠스적 전환을 가져올 수 있는 획기적 사상"이었다고 높이 평가하며, 반면 서학 발전을 가로막은 신유사옥을 신랄하게 비판했다. 즉, 신유사옥 이후 위정척사론 등의 서교에 대한 공세와 박해가 서학 자체의 발전을 두절시켜 동아시아 3국 중 서양연구가 가장 뒤떨어진 나라로 전락했다는 것이다. 결국 자본주의 열강에 의

해 무력으로 문호를 개방하게 되고 이후 개화운동의 주체형성을 더욱 어렵게 했다는 것이다. 이러한 의미에서 정약용 등 남인 시파(時派)의 몰락을 초래한 신유사옥은 당파적 혹은 종교적 탄압에만 그치는 것이 아니라 자율적인 개국과 개화에 직결되는 역사적, 사상적 계기를 뿌리째 말살한 복고(復古)운동이라 할 수 있을 것이다.

5. 다산의 철학과 정치사상

이용후생, 경세치용, 사회개량, 고증적 방법의 입장에 서서 주자학의 폐단을 비판했던 다산은 원시유교의 경전을 정확히 해석하고 이를 실천하고자 노력하였다. 다산은, 인(仁)은 인간의 본연지성(本然之性)이며 효제(孝悌)의 근본이라고 보았던 성리학의 입장과는 반대로, 『논어』원문 "효(孝)와 제(悌)는 모두 인(仁)의 근본이다 孝悌也者 共爲仁之本與(『論語・學而』)"는 말 그대로에 충실하자고 하였다. 즉, 효제가 바로 '인'의 근본이라는 것이다. 효제의 사랑을 행하는 과정에서 '인'이 인간의 품성으로 이루어진다는 것이다. 이러한 다산의 사상을 수기지학(修己之學), 치인지학(治人之學), 이상국론(理想國論)의 순서로 살펴보도록 하자.

다산은 '인'을 해석하여 사람과 사람의 모든 관계가 바르게 서는 것이라고 한다. 그리고 효(孝)와 제(悌)는 사람이 바르게 서기 위한 덕(德)이라고 보았다. 이러한 '덕'이 실천될 때만이 '인'이 바로 이루어진다고 보았다. 그리고 다산은 '인'을 사랑으로도 해석한다. 이것은 인간관계를 바르게 세우는 것으로 남을 위한 지극한 사랑의 실천이라고 한다. 성리학에 있어서 '인'은 마음의 본연(本然)에 내재하는 것이지만 다산이 말하는 '인'은 지성(至誠)으로 실천하는 사랑, 즉 자기의 희생으로 이루어지는 행인(行仁)이다. 그리고 '인'의 실천방법으로 다산은 공자의 말을 따라 서(恕)를 언급한다. 그러나 다산이 말하는 '서'는 용서(容恕)라는 뜻의 '서'가 아니다. '악'을 관대히 보아준다는 용서의 의미가 존중되고 보면 오히려 인간사회는 악의 소굴이 되어 인간관계는 그 뿌리부터 뒤흔들리고 만다는 것이다. 따라서 다산은 '서'의 의미를 추서(推恕)로 말한다.

추서(推恕)에 있어서 '서'의 의미는 "내가 하기 싫은 바를 남에게도 권하지 말라 己所勿欲 勿施於人"고 하는 '소극적 의미'와 "천하의 근심은 내가 하고 천하의 이익은 백성에게 돌린다"는 '적극적 의미'로 구분된다. 자기를 미루어 남을 생각하며 이타적(利他的) 행위를 하는 지극한 실천적 사랑이 바로 '인'의 사랑이다.

그렇다면 '서'는 구체적으로 무엇으로 할 것인가? 다산은 덕(德)으로 '서'해야 한다고 본다. 그런데 다산이 말하는 '덕'은 본체로서의 '덕'이 아니라, 인간관계에서 바르게 사는 것인 바 구체적인 올바른 마음의 실천이다. 인간 마음에 본래 내재하는 선천적인 '덕'이 아니라 올바른 마음의 실천이다. 바른 마음이 아니라 바르게 사는 마음의 실천이다. 덕성(德性)이 있는 것이 아니라 덕행(德行)이 있을 뿐이다. 그리고 인의예지(仁義禮智)의 사덕성(四德性)에서 사단지정(四端之情)이 나오는 것이 아니라, 사단(四端)을 시발점으로 해서 사덕(四德)이 실천적으로 형성된다는 것이다. 이와같이 다산은 종래의 성리학설을 뒤엎어 버렸다.

다산은 목민지도(牧民之道)를 주장하였다. 목민(牧民)이라 함은 백성을 기른다는 뜻이다. 백성을 기르는 자를 목자(牧者)라고 한다. 이 목자는 백성을 자식처럼 보살펴야 할 의무가 있는 것이다.

목민정치(牧民政治)는 애민정치(愛民政治)다. 그런데 목민(牧民)하는 목자가 백성의 뜻을 위배하면 백성에 의해 다시 다른 목자가 선출되어야 한다는 것이다. 목자는 백성을 긍휼히 여기고 잘 살 수 있도록 돌보아야 한다. 백성이 최고이지 목자가 최고가 아니다. '목민지도'는 참으로 준엄한 것으로 목자는 오직 지성(至誠)의 덕행(德行)으로 백성을 대해야 한다는 것이다. 다산의 이와같은 목자의 애민(愛民)정치사상은 목민자(牧民慈)의 윤리이다. 여전제(閭田制)에서도 애민사상이 잘 나타나 있다. 목민자(牧民慈)의 자덕(慈德)은 모자(母慈)의 자덕(慈德)이며, 이것은 애민(愛民)이며 애민(愛民)은 양민(養民)이요 교민(敎民)이기도 하다. 즉, 다산은 모자(母慈)의 가족윤리를 목자의 애민(愛民)으로 발전시켜 정치윤리를 역설하였다. 이러한 목민자(牧民慈)의 정신으로 어떻게 하면 백성이 잘 살 수 있을까 하는 궁리 끝에 다산이 생각해낸 전론(田論)이 바로 여전제인 것이다. 여전제는 일종의 협동농장과 같은 것으로 30세대 정도의 가구를 일여(一閭)로 묶어 공동경작하며 노력에 따라 분배하는 제도이다. 다산은 이러한 여전제에서 사농일치(士農一致), 병농일치(兵農一致)의 화합을 주장했다. 이것은 놀고 먹는 선비의 약탈과 군정(軍政)의 혼란을 막는데 목적이 있었다. 특히 그는 여전제에 있어서 목자의 인애(仁愛), 즉 목민자(牧民慈)를 통치의 원리로 주장했다.

이러한 목민자(牧民慈)의 원리로 통치되는 국가가 바로 다산이 말하는 이상국가(理想國家)이다. 유학에서는 요순(堯舜)을 성인(聖人)으로 받든다. 이들 성인은 천하의 근심을 자기 근심으로 알고 천하의 즐거움을 백성에게 돌린 인물이며, 자신을 날마다 돌아보고 자기보다 잘난 사람에게 왕위(王位)를 선양한 사람이다.

이러한 요순의 시대를 공자와 맹자는 이상적인 사회로 보았다. 다산 또한 요순처럼 정치하면 이상국가를 건설할 수 있다고 보았다. 그는 요순시대의 이상국가를 건설하기 위해 백성이 서로 서로 효·제·충·신·자(孝悌忠信慈) 등의 덕목 실천에 힘써야 하고, 목자는 백성이 그렇게 할 수 있도록 요순같이 목민자(牧民慈)의 마음으로 백성을 돌보아 주어야 한다는 것이다. 요컨대 다산은 목민지도(牧民之道)로써 요순시대의 이상국가를 건설코자 했다. 아마 그는 모자애적(母慈愛的) 사랑의 실현이 '목민지도'로 구현될 수 있다고 믿었던 것 같다.

실학은 주자학의 형식적이고 복잡한 예절의식론(禮節儀式論)을 비판하였고, 양반계급의 허구적 정신을 풍자적으로 깊이 있게 비판하였다. 그러나 천주교가 들어오고 이것이 정치적 문제의 불씨를 일으키면서 정적(政敵)의 공격도구로 되면서 천주교 수입에 관계된 실학은 사문난적(斯文亂賊)이라는 낙인이 찍혔다. 그리고 천주교를 '사(邪)'로 규정하고 성리학 정통성(正統性)의 회복을 명분으로 내세우는 유학자들이 나타나게 되었다. 이들은 '그릇된 것[邪]'을 '배척[斥]'하고 주자 정통의 '올바름[正]'을 '보위[衛]'하고자 하는 위정척사(衛正斥邪)운동을 일으켰다. 다산 정약용 또한 이러한 정치적 싸움의 희생자라 볼 수 있다. 그러나 그는 귀양살이의 시련 속에서도 그의 실학적 애민

정신(愛民精神)을 굽히지 않았고, 이를 실천하고자 나름대로 최선을 다하였다. 그는 당파싸움의 도구가 되어 공리공담(空利空談)에 빠진 성리학에 반대의 깃발을 분명히 들고, 이론보다는 실천에 중점을 두며 과학적 실증을 중시했던 조선 후기 최대의 사상가였다.

Ⅲ부

한국 전통사상과 서양철학의 비교

제1장
칸트의 윤리사상과 성리학의 비교 이해

제2장
이퇴계의 경(敬)사상과 쉬라그의 해석학

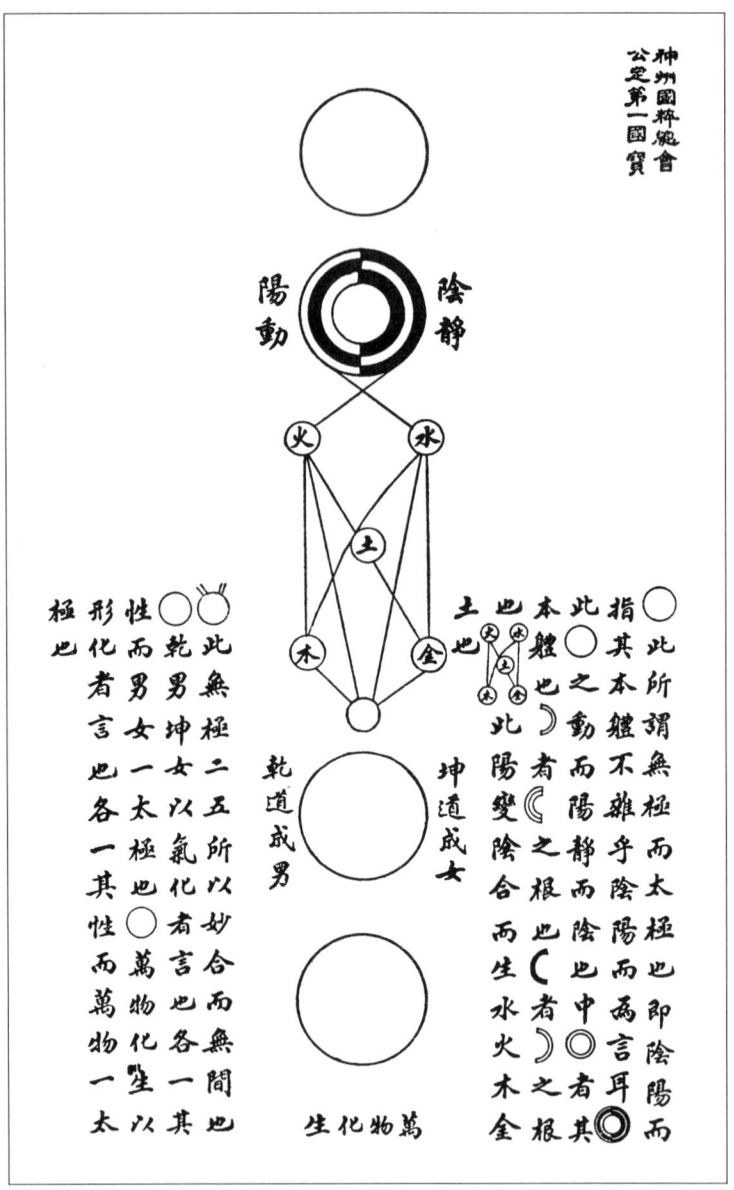

태극도

제1장

칸트 윤리사상과 성리학의 비교 이해

 칸트Kant사상과 성리학(性理學)을 비교 해석하여 그 동질적인 어떤 면을 이해해보고자 한다. 물론 많은 문제가 따르지만 이러한 시도는 우리의 사유를 어떤 특정 관념이나 언어 등의 구속에서 벗어날 수 있게 하는 일이 될 수도 있다. 우리가 서양사상을 받아들이는 경우에 있어서 지나치게 이질적인 것을 잡고 서로 자기 주장만 고집할 필요는 없다. 가능한 한 우리는 동질적인 것을 먼저 밝혀 이것을 우리 문화와 의식을 발전시키는 자양분으로 삼는 것이 선결문제(先決問題)라고 본다.
 물론 이 글에서 성리학의 모든 이론과 칸트철학 전체를 비교하고 해석하려는 것은 아니다. 성리학을 논거함에 있어서도 정이천과 주자 및 퇴계의 사상이 성리학의 주류라고 보고서 이들 중심의 관점에서 칸트사상의 어떤 영역과 통할 수 있는 일면을 구명해보고자 한다. 여기에서는 주로 '태극(太極)과 물자체(物自體)', '성(誠)과 자유', '성명(性命)의 인애(仁愛)와 정언명령의 도덕법' 등을 주제로 이야기하고자 한다.

1. 현상의 근저에 있는 물자체와 태극의 이(理)

칸트에 의하면 현상의 근저에서 우리의 심성을 촉발하는 물자체Dinge an sich에 대하여 시·공(時空)의 직관형식이 적용될 수 없으므로 우리는 아무것도 경험할 수 없으며 또한 아무것도 주장할 수 없다고 본다(B.66).[1] 칸트는 시·공의 한계를 벗어났기 때문에 경험대상이 될 수 없는 물자체를 어떤 '촉발하는 대상der affizierenden Gegenstand'으로 보고 있다. 바이힝거H.Vaihinger는 칸트의 물자체(物自體)는 '작용하는 물자체'로 해석한다.[2]

그런데 칸트에 있어서 이러한 물자체가 〈감성직관대상이 될 수 없는〉 인식대상이 아니라고 해서 그 존재까지 반드시 부정될 수는 없지 않는가? 칸트는 경험대상이 될 수 없는 물자체의 존재를 『프로레고메나Prolegomena』에서 암암리에 인정하고 있다. 그는 우리가 감성의 직관 대상을 오직 현상으로 보는 것이 정당하다면 현상의 근저에 물자체의 존재를 인정하게 되는 셈이라고 한다.[3] 그런데 감성론의 물자체들은 『순수이성비판』의 「분석론」에 와서 가상체Noumena의 세계로 된다.

여기에서 경험대상이 될 수 없고 인식될 수 없는 물자체의 세계가 가상계(可想界)의 세계로 정립된다. 칸트는 이러한 가상체를 직관대상의 실체가 아니라고 본다. 오성(悟性)의 범주가 적용될 수 없는 가상계이다. 이것은 인식대상이 아니라 단지 사유 가능적 대상일 뿐이다. 그러나 칸트에 있어서의 현상이란 현상의 배후에서 현상을 가능케 하면서도 자신은 현상되지 않는 어떤 가상계를 전제한 현상이다. 칸트는 인간의 인식 능력을 논하면서 인간의 인식 능력이 미치지 못하는 물자체의 세계로서의 가상계를 말한 것이다.

이러한 칸트와 마찬가지로 주자(朱子)는 기적(氣的) 현상의 근저에 감각할 수 없으며 '소리도 없고 냄새도 없는 태극(太極)의 이(理)세계가 있다는 것'을 주장한다.[4] 태극의 '이(理)'는 소리도 없고 냄새도 없는 것으로서 감성직관의 대상이 아니므로 인식대상이 아니다. 태극은 경험될 수 있는 기적(氣的) 대상이 아니다. 그러나 모든 자연현상계의 "만물은 태극인 바의 '이(理)'를 각기 가진다 萬物一太極也"라고[5] 퇴계는 본다. 주자가 주염계(周濂溪, 1017~1073)의 '무극이태극(無極而太極)'이라는 말을 해석하여 인식대상은 아니면서 만물의 근저 내지 조화의 추뉴(樞紐)가 된다고 말한 것은 마치 칸트가 인식대상은 아니면서 촉발하는 물자체가 그 현상의 근저에 있다고 보는 것과 비교된다. 결코 물자체는 가상체(可想體)일 뿐 현상계는 아니다.

퇴계가 『성학십도(聖學十圖)』에서 '태극도(太極圖)'를 해설하는 글에서 '태극도(太極圖)'의 제일 위쪽 〇은 주염계가 '무극이태극(無極而太極)'의 세계를 말하며 음양현상과 다른 본체를 지적한 것이라 말한다. 우리가 칸트의 가상계를 만일 본체로 번역한다면, 퇴계와 칸트는 현상 밖의 어떤 세계에 비하여 비슷한 생각을 했다고 볼 수 있다. 성리학자들에 있어서 무극이태극(無極而太極)인 바의 '이일(理一)'의 세계는 지극히 은미(隱微)한 세계이며, '아주 아득하고 아무런 조짐도 없는[冲漠無朕]' 세계이며, 또한 무한의 세계로서 경험되는 인식대상이 아니며 소리도 없고 냄새도 없는 세계이다(『退溪言行錄』卷四). 이와같이 태극인 '이(理)'의 세계에는 생사의 시간도 없으며, 공간적 한계도 없다. 태극의 '이일(理一)'은 시·공간의 제약을 넘어선다는 주자와 퇴계의 관점에서 보면 칸트가 말하는 물자체의 세계와 비교해서 생각할 수 있다.

태극의 '이(理)'세계와 현상세계의 관계를 정이천(程伊川, 1033~1107)은 말하기를 "지극히 은미한 것은 이(理)이며, 드러나는 것은 상(象)이다. 체용(體用)의 측면에서는 이 둘이 하나의 근원을 가지지만, 드러나는 것(象)과 은미한 것(體)의 사이에는 아무런 간격이 없다 至微者理也 至著者象也 體用一原 顯微無間"[6)라고 한다. 정이천의 이야기는 칸트가 촉발되는 감성과 촉발하는 물자체를 말함과 같은 논리로 이해해 볼 수 있다. 칸트의 물자체는 현상의 가상적 근거로서 의미를 가진다[7)고 볼 수밖에 없으며, 이와같이 근저로 보는 한 체·용관계로써 보는 성리학(性理學)의 생각과 별로 다를 바가 없다.

『순수이성비판』의 감성론과 분석론에서 칸트는 인간심성의 오성이 가지고 있는 선천적 법칙으로서의 범주를 발견하고, 시·공간으로 제약된 현상계에 대한 지식은 오성(悟性)의 선천적 사유법칙(思惟法則)인 범주(範疇)에 의해 구성된다고 말한다. 따라서『순수이성비판』의 감성론과 분석론에서 물자체 또는 가상계가 크게 의미를 가지지 못한다. 이와는 달리 주자, 퇴계 같은 성리학자들은 처음부터 태극에 윤리적 의미를 부여하고 있다. 존재의 궁극적 본원처(本源處)로서의 태극의 '이(理)'는 이들에게 최고의 가치인 인(仁)으로 해석되어지기 때문에 그러한 세계를 체험, 체득하고자 하는 실천윤리가 중요시되었다.

우리는 현상과 그것의 근원성 문제에서 칸트와 성리학자들의 사상을 비교할 때, 간혹 인식론과 도덕론을 잘못 비교하는 어리석음을 범할 가능성도 있다. 그러나 심성의 선천적 형식인 오성의 범주가 대상을 구성하므로 현상계에서 지식이 성립한다는 이러한 칸트의 관점을 "마음은 인간의 신령한 명철이며, 온갖 이(理)를 갖추어 만물에 응하는 존재이다 心者人之神明 所以具衆理而應萬事者也(『孟子・盡心章句上』'朱子註說')"라는 주자의 해석이나 "마음의 허령과 지각은 같은 하나일 따름이다 心之虛靈知覺一而已矣(『中庸章句・序』)"라고 하는 주자의 말 등과 비교할 때 주목할 만한 점이 있다.

그것은 성리학자들도 온갖 이(理)를 갖추어 모든 일에 응하여 지각하는 선천적 능력을 가진 '마음'을 인간은 가지고 있다고 주장하는 점이다. 성리학자들도 인간심성의 선천적 인식능력을 전제하고 인식을 논하며 도덕지(道德知)의 체인(體認)을 논하고 있다는 것이다. 다만 칸트는 범주표를 발견한 점에서 이들 성리학자들과 비교가 어려울 만큼 탁월한 선험적 인식론을 전개하고 있다.

2. 자유의 가상계와 성(誠)의 이(理)

칸트는 『순수이성비판』의 「변증론(辨證論)」에서 가상계(可想界)의 존재가 이론적으로 모순 없음을 밝히는 동시에 또한 그것의 존재가 불가피함을 변증한다. 여기에서 가상계는 사유필연적(思惟必然的)인 존재로 다시 적극적 의미를 가진다. 그는 「변증론」의 '이율배반론(二律背反論)'에서 정립의 주장이 가상계인 물자체에 대한 주장이라고 변증함으로써 결과적으로 물자체의 가상계가 인과계를 비로소 시작케 하는 절대적 자발성이라는 선험적 자유의 영역임을 논변한다.

　인과현상(因果現象)은 실로 있는 그대로의 현상일 뿐이며, 그것은 인과법칙에 의해 서로 연쇄되어 있는 표상들이다. 이렇게 보지 않을 수 없는 한, 현상은 현상이 아닌 어떤 확실한 근거를 가지지 않을 수 없다(B.565). 현상은 결코 무(無)의 현상이 아니며 따라서 '가상(假象)'이 아니다. 또한 현상 그대로가 결코 물자체가 아니다. 현상의 근거로서 가상체인 바의 선험적 대상이 있어서 이것이 현상을 한갓 표상으로 규정한다고 칸트는 본다(B.566).

　칸트는 이러한 선험적 가상계에 현상을 가능케 하는 원인성도 또한 부여한다. 물론 가상계가 가지는 절대적 자발성으로서의 자유의 원인성은 결코 현상계에서는 발견되어지지 않는다. 현상 그대로가 물자체라면 자유는 결코 구제될 수가 없다(B. 564). 현상이 물자체인 한 현상계의 모든 사건의 계열은 항상 현상계열 중에 포함되어 있으며 자유의 근원성인 가상계(可想界)가 들어갈 틈이 없다.

　칸트는 물질현상에 자유를 부여하지 않는다. 결코 현상에 의해 규정될 수 없는 가상적(可想的) 원인성은 현상계열의 배후에 있으면서 그것의 작용 결과만이 경험계열 중에 나타난다. 칸트에 의하면 가상적 원인의 작용 결과란 그것의 가상적 원인상에서 볼 때 그것은 자유행위의 결과로 간주되며, 현상의 관점에서 보면 그것은 현상에서 인과법칙의 결과로 보여진다. 칸트에 의하면 가상계의 질서는 자유다. 현상이 인과법칙의 질서를 가진다면, 가상계는 자유의 법칙으로 질서를 이룬다는 말이다. 다시 말하면 절대적 자발성으로서의 선험적 자유의 원인성은 현상계에서 발견되어지는 것이 아니라 물자체의 세계에서 발견되기 때문에 가상계의 성질이 되는 가상적 원인성이다.

칸트의 사색은 성리학에서 태극인 바의 이(理)세계가 성(誠)이며, 그 '이(理)'의 움직임[動]이 성지통(誠之通)이요, 그 '이(理)'의 정(靜)이 성지복(誠之復)[8]이며, 또한 성(誠)이란 '명령하는 도[命之道]'[9]라 보는 것과 비교해볼 만하다. 『중용』에서는 성(誠)을 '천(天)의 도(道)'라 하고 "힘쓰지 않아도 심중의 인의(仁義)에 적중하며, 애써 생각하지 않더라도 인의의 도를 깨달아 얻게 되어 저절로 중용의 도에 따르는 것이다 不勉而中 不思而得 從容中道(『中庸』第二十章)"라고 한다. 주자는 이것을 주해하여 "성(誠)이라는 것은 진실하고 순수하여 망령됨이 없는 것을 말하는 것이니 천리(天理)의 본연(本然)이다 誠者 眞實無妄之謂 天理之本然也"라고 하였다.

주자의 관점에서 보면, 성(誠)은 이(理)의 본연으로서 진실무망(眞實無妄)하고 순수무잡(純粹無雜)한 자발성(自發性)이다. 주자에 있어서 천지도(天之道)의 성(誠)은 이(理)의 실(實)이다. 성(誠)이란 '스스로 이루어지는 것[自成也]'이다(『中庸』第二十五章). 주자가 "성(誠)은 만물의 시종(始終)이다. 성(誠)하지 않으면 만물이 존재하지 않는다 誠者 物之終始 不誠無物(『中庸』第二十五章)"라는 『중용』의 말을 주설하여 "천하의 모든 것은 모두 실제로 이(理)가 하는 것이다 天下之物 皆實理之所爲"라고 한다. 이것은 바로 이(理)를 스스로 성(誠)하여 현상세계를 시작시키는 절대적 자발성으로 보는 것이다. 따라서 우리는 성(誠)을 명령하는 이(理)의 세계로 볼 수 있다.

주자는 『태극도설』의 주해에서 "성(誠)이란 성인의 근본이며, 만물의 처음과 끝이며 또한 명령하는 도이다 誠者 聖人之本 物之終始 而命之道也"라고 말하는데, 여기에서도 그는 성(誠)을 '힘쓰지 않아도 도(道)에 적중하는' 이(理)의 절대적 자발성으로 해석하고 있다. 성(誠)은 만물의 처음과 끝이며, 진리를 명령[命]하는 신(神)이며 그것은 우주창조의 근원성인 동시에 만물을 맨 처음 발생케 하는 자유라고 볼 수 있다. 성(誠)을 우리는 칸트에 있어서의 선험적 자유와 같이 우주론적 자유로 볼 수 있다. "성(誠)하지 않으면 만물이 존재하지 않는다 不誠無物"라는 말이나 성(誠)을 "만물의 처음과 끝이며, 명령하는 도(道)이다 物之終始命之道"라고 하는 말에서 우리는 주자가 우주론적 자유를 성(誠)으로 사유했음을 짐작할 수 있다.

3. 인간에 대한 이해와 윤리

칸트에 의하면 자유의 실천적 개념은 자유의 선험적 이념에 근거를 가지며(B.561) 선험적 자유는 선천적으로 실천적이다. 자유의 실현은 현상계의 어디에서도 찾을 수 없다. 다만 인간에게서 그 가능성을 찾는다. 칸트에 있어서 실천적 자유는 인간의 자유다. 현상계에서 자연현상의 일부로서 살아가는 인간존재의 의식 밑바닥에 지금까지 논리적으로 확증하기만 한 가상계와 유관한 절대적 자발성과 같은 내적 능력, 즉 '자유의 능력이 선천적으로 포함돼 있다는 확신'(B.430f)에서 칸트는 인간의 가상적 성격(可想的性格)을 말한다. 실로 인간은 현상체이면서 동시에 가상체이다. 인간에 있어서 가상체적 작용을 우리는 결코 감성의 수용성으로 볼 수 없다(B.574). 가상체적 성격을 통해서 일어나는 인간의 주관적 행위의 원인 자체는 결코 감성의 어떤 제약에도 종속되지 않으며 또한 그 자체 현상이 아니며 오직 물자체체의 성격이라고 할 수밖에 없다(B.567). 이러한 물자체의 원인성을 칸트는 이성의 원인성으로 규정함으로 해서 인간은 마침내 이성적 존재로 된다. 인간 주관의 모든 경험적 현상의 근원성으로서의 원인성은 실로 인과법칙에 속하는 그런 원인성이 아니라 이성의 원인성이다. 우리 인간의 이성이 이러한 원인성을 가진다고 우리가 확신할 수 있는 것은 적어도 실천적으로 행위하는 힘에 대하여 규칙들로 과해지는 명령으로 볼 때 명백하다고 칸트는 본다(B.575).

인간의 이성의 결과들은 경험적 계열의 감성 제약을 비로소 촉발시키는 가상적 능력이다(B.580). 칸트에 있어서 이러한 이성은 그 자체 작용의 원인성으로서 절대적 자발성이다. 이성의 원인성은 자유이며, 그것은 자발적 규정방식의 자기규정이다.[10] 자발적 자기 규정방식으로서의 이성의 자유는 인간에게 도덕법을 준다. 따라서 칸트에 의하면, 순수이성은 그 자체만으로 실천적이며, 인간에게 도덕법칙이라고 하는 보편적 법칙을 준다는 것이다(K.p.V., S.37).[11] 이성의 자발성인 도덕법은 이성의 순수 근원성인 바의 물자체의 법칙이다. 이성의 자기법칙인 자유의 도덕법칙은 물자체의 법칙이므로 무제약적이다. 물자체의 법칙으로서의 도덕법칙은 자연에 독립하여 물자체에 근거해서 무조건적으로 명한다(K.p.V., S.143).

무조적적 명령인 정언적(定言的) 명령으로 밀어닥치는 도덕법에 일치해서 자기 자신의 의지를 규정하는 것이 칸트에 있어서 자율이며 실천적 자유다. 이것은 바로 이성 자신이 감성계에 속하고 있으므로 감성 충동의 강제에 항거하여 자신의 가상성에 따르도록 자신에게 명령하는 것이다. 칸트에 의하면 인간은 이와같은 이성의 자유가 가지는 자율의 능력 때문에 신성한 도덕법의 주체가 된다(K.p.V., S.102). 신성하다는 것은 이성의 가상적 성격, 즉 물자체의 예지성(叡智性)에 도덕법이 연결되어 있다는 것이다.

그러므로 도덕법과 합치하는 예지계로의 끝없는 접근활동인 자율은 완전선의 신(神)과 같은 예지계의 명령에 귀의하는 고귀한 인간의 신앙이다. 물자체의 세계인 예지계의 근원에서 들려오는 '명령'을 자각하여 자신의 근원성에 나아가고자 하는 것이 칸트에 있어서의 이성의 자유이며 자율이며 또한 그것은 인간의 숭고한 사명이라고 칸트는 본다.

다시 말하면 칸트의 물자체는「감성론」에서 촉발하는 무엇으로 나타났다가「분석론」에서 인식 불가의 영역으로 제쳐져 있던 것이「변증론」에 오면 선험적 자유의 의미를 가지며 '실천이성'에 오면 마침내 그것은 신성한 도덕법의 영역으로 되어 이것이 인간이성의 근원성으로 인간 심층에서 체험된다. 칸트의 관점을 우리는 천리(天理)의 '이세계(理世界)'가 성(誠)으로서 만물의 시작을 명령하는 순수자발성이던 것이 윤리영역에 와서 그것은 인간의 본연지성(本然之性)으로서 순수무잡(純粹無雜)한 인애(仁愛)로서 인간 심층에서 체득된다고 주장하는 성리학과 비교해 볼 수 있다.

인간의 본연성(本然性)이며 동시에 인(仁)이며 이일(理一)인 '무극이며 태극[無極而太極]'인 세계가 인간의 본연성(本然性)으로서 인간에 내재한다고 하는 성리학의 관점을 칸트에 있어서 물자체가 이성의 가성적 근원성으로서 인간 내면의 심층에서 체험된다고 하는 것과 비교될 수 있다. 주자가 정자(程子)의 "천(天)이 부여한 것을 일러 명령이라 하고, 만물에 부여된 것을 일러 성(性)이라고 한다 天所賦爲命 物所受爲性"라고 하는 말을 해설하여 "천(天)이 이러한 이(理)로써 인간에게 명령하였고, 인간이 이러한 이(理)를 품수한즉 이것을 일러 성(性)이라고 한다 天以此理命於人 人稟受此理 則謂之性"라고 한 말에서도 우리는 이해할 수 있다. "인간은 이러한 이(理)를 본연의 성(性)으로 가지기 때문에 '이(理)'를 궁구하여 본연의 '성(性)'을 다하면 '천명(天命)'에 따르는 경지에 이른다 窮理盡性而至於命"12)라고 보는 것이 주자와 퇴계의 인생관 내지 윤리관인 것이다.

이들 성리학자들은 성(性)을 곧 "심(心)의 이(理)이며 인(仁)이다"13)라고 주장한다. 그리고 "그 성(性)을 아는 것은 마땅히 해야 할 바를 아는 것이다. 이일(理一)을 아는 것은 인(仁)을 행하는 까닭이다"(『聖學十圖·西銘』)라고 하는 데서 볼 수 있는 바와 같이 태극의 이(理)는 인(仁)이며 인간의 근원성으로서의 성(性)이며 이것은 곧 인간에게 당위명령으로 나타난다. 이(理)인 바의 인(仁)은 인간에게 당위명령으로 나타난다. "이(理)를 궁구하고 본성을 다하여 천명(天命)에 이르는 것 窮理盡性而至於命"이 바로 위학(爲學)의 목적이다.

여기에서 인간의 자유는 '선(善)을 선택하여' 그것의 실천만을 고집하는 성지자(誠之者)의 자유이다. 『중용』에서 "성(誠)하려고 하는 것은 사람의 윤리이다 誠之者 人之道也"라고 하며, "성(誠)하려고 하는 사람은 선(善)을 선택하여 그 실천을 고집하는 자이다 誠之者 擇善而固執之者也(『中庸』第二十章)"라고 하는 것을 주자는 해설하여 "성(誠)하려고 한다는 것은 능히 진실하고 순수하여 망령됨이 없으며 그 진실하고 순수하여 망령되는 것이 없게 하고자 하는 것을 말하는 것이니, 사람의 일이 마땅히 그러한 것이다 誠之者 未能眞實無妄 而欲其眞實無妄之謂 人事之當然也"라고 하며 또한 성인(聖人)이 아닌 인간은 '선(善)'을 가려 택한

후에야 가히 '선(善)'을 밝힐 수 있다고 한다.

인간 본연의 성(性)인 인(仁)을 체득하고 실현하고자 본연지성(本然之性)의 명령(性命)인 인의(仁義)를 선택하여 그 실천을 고집하는 것은 칸트방식으로 말하여 이성의 자유이며 자율이라고 볼 수 있다. 이들 성리학자들은 도심(道心)이라는 말의 의미를 칸트의 실천이성 능력과 같은 의미로 사용하는 것 같다. 주자가 인심(人心)을 형기(形氣)의 사욕에서 생겨난다라고 하고, 도심(道心)을 성명(性命)의 정(正)에 근원 한다(『中庸章句・序』)라고 하는 것과 같이 성명(性命)에서 들려 오는 '인의(仁義)의 말[正音]'에 따르는 것은 인애(仁愛)의 사단지정(四端之情)이며 곧 도심이다. 이러한 도심(道心)을 우리는 실천이성이 정언명령의 도덕법에 스스로 따를 때만 도덕적 행위로 보는 칸트의 관점과 비교될 수 있다.

위에서 우리는 성리학과 칸트사상을 대비시켜 논할 수 있는 몇 가지 점을 찾아보았지만 각기 표현수단으로 사용한 언어의 차이와 논리 전개방식 등의 차이 때문에 이러한 비교연구는 지극히 어렵다는 것을 느낀다. 칸트가 말하는 물자체와 자유 및 정언명령의 도덕법 등이 성리학에서 말하는 태극(太極)과 성(誠) 또는 성명(性命)의 정음(正音) 등과 대비하여 해석해볼 때 그 의미하는 바에 일맥상통함을 볼 수 있지만, 각기 언어가 주는 느낌들이 잘 맞지 않는다.

실천이성과 도심(道心)의 문제에서도 그 의미는 거의 통하는 맥을 가지는 것으로 해석되면서도, 그들 각각 언어들이 주는 느낌은 잘 맞지 않는 것 같다. '인식론'에서는 칸트의 인식론에 대비시켜 볼만한 소재를 성리학에서는 찾을 수 없으므로 비교 이해가 불가능한 것으로 생각된다. 다만 정언명령의 도덕법에 따르는 자율적 삶을 통하여 신성성(神聖性)으로 접근하고자 하는 윤리학만은 이(理)를 궁구하고 인(仁)의 본성(本性)을 다하여 천명(天命)에 이르고자 하는 퇴계의 성리학과 비교해 볼 수 있다.

주

1) 괄호 안은 Kant의 *Kritik der reinen Vernunft*, B판 60면을 의미함. 이하 동일한 형식으로 약칭함.
2) H.Vaihinger, *Kommentar zu Kants Kririk der reinen Vernunft*, (Scientia, 1970), S.40.
3) Kant, *Prolegomena*, (Flix Meiner, 1957), S.73.
4) 朱子는 周敦頤의 '無極而太極'이란 말을 주해하여 "上天之載 無聲無臭 而實造化之樞紐 品彙之根抵也"(葉采,『近思錄集解』卷之一)라고 하였다.
5)『聖學十圖・太極圖』, 下段, '退溪圖解' 참조.
6) 李象靖,『理氣彙編』'論理氣不相離'에서 재인용.
7) N.K.Smith, *A Commentary to Kant's Critique of pure Reason*, (Macmillian, 1979), p.515.
8) 葉采,『近思錄集解』卷之一,「太極圖說」'朱子註解' 참조.
9) 陳北溪,『性理字義』'論誠是眞實之理' 참조.
10) H.Heimsoeth, "*Freiheit und Charackter*":Kant, *Zur Deutung seiner Theorie von Erkennen und Handlung*(1973), S.293.
11) 괄호 안은 칸트의 *Kritik der praktischen Vernunft*, (Felix Meiner,1959)를 K.p.V로 약칭하여 S.37로 표시한 것임.
12)『聖學十圖・太極圖』의 '退溪註說' 참조.
13) "仁者 心之正理"(『退溪集』卷二十五, '答鄭子中別紙' 참조).

제2장

이퇴계의 경(敬)사상과 쉬라그의 해석학[1]

1. 비교 이해의 필요성

현대를 살아가는 우리가 이퇴계(李退溪, 1501~1570)의 학문하는 생활세계인 '지경(持敬)의 삶'을 오늘날의 철학자인 칼빈 쉬라그Calvin O.Schrag(1928~)의 '대화의 해석학'에서 말하는 '해석학적 삶'과 비교해보는 것은 우리 한국사상계에 어떤 발전의 계기를 줄 수 있다고 본다. 이러한 관점에서 우리는 이퇴계의 '경(敬)'사상과 칼빈 쉬라그의 '상호소통적 삶Communicative Praxis의 해석학이론'을 비교하여 검토하고 이해하는 장(場)을 열고자 한다. 이것은 신유학(新儒學)과 철학적 해석학을 비교해보는 작업이기도 하며 또한 『논어(論語)』의 사상과 가다머H-G. Gadamer의 철학적 해석학을 비교해본 찬Alan Chan의 연구와도 비슷한 작업일 수 있다.[2]

인류가 함께 미래를 여는 만남의 장은 서로가 서로의 이질성을 손가락질하며 배척만하는 것도 아니며, 서로가 서로의 흉내만을 내는 것도 아니다. 동서의 만남은 동서사상이 가지는 공통의 구조에 대한 이해와 설명을 확대해 나가며, 서로의 이질성까지도 이해해 나가는 그런 이해의 장을 여는 데서 가능하다.

일본인들은 많은 영문판 동서사상의 비교연구서들3)을 선진국사회에 보급하면서 세계 안에서의 일본문화에 대한 이해를 높이고 있다. 그들 일본인들은 '바이블Bible'의 정신으로 살아가는 기독교문화권의 서구사람들에게 그들의 문화전통을 바이블과 비교해서 이야기한다.

그러한 방법은 확실히 효과를 거두었다. 우리가 여기서 퇴계의 '경(敬)'사상을 쉬라그의 해석학과 비교해보고자 하는 의도도 이러한 비교 이해의 방법을 통하여 우리 문화전통에 대한 보다 철저한 비판적 이해와 세계 속의 한국문화에 대한 이해를 높이고자 하는 데에 있는 것이다. 따라서 비교 자체가 중요한 것이 아니라 비교를 통한 상호 이해의 증진이 중요하다.

2. 퇴계의 경(敬)사상

퇴계의 '경(敬)'은 실체개념이 아니며 본질이나 근원성과 같은 개념도 아니다. 그가 말하는 '경(敬)'은 '학문하는 삶의 장(場)'을 의미한다. 여기서 학문은 책을 가지고 친구들과 이야기하며 깨달아 알고 실천하는 삶을 말한다. 퇴계가 말하는 학문하는 삶으로서의 '경(敬)'의 장은 주염계(周濂溪)가 말하는 주정(主靜)의 생활 '스타일'도 아니고, 불교에서 말하는 공적(空寂)의 생활도 아니며, 노자(老子)가 말하는 허무(虛無)의 생활도 아니다. 또한 그것은 순수사유의 관조적 생활도 아니다. 그가 말하는 학문하는 삶은 대화의 활동 안에서 지(知)와 행(行)이 상호작용적으로 호진(互進)하며 지(知)와 행(行)이 함께 짜여지는 삶의 장이며, 그것은 유학의 고전을 읽고 학우들과 대화하고 궁리하며 실천하는 '경(敬)으로 사는 삶의 장(場)'을 말한다. 경(敬)으로 사는 삶에서 그는 진정한 학문하는 삶의 회복을 체험하였다.

퇴계는 "경(敬)을 근본으로 삼고 이(理)를 궁구하고 논의함으로써 지식을 이루며, 그리고 자신을 반성해보면서 몸소 실천한다 敬以爲本 而窮理以致知 反躬以實踐(『戊辰六條疏』)"라고 말하였다. 경(敬)은 '자신을 반성해보면서 몸소 실천하는' 지적 활동의 논의와 반궁실천(反躬實踐)하는 행위가 서로 상호작용하는 삶의 근본양식이다. 이러한 경(敬)을 학문의 바탕이라고 퇴계는 말하였다.

그러므로 퇴계는 『성학십도(聖學十圖)』의 '제5도(第五圖)'를 주자(朱子)의 백록동규(白鹿洞規)로 하고 독행(篤行)의 조목을 밝히고 있다. 궁리(窮理)의 요체로서는 박학(博學), 심문(審問), 신사(愼思), 명변(明辨) 등의 논의활동을 말하고 있다. 궁리하는 논의 없이 학문하는 것은 학문이 아니며 경(敬)이 아니다. 퇴계는 이러한 학문하는 태도에 대해 주자의 말을 인용하여 설명하였다. 즉, "뜻 있는 학자는 마땅히 숙독하고 깊이 생각하며 묻고 분명하게 분별해야 할 것이다 有志之士 固當熱讀 深思而問辨之(『聖學十圖・洞規後敍』)"라는 주자의 말은 퇴계의 소중한 텍스트text로 되었다. 학문하는 삶을 회복하고자 하는 선비는 텍스트를 숙독하고 심사하고 물음을 던지고 논변하는 궁리를 중시하지 않으면 안 된다는 말이다.

그러나 궁리로만 '지(知)'의 극처(極處)에 이르는 것이 학문하는 삶은 아니다. 그에게 있어서 학문은 반궁실천(反躬實踐)의 '행(行)'과 궁리치지(窮理致知)의 '지(知)'가 함께 시작과 끝을 이루는 경(敬)으로 사는 삶이다. 이와같이 지(知)와 행(行)이 호진하며 합하여 시종을 이루는4) '『대학(大學)』의 삶'을 그는 학문하는 사람은 마땅히 추구해야 할 최고선(最高善)으로 본다. 삶과 학문을 분리하지 아니하는 퇴계에 있어서 진정한 삶의 회복이란 이러한 '대학(大學)의 장(場)'을 회복하는 데 있다고 본다. 그러므로 퇴계는 '대학(大學)의 진리〔明明德 新民 止於至善〕'를 밝힌 '대학도(大學圖)'를 『성학십도』의 '제4도'로 하였다.

공자, 맹자, 주자로 연결되는 유학 정통사상을 중요한 텍스트로 생각하는 퇴계는 공자의 이야기를 근거로 텍스트의 의미를 '깊이 숙고하여 해석해보는 사고(思考)'를 중시한다. '사고(思考)'가 없는 학문에는 맹목적 복종의 위험이 따름을 그는 경계한다.5) 그 안에 '사고(思考)'가 짜여지고 지(知)와 행(行)이 호진(互進)하는 학문에 있어서 삶의 장은 너와 내가 텍스트와 더불어 모두 함께 '우리'라는 대화공동체 안으로 들어가 자유롭게 텍스트의 의미를 해석하며 함께 삶을 짜나가는 경(敬)의 장이다.

학(學)과 사(思)를 겸하는 퇴계의 학문세계는 성인(聖人)의 길을 배우는 삶의 장이며, 그것은 바로 동(動)과 정(靜)을 관통하고 내(內)와 외(外)를 합하고 현(顯; 현상세계)과 미(微; 현상을 가능케 하면서 그 자체는 현상이 아닌 세계)를 하나로 하는 경(敬)의 장이다.6)

가장 인간적인 삶의 회복을 이러한 경(敬)의 장을 회복하는 데에서 실현하고자 했던 퇴계는 소년시절부터 텍스트의 난제(難題)를 찾아 의심해보고 논의하고 물음을 던지며 이해와 설명을 교류해볼 스승과 학우를 무척이나 간절하게 찾았던 것이다.[7] 그는 중요한 텍스트로서 『심경부주(心經附註)』를 얻은 후 그 책을 생각하고 말하는 주체로 대우하였으며, 함께 살아가며 믿기를 신명처럼 하고 공경하기를 엄부(嚴父)처럼 하였다.[8]

퇴계는 학문하는 생활만은 제왕과 보통인간 사이에 차이가 있을 수 없다고 보았다.[9] 경(敬)으로 사는[居敬] 삶의 장에서는 제왕이든 누구든 항상 경(敬)과 생활이 서로 어긋나지 않아야 한다는 것이다. 그러므로 퇴계는 누구든 말할 때나 움직일 때나 앉아 있을 때나 모름지기 경(敬)해야 한다고 말한다.[10]

퇴계에 있어서 이러한 경(敬)은 학문하는 생활의 장을 의미한다. 이러한 경(敬)의 장은 그에게 있어서 '중화위육지공(中和位育之功)'이 극치를 이루는 삶의 장이며, 천지(天地)와 더불어 혼합하여 거리감과 소원한 것이 없으며 동시에 미적(美的)인 것과 윤리가 합치하는 대화의 장이며 그것은 곧 성인(聖人)의 삶이다.[11] '성인(聖人)'의 삶은 자유롭게 도덕법이 실현되는 삶의 장을 말한다. 그것은 바로 유학의 최고 목표이다. '성가학(聖可學)'을 주장하는 퇴계에게 있어서 성인(聖人)의 삶은 학문의 최고 목표이며 윤리와 미학을 통합하는 최고로 즐거운 지락(至樂)의 세계이다.

3. 쉬라그의 대화의 해석학

쉬라그의 주저(主著)는 1986년에 출판된 『상호소통적 삶과 주체성의 장』[12]이다. 이 책에서 말하는 쉬라그의 해석학이론을 우리는 '비판적 해석학'이면서 '회복적 해석학'이라고 말할 수 있다. '비판적'이면서 '회복적'이라고 하는 것은 서구의 전통 형이상학이 다듬어 놓은 모나드론적 자아를 해체하며 무효화시키면서 동시에 해체되고 무효화된 '탈(脫)센터되어진 주체the de-centered subject'를 대화의 삶 안에서 회복시키기 때문이다.

사실 신의 죽음을 선언한 니이체의 선언은 19세기 전통적 형이상학의 종말을 선언한 것이며, 그것은 또한 그러한 형이상학이 그려놓은 인간의 죽음을 선언한 것이다. 사실 근대의 형이상학이 그린 인간의 모습은 푸코Foucault의 이야기처럼 곧 지워져 없어질 바닷가 모래 위에 그려진 얼굴과 같은 것이다. 쉬라그는 그러한 '모나드적 주체monadic subject'라고 말할 수 있는 '인식론적 포인트epistemological ponit'로서의 주체를 해체한다. 그러나 쉬라그는 해체 후의 허무주의를 주장하지 않는다.

쉬라그에게 있어서 센터로서의 주체subject as a center는 해체되지만, 논의와 행위가 상호작용하는 '상호소통적 삶의 장the space of communicative praxis' 안에서 그와 같은 '탈센터된 주체'는 다시 회복된다. 즉, 말하고 글을 쓰고 행동하는 주체의 존재는 상호소통적 삶의 맥락 안에서만 그 의미가 이해된다고 쉬라그는 말한다.[13]

상호소통적 삶의 마당 안에서 새롭게 짜여지는 탈센터된 '너-주체'와 '나-주체'를 그는 발견한 것이다. 그는 상호소통적 삶의 짜임이라는 해석학적 장을 가지고 와서 너와 나의 만남의 장인 '대화하는 삶의 장rhetorical space'을 회복하고 대화의 활동 안에서 살아가고 있는 너-주체와 나-주체를 회복한다.

쉬라그에 의하면, 말하고 글 쓰고 행동하는 대화의 활동 안에서 의사소통적 삶의 형식으로 나타나는 나-주체는 타인들과 더불어 참여하는 사회생활 중에서 나타난다.[14] 삶이란 것은 논의와 행위가 합성되는 도중에 짜여지는 장이다. 쉬라그에 있어서 나-주체의 삶은 대화하고 활동하는 가운데서 짜여지는 과정으로 나타난다. 여기에 있어서 탈센터된 주체는 이제야 '독백론적 의식monological consciousness'으로서가 아니라 '대화의식dialogical consciousness'으로서 논의하며 행위하는 상호작용적 대화의 활동 안에 살아 있다.[15] 주체적 존재인 인간의 삶은 짜여지는 것이다. 해석학적 삶의 장 안에서 말하고 글 쓰며 행동하는 주체는 이야기하며 실천하는 도중에 나타나고 알려지는 것이다.[16]

인간이란 이처럼 대화와 활동으로 짜여지는 해석학적 자기짜임hermeneutical self-implicature의 존재이다. 쉬라그에 있어서 대화하며 행동하는 주체는 관찰되고 기술되는 대상이 아니다. 해석학적 자기짜임이 이루어지는 해석적 삶의 장에 있어서 이해와 설명은 이중적인 해석학적 요구다. 다시 말하면, '나-주체'와 '너-주체'가 함께 이해해 나가는 전체 이해의 과정은 논의가 형성되는 언어생활과 인간의 행위가 함께 짜여지는 과정이다. 이러한 짜임성을 해석하기 위한 해석학적 요구에 응답하고자 너와 내가 함께 이해해 나가는 이해과정은 이해와 설명이라는 이중적 수행의 패턴을 가진다.[17] 쉬라그의 해석학에 있어서 텍스트는 말해졌거나 쓰여진 그런 논의(論議)이다. 논의는 말하고 글을 쓰고 그리고 의사를 표시하는 그런 다양한 맥락으로 설명되고 있다. 말하고 글 쓰는 것과 같은 언어가 가지는 모든 특징들은 상호소통적 삶의 맥락으로서의 논의이다.[18]

논의(論議)는 '말하는 자에 의해', '듣는 자에 대하여', '무엇에 관해', '어떤 것을 말하는 것'으로 된다. 인간의 행위도 또한 표현적이다. 말이 쓰여진 문자, 텍스트 등이 논의의 표현을 은유하는 것이라면 일, 노동, 놀이 등은 행위를 은유하는 표현들이다.

텍스트의 논의와 행위의 짜임이 합성되는 과정의 상호작용은 바로 상호소통적 삶의 장이다. 그것은 사유theoria의 세계가 아니라 삶praxis의 세계다. 쉬라그가 말하는 이러한 상호소통적 삶의 장을 우리는 퇴계에 있어서 지(知)와 행(行)이 호진(互進)하며 사(思)와 학(學)을 겸한 학문하는 삶의 장(場)과 비교해서 이해하여 볼 수 있다.

상호소통적 삶의 장 안에 다시 회복된 주체는 탈센터된 주체로서 앞서 말한 바와 같이 대상적 존재가 아니며, 대화의식의 주체이며, 그것은 말하는 활동 안에서 샘물처럼 솟아 나오는 주체이다. 그러므로 주체는 사건들의 짜임과정이지 결코 실체가 아니다. 결코 말하고 행동하는 주체는 우주의 모든 것을 자기 안에 비춰주는 소우주와 같은 불멸의 정신적 실체로서의 단자monad와 같은 실체가 아니다. 또한 주체는 가치라는 엄청나게 소중한 보석을 자기만이 지니고 있는 실체도 아니다. 그것은 활동과정일 뿐이며 모든 인식의 바탕으로서의 주체는 아니다.

글 쓰는 주체인 저자가 글 쓰는 자기를 경험하는 저자의 장 authorical space은 결코 저자의 내면이 아니다. 여하한 저자도 그만으로 홀로 있는 완전한 섬나라일 수가 없다. 저자의 모습은 해석학적 삶의 장 안에 연류되어서 의미들의 상호 짜임성 안에 나타나는 것이다. 주체는 말들의 의미가 해석되고 교류되며 행위들이 상호작용하는 상호소통적 삶이라는 형식들 안에서 짜여지는 말하고 글 쓰고 행동하는 도상(途上)에 나타난다. 주체는 결코 가치와 지식들을 자기 내면의 깊숙한 곳에 몰래 저장하고 있는 가치나 지식의 저장소가 아니다. 상호소통적 삶의 장 안에 다시 회복된 탈센터된 주체는 그 자체만으로 세계와 떨어져 있는 섬나라가 아니다. 쉬라그가 말하는 상호소통적 삶의 장은 탈센터된 대화적 의식의 '나-주체'와 '타인-주체'가 텍스트를 이해하고 설명하고 해석하는 삶의 장이며 동시에 이야기하며 진리를 밝히는 만남의 장이다.

윤리학과 종족학에 앞서서 너와 나의 만남인 대화의 삶의 장이 있었다.[19] 그것은 바로 전통과 의무가 자유로이 수용되는 윤리의 장이며 해석학적 삶의 마당이다. 쉬라그에 있어서 삶의 회복은 만남의 회복이며 그것은 이야기 장이 열리는 대화의 회복이다. 바꾸어 말하면 근대 형이상학으로 전향한 철학을 그는 대화로 전향rhetorical turn시킨다.

이렇게 대화로 전향된 삶의 마당에 있어서 이해하고 설명하며 행동하는 타인-주체와 나-주체는 논의와 행위의 상호작용적인 짜임으로서의 해석학적 자기짜임성이다. 이러한 대화로 전향된 삶의 장 안에서 논의와 행위는 '누구에 의해서', '누구에 대해', 그리고 '누구에게' 열려진다. 자유로운 대화가 열려 있는 에토스ethos는 지배체제 이전의 '마을'과 같은 것으로 도덕과 미학이 통합되는 삶의 마당이다.

대화하는 삶에서 윤리적 요구를 쉬라그는 '합당한 응답fitting response'[20]의 요구로 본다. '합당한fitting'은 도덕적 태도인 동시에 예술적 태도이다.[21] '때에 맞는 말(잠언15:23)'이 사실 도덕적 삶의 바탕이며, 미학적 삶의 바탕이다. 대화의 장에서의 윤리적 문제는 탁월한 어떤 도덕적 특성을 가진 도덕적 주체를 육성해내는 문제가 아니다. 윤리는 탈센터된 나-주체와 타인-주체가 만남의 장을 여는 대화의 활동 안에서 이루어지는 '합당한 응답'의 문제이며, '때에 맞는 말'의 문제이다.

대화의 장에 있어서 이러한 합당한 응답을 쉬라그는 '미적 응답aesthetic response'으로 본다. 따라서 인간 삶의 세계인 윤리적 현상은 도덕적 지평에서 뿐만 아니라 예술적이며 시적인 지평에서 또한 나타난다.[22] 윤리적 삶이 형성되는 해석학적 삶의 장에서는 윤리적인 것과 미적인 것이 언제나 새로운 관계 안에서 함께 짜여져 들어간다. 말하자면 지배체제 이전의 '윤리공동체ethos'에서는 삶의 윤리적 형식과 미적 형식이 함께 통합되어 나타난다.

4. 몇 가지 비교 이해

공자(孔子)는 전통의 텍스트를 새롭게 해석하고 이야기하면서 새로운 지식을 얻고 함께 이해의 장을 여는 삶을 회복하고자 하였다. 그는 그러한 학문하는 삶에서 진정한 삶의 회복을 보았다. 그리하여 그는 권력구조 안에 갇혀 있는 왕의 삶을 해체한다. 가장 기쁜 삶은 권력구조 속에 짜여져 있는 왕의 삶이 아니라고 보았다. 따라서 참으로 바람직한 인간으로서의 군자(君子)는 권력의 소유자로서의 왕이 아니라 '친구와 책을 들고 이야기하며 때에 당해서는 언제나 이를 익혀 실천하는 삶을 사는 그러한 학이시습지(學而時習之)'하는 사람, 즉 '학문하는 사람'을 의미한다. '학이시습지(學而時習之)'하는 군자는 학문하는 기쁨을 교류하며 권력욕을 해체한 삶을 산다는 것이다. 공자는 말하기를 "책을 들고 이야기하며 인(仁)을 깨달아 때에 당해서는 언제나 실천하고 학문하는 삶을 살아가니 참으로 얼마나 즐거운가! 친구가 있어 먼 곳에서 찾아오니 함께 책을 들고 이야기하며 함께 실천하는 삶을 살아가니 또한 즐겁지 아니한가? 이러한 학문하는 우리를 사람들이 알아주지 않더라도 성내지 아니하니 정말 또한 군자가 아니랴 學而時習之 不亦說乎 有朋自遠方來 不亦樂乎 人不知而不慍 不亦君子乎"[23)]라고 말하였다. 벗이 멀리서부터 와서 텍스트를 가지고 함께 해석하고 이야기하며 진리를 밝히는[學而] 삶을 함께 살아가니[習之] 이것이야말로 또한 인생에 최고 즐거움이 아닌가! 설사 사람들이 자기를 인정해주지 않는다해도 성내지 아니하니 진정한 삶을 사는 아름다운 군자가 아닌가! 이처럼 공자는 군자의 모습에서 삶의 미학을 발견하였다. 학문하는 삶의 모습에서 그는 윤리가 통합된 삶의 미학을 찾았다. 텍스트를 가지고 타인들과 함께 이야기하며 사는 의사소통적 삶이라는 해석학적 삶의 장에서 쉬라그가 미적 응답이 이루어지는 삶의 미학을 찾았다면 공자는 '학이시습지(學而時習之)'하는 군자의 모습에서 삶의 미학을 찾았다고 볼 수 있다.

퇴계는 노년에 이르러 선조임금에게 올린 상소문에서, "학문하는 삶에는 제왕과 백성이 다를 바가 없습니다"[24)]라고 간곡하게 말하였다. 또한 제왕의 권력구조를 해체하고 학문하는 삶의 장을 열 것을 말한다. 이것이야말로 제왕이 권력의 구조 안에서 망각되고 갇혀진 삶으로부터 자기 삶을 회복하는 것이다. 제왕이 학문하는 삶을 살아갈 때야말로 제왕은 덕(德)으로 백성을 다스린다고 그는 보았던 것이다.

퇴계는 말하기를 "경(敬)하면 욕심이 적어지고 이(理)가 밝아진다. 욕심이 적어지고 또 적어져서 마침내 무(無)에 이르면 고요할 때에는 마음이 무욕의 허(虛)에 처하여 이(理)가 밝아지고, 움직일 때에는 이(理)의 인의(仁義)가 바로 실천되는 것이다. 따라서 자연스럽게 이러한 경(敬)의 삶을 사는 성인(聖人)이 되는 길은 누구나 학문하면 가능한 것이다 敬則欲寡而理明 寡之又寡以至於無 則靜虛動直 而聖可學矣(『聖學十圖・太極圖說』)"라고 하였다.

이것을 보면 이미 퇴계 자신이 탈모나드적 주체가 되어 대화의 식으로 인생을 살아가고 있었다.

그는 사욕(私慾)을 벗어나 '경(敬)'의 장에 들어와 지허(至虛)한 이(理)의 세계 속에 들어가는 것이 학문의 목적임을 말하고 있다. 사욕의 '자기 고집'을 벗어나 최고선의 경지에 있는 성인(聖人)을 찾아가는 학문의 길이야말로 인생의 최고 기쁨이다. 퇴계가 말하는 이러한 삶은 쉬라그에 있어서 탈센터된 주체가 상호소통적 삶의 짜임 안으로 들어와 대화의 장을 여는 미적 에토스ethos의 장과 비교된다.

궁리치지(窮理致知)하며 궁행실천(躬行實踐)하여 '지(知)'와 '행(行)'이 호진하며, 사(思)를 겸하여 학문하는 퇴계의 전(全)생애는 텍스트 및 학우와 대화하는 웅장한 대화편이었다. 임종(臨終) 20일 전에도 기고봉(奇高峯)의 견해에 합의하고 자기 견해를 잘못된 견해라고 하는 글을 고봉에게 보낸다. 이러한 퇴계의 학문하는 삶에서 우리는 논의와 행위가 상호작용적으로 짜여지며 합당한 응답이 이루어지는 해석학적 삶의 장과 비슷한 삶의 미학을 볼 수 있다.

쉬라그의 '대화의 장'에 있어서의 '합당한 응답'이 미적 현상과 윤리적 현상을 함께 나타내는 삶의 양식으로 본다면, 이것 또한 퇴계에 있어서 학문하는 삶이 '경(敬)'의 윤리로 되어 성리학을 성학(聖學)으로 높이는 것과 비교해볼 수 있다. 쉬라그가 '합당한 응답'과 '미학적 응답'을 통합하고 윤리와 미학이 만나는 삶의 마당으로 대화의 장을 말한다면, 퇴계는 학문하는 삶의 세계를 윤리와 미학이 통합되는 '경(敬)의 장'으로 말한다고 이야기할 수 있다.

퇴계에게 이러한 경(敬)의 장은 성인(聖人)이 말한 학문을 학우들과 함께 배우고 이야기하며 실천하는 삶의 장이다. 이것은 그에게 윤리와 미적인 것이 통합되는 가장 즐거운 최고선의 삶이 된다. 천지와 더불어 혼합무간(混合無間)한 경지인 최고의 미적 현상으로서의 성(聖)의 장이 된다.[25] 이처럼 퇴계와 쉬라그는 삶의 도덕성을 대화와 미적 응답에서 찾는 비슷한 관점을 가진다.

끝으로 말해두고 싶은 것은, 쉬라그의 '도덕적'이라는 말에 '실체로서의 가치개념이 전제되어 있는가'라는 문제이다. 쉬라그는 어떤 특성의 가치실체를 가지고 와서 도덕을 주장하지 않는다. 그의 관점에서 보면, 가치는 추상적 개념이나 질료적 실체가 아니다. 오히려 그는 가치를 해체한 탈가치론적인 삶의 장에서 도덕을 찾는다. 너와 나의 만남이 열리는 '대화의 장'에 있어서 논의와 행위가 '합당한 응답'을 이루며 짜여지는 상호소통적 삶의 짜임과정 그 자체에 도덕적 현상과 미적 현상이 함께 짜여진다고 본다. 다시 말하면, 상호소통적 삶이 짜여지는 '이야기 장(場)'에 있어서 도덕적 주장은 합당한 응답의 요구로 나타난다는 것이다.

합당한 응답이 이루어지는 너와 나의 만남의 장에 있어서 너와 나는 이해와 설명을 교류하며, 새로운 이해의 공동체 안으로 들어가 하나의 '친숙한 우리'로 되며, 너와 나는 진리에 동의하고 합의하며 진리와 함께 기뻐하는 경(敬)의 삶을 산다. 그러나 쉬라그의 '합당한 응답이 이루어지는 대화의 장'과 이(理)의 인(仁)을 밝히고 실천하는 삶의 장으로서 퇴계가 말하는 '경(敬)의 장'은 각각 그 앉은 방석이 다르지 않는가라는 문제가 일어나지만 동서의 전통을 서로 바르게 이해하기 위해 이렇게 비교해 볼 수 있다.

퇴계가 '경(敬)'의 조목을 말하여 "마음을 한 곳으로 모아 다른 데로 끌리지 않는 상태[主一無適]", "자세를 가지런히 하고 태도를 엄숙히 하는 것[整齊嚴肅]", "항상 정신을 맑게 하여 깨어 있는 상태[常惺惺覺]", "자신의 마음을 잘 갈무리하여 외부 사물의 영향을 받지 않는 것[心收斂不容一物]"이라 한 것을 볼 때, 대화의 삶에서의 윤리문제를 합당한 응답으로 보는 쉬라그의 말과 같은 맥락에서 우리는 '경(敬)'을 또한 이해할 수도 있다.

다만 쉬라그에 있어서는 '짜여지는 삶의 과정'이 있을 뿐이지 근원성이나 본연지성(本然之性)과 같은 주춧돌은 없다. 그런데 퇴계는 태극(太極)을 이(理)로 해석하고 그러한 '이(理)'가 인간과 만물의 본연지성이 되며 또한 절대가치로서의 인(仁)이라고 주장하는 점이 쉬라그와 관점을 달리한다고 볼 수 있다.

그러나 경(敬)의 장에서 '이(理)'는 허(虛)로 이해된다. 퇴계는 심(心)을 허(虛)와 영(靈)의 합으로 보고 '허(虛)'를 '이(理)'로 해석하였다.[26] 그는 '경(敬)'하면 욕심이 적어져서 '이(理)'가 밝아진다고 본다. 욕심이 적어져서 마침내 '무(無)'에 이르니, 정(靜)하면 허(虛)하고 동(動)하면 직(直)하다는 것이다. 말하자면, 퇴계는 '경(敬)의 장'에서 이미 에고ego적 주체를 벗어난 쉬라그가 말하는 탈센터된 주체를 발견할 수 있었다.

퇴계는 '극기복례위인(克己復禮爲仁)'을 주자(朱子) 해석에 따라 욕심을 버리고 천리(天理)를 회복하는 삶으로 본다.[27] 천리(天理)의 이(理)는 무극(無極)이며 무성무취(無聲無臭)이며 무욕(無欲)의 허(虛)다. '이(理)'를 밝히는 무욕의 허(虛)에 처하여 순수무잡(純粹無雜)의 경지에 이른 너와 나의 만남이 열리는 삶에서는 '이(理)'의 의식도 벗어나버린 너와 나의 만남이며, 그것은 너와 나 사이에 인간적인 삶이 회복되는 장이며 합당한 응답과 같은 윤리와 예(禮)가 회복되는 '경(敬)의 장'이다. 경(敬)의 장에 있어서 인(仁)은 '사람(人)과 사람(人)의 만남'에서의 사랑이다. 이것은 너와 내가 무욕의 '허(虛)'에서 상호존중의 대화를 여는 인간적인 삶의 회복이며 합당한 응답의 회복이며 곧 그것은 사욕을 이겨 예(禮)를 회복하는 것이다.

주

1) 이 글은 『대화학습의 도덕교육』(서울:교육과학사, 1995)에 이미 발표된 것이지만 교육과학사의 양해를 얻어 여기에 다시 소개한다.
2) 찬Alan Chan의 논문 "*Philosophical Hermeneutics and the Analects:The Paradigm of Tradition*"(*Philosophy East and West* vol. xxiv, 1984. No. 4)'은 우리의 주제와 관련하여 많은 것을 시사한다.
3) 예를 들면 *Zen Buddhism and Psychoanalysis*(Erich Fromm과 D. T. Suzuki 외 1인 공저)와 *Zen and the Bible*(J. K. Kadowaki)이 이러한 경향의 대표적인 저작이다.
4) 李退溪, 『戊辰六條疏』 참조.
5) 李退溪, 『進聖學十圖箚』 참조.
6) 같은 책, 같은 곳.
7) 李退溪, 『言行錄(一)』, '類編, 學問' 참조.
8) 같은 책, 같은 곳.
9) 李退溪, 『戊辰六條疏』. 관련 원문은 다음과 같다. "傳道學之要 帝王之與 恒人 豈有異哉".
10) 李退溪, 『言行錄(一)』, '類編, 持敬' 참조.
11) 李退溪, 『聖學十圖・太極圖說』 참조.
12) Calvin O. Schrag, *Communicative Praxis and the Space of Subjectivity*, Indiana

University Press, 1986.
13) Ibid., p.142.
14) Ibid., p.134.
15) Ibid., p.160.
16) Ibid., pp.141~143.
17) Ibid., p.73.
18) Ibid., p.34.
19) Ibid., p.200.
20) Ibid., pp.211~212.
21) Ibid., p.214.
22) Ibid., p.214.
23) 『論語・學而』.
24) 李退溪, 『戊辰六條疎』 참조.
25) 李退溪, 『聖學十圖・太極圖說』: "朱子曰 圖說 至聖人 …… 而與天地混合無間矣" 참조.
26) 金鍾文, "退溪의 理氣哲學體系와 倫理思想"(『韓國의 哲學』5號, 慶北大學校 退溪硏究所, 1977), 172쪽 참조.
27) 李退溪, 『聖學十圖・仁說圖』 참조.

지은이 소개

　김종문(金鍾文)은 경북대학교 대학원 박사과정 철학과를 졸업하여 철학박사를 수득하고, Purdue대학교 철학과의 연구교수로 활동하였고, 현재 대구교육대학교 교수로 재직중이다. 저서로는 『대화학습의 도덕교육(교육과학사)』, 『칸트의 변증론과 자유(중문)』 등 몇 권이 있고, 학술논문으로는 "Kant에 있어서의 이성의 자유", "주자·퇴계의 이일(理一)에 대한 해석", "퇴계의 이기(理氣)철학체계와 윤리사상", "율곡의 이기(理氣)철학체계에 대한 연구", "Schrag의 대화적 해석학과 미래 윤리교육", "도덕과의 대화학습 모형 연구" 등 30여 편이 있다.

　장윤수(張閏洙)는 경북대학교 대학원 박사과정 철학과를 졸업하여 철학박사를 수득하고, 신라대학교 철학과 교수로 근무한 바 있으며, 현재 대구교육대학교 교수로 재직중이다. 저서와 역서로는 『중국윤리학사(새문사)』, 『한유에서 주희까지(형설출판사)』, 『정주(程朱)철학원론(이론과 실천)』, 『대진의 맹자읽기, 원제:孟子字義疏證(소강)』 등이 있고, 학술논문으로는 "장재(張載) 기(氣)철학의 이론적 구조(박사학위논문)" 외 다수가 있다.

한국전통철학사상
지은이/김종문·장윤수

발행처/도서출판 ▲ 강
발행인/김병성
발행일/1쇄 1997년 3월 20일
3쇄 2008년 8월 20일
등록번호/카2-47
등록일/1995년 2월 9일
주소/부산광역시 서구 동대신동 2가 289-6번지
전화/(051)247-9106　팩스/(051)248-2176
이메일/byshung@hanmail.net

값10,000원
ISBN 978-89-86733-05-1　03150
※잘못된 책은 바꿔드립니다.